Astrid Woog
Soziale Arbeit in Familien   *H. U.*

Edition Soziale Arbeit

Herausgegeben von Hans-Uwe Otto und Hans Thiersch

Astrid Woog

Soziale Arbeit in Familien

Theoretische und empirische Ansätze zur Entwicklung
einer pädagogischen Handlungslehre

2. Auflage 2001

Juventa Verlag Weinheim und München

Die Autorin

Astrid Woog, Jg. 1941, Dr. rer. soc., Dipl. Päd., ist Sozialarbeiterin am Sozial-
amt Stuttgart.

Diese Arbeit wurde unter dem Titel „Soziale Arbeit in Familien - Theorie und
Praxis der Familienhilfe" von der Fakultät für Sozial- und Verhaltenswissen-
schaften der Eberhard-Karls-Universität Tübingen 1997 als Dissertation angenommen.

Die Deutsche Bibliothek - CIP-Einheitsaufnahme

Ein Titeldatensatz für diese Publikation ist bei
Der Deutschen Bibliothek erhältlich.

© 1998 Juventa Verlag Weinheim und München
Umschlaggestaltung: Atelier Warminski, 63654 Büdingen
Umschlagabbildung: Oskar Schlemmer, Gruppe am Geländer, 1931
Printed in Germany

ISBN 3-7799-1208-2

Vorwort

Familienhilfe ist im Repertoire der Jugendhilfe ein neues Aufgabenfeld. Sie ist ihrer Intention nach familienorientiert und familienstützend, liegt also im mainstream der Sozialpolitik; sie ist zugleich in den Kosten billiger als andere Erziehungshilfen. Familienhilfe wird deshalb sehr gefördert und hat sich - wie keine andere Maßnahme innerhalb der Jugendhilfe - in den letzten Jahren ausgebreitet und etabliert. - Die Erfolgsgeschichte von Familienhilfe hat aber - neben und trotz dieser sozialpolitischen Funktionen - ihren Grund auch darin, daß sie in besonders direkter Weise den Maximen einer lebensweltorientierten Jugendhilfe entspricht, und als ihr Reformkonzept in einem neuen Interventionsarrangement einlösen kann.

In der Literatur zur Familienhilfe - vor allem auch zu den unterschiedlichen Formen und der besonderen Leistungsfähigkeit dieser Maßnahme - fehlen bisher Studien über die Chancen und Schwierigkeiten des sozialpädagogischen Arbeitens im Alltag der Familie. Dies ist das Thema der Arbeit von Astrid Woog.

Sie verortet ihr Konzept in der Auseinandersetzung mit der derzeitigen Diskussion; Familienhilfe agiert in den gegebenen Verhältnissen, um in ihnen, mit den dort gegebenen Möglichkeiten, den Problemen, dem Problemdruck und den (vielleicht zunächst verborgenen) Stärken so zu arbeiten, daß das Lebensarrangement transparenter, tragfähiger und befriedigender wird; Familienhilfe arbeitet an den internen Alltagsstrukturen in der Familie und an der Position der Familie in einem weiteren Umfeld.

Woog rekonstruiert solche Familienhilfe in drei ausführlichen Fallstudien. Sie sieht sich dabei zunächst mit heiklen methodischen Fragen konfrontiert. Über den Alltag von Familien und die ihn bestimmenden, verschlüsselten, verborgenen, wirkmächtigen und oft schwer artikulierbaren Lebensmuster berichtet sie - und dies ist ein ergiebiger Zugang - aus der Erfahrung des Mitlebens; diese Erfahrung aber muß distanziert werden, um die im Alltag gegebenen manifesten Strukturen deutlich werden zu lassen. Und, noch einmal komplizierend: Das Mitleben in der Familie im Mandat der Familienhelferin ist belastet darin, daß sie nicht nur beobachtet, sondern auf Veränderungen zielt, die sie selbst intendiert und doch in ihrer realen Bedeutung für die Familien beschreiben muß. In einer solchen Darstellung ist - so Woogs entschiedene Konsequenz - Subjektivität unumgehbar, aber prekär. Woog löst ihre Aufgabe im Rückgriff auf das von Geertz entwickelte Konzept der dichten Beschreibung; sie nähert sich ihrem Handlungsfeld als einem gleichsam fremden Land, um behutsam in ihm geltende Gesetze und Ansatzpunkte für Veränderungen zu finden, die diesem Feld nicht äußerlich bleiben, aber im Spiel von Unterstützung, Förderung und neuen Arrangements vorangetrieben werden können. Die Darstellung Woogs belegt, daß sie - in ihren Erkenntnissen und in ihrem Handeln abgesichert durch Teambesprechungen ebenso wie durch Supervision - ebenso unmittelbar wie objektivierend beschreiben und zugleich reflektiert und entschieden agieren konnte.

Die Familiengeschichten skizzieren zunächst die äußeren Bedingungen, so wie sie dem Amt bekannt sind, berichten dann die eigenen, diffizilen Beobachtungen über die familialen Lebensmuster und Selbstverständlichkeiten, beschreiben eindringlich die Interventionen und bilanzieren schließlich die Entwicklung bezogen auf die Ausgangslage. - Diese Rekonstruktionen geben in exemplarischen und bündig verdichteten Konstellationen pralle und eindrückliche Bilder und Szenen. Die bornierten Routinen, die geschlechtsspezifisch bedingten Herrschafts- und Unterdrückungsmechanismen, die Ängste und Unfreiheiten in den Beziehungsstrukturen öffnen sich, die Chaotik und/oder Rigidität in den Zeitstrukturen und in den Raumerfahrungen strukturieren sich in der allmählichen Klärung von Zuständigkeiten und Grenzen; die Themen und Vorhaben in den Familien enttabuisieren sich und werden attraktiv; der enge Raum des auf sich selbst bezogenen Familienlebens öffnet sich in eine Umgebung, die Anregungen, Bestärkungen und Entlastungen vermitteln kann. Aus dem bedrückend-bedrückten Alltag wird ein „gelingenderer", in dem Menschen sich als „Subjekte ihrer Praxis" erfahren können.

Die Familiengeschichten aber sind vor allem auch deshalb interessant, weil Woog sie unter der systematisierenden Frage nach den pädagogischen Interventionen, gleichsam noch einmal querlesend, erörtert. Sie differenziert allgemeine Bestimmungen zur pädagogischen Haltung, konkretisiert in den Grundansätzen des Behütens, Gegenwirkens und Förderns. Wahren von Gegenseitigkeit, Setzen von Grenzen, Anknüpfen an Möglichkeiten, Wecken von Interessen, Öffnen und Erweitern des Raums, Klärung von Konflikten und Stabilisieren von Stärken erweisen sich als konstitutive Bestandteile einer solchen kasuistisch differenzierten Handlungslehre. Sie macht offene Strukturiertheit deutlich: in dem Miteinander eines Arrangements von Raum und Zeit und gezielten Interaktionen, in der Ergiebigkeit eines Ansatzes in Alltagskleinigkeiten, in der heiklen Balance von bisweilen kaum aufzubringender Geduld und Strategien zur Veränderung, in den Möglichkeiten des indirekten und des direkten Handelns, und schließlich in der Vermittlung zwischen Mitagieren und Distanz, zwischen professionellem Können und authentischer Präsenz. Dieses Handeln ist, so Woog, auch bestimmt durch eine Akzeptanz, die als Vergnügen an anderen, als Sensibilität für Reize und Schönheiten des anderen gelebt wird, und durch Neugier, Unternehmung und Vergnügen an und in der Arbeit, - Dimensionen, die in der Fachdiskussion zur Zeit ja eher unterschlagen werden.

Dieses Handlungskonzept ist - da bleibt Woog ganz zurückhaltend und innerhalb der berichteten Erfahrung - bezogen auf die Familienhilfe; indem darin aber - der Verbindung von Familienhilfe und lebensweltorientierter Jugendhilfe entsprechend - allgemeine Möglichkeiten und Probleme des Konzepts Lebens-

weltorientierung deutlich werden, lassen sich ihre Ergebnisse - natürlich unter
je spezifischen Modifikationen - auch lesen als Anregungen für andere Arbeits-
felder.

In den Familiengeschichten berichtet Woog von weitgehend gelungenen Interventionen - trotz aller internen Schwierigkeiten, Kämpfe und Auseinandersetzungen und in den gegebenen Grenzen des jeweiligen Arrangements. Sie berichtet - etwas salopp formuliert - von Bilderbuchgeschichten, die sicher nicht
umstandslos für die herrschende Praxis von Familienhilfe verallgemeinert werden dürfen. Sie belegt Potentiale in der Familienhilfe. - Damit sind die Untersuchungen Woogs ein Beitrag zur Konkretisierung dessen, was lebensweltorientierte Jugendhilfe meint und leisten kann und zur Konkretisierung der in der
Sozialen Arbeit oft so abstrakten Professionalisierungsdiskussion.

Hans Thiersch
November 1997

Inhalt

Einleitung...13

Erster Teil
Theorie sozialpädagogischer Familienarbeit.....................................15

1. Aktuelle familiale Entwicklungstendenzen......................................15

   1.1 Entwicklungen heute 15
   1.2 Verbesserung der Rahmenbedingungen 20
   1.3 Über die Notwendigkeit sozialpädagogischer Familienarbeit 22

2. Sozialpädagogische Familienhilfe..24

   2.1 Entstehung..24
   2.2 Die Auslotung des Begriffs 26

3. Zum Forschungsstand..28

   3.1 Frühe Ursachenforschung..28
   3.2 Summative familiale Evaluationsforschung 30
   3.3 Bestandsaufnahme Sozialpädagogischer Familienhilfe..........32

4. Sozialpädagogische Familienhilfe-
   Eine gesellschaftliche Befriedungsstrategie? 33

5. Grundlagentheoretische Überlegungen 37

   5.1 Erweiterung des Raumes...37
   5.2 SPFH zwischen Privatheit und Öffentlichkeit........................40

6. Forschungsprozeß und Methodik 41

   6.1 Desiderate der Forschung..41
   6.2 Untersuchungsfeld, Material und Forschungsprozeß 43
   6.3 Ethnographisches Arbeiten...45
   6.4 Der alltagsorientierte Ansatz in der Sozialen Arbeit 47

Zweiter Teil
Drei Familiengeschichten..51

7. Der Rahmen für Sozialpädagogische Familienhilfe.......................51

8. Konkretisierungen 52

9. Die annehmende, sogenannte hilflose Familie 55

   9.1 Die Lebenswelt der Familie Sacca...55
       Das Wohngebiet..55

Informationen über die Familie 56
Das Erstgespräch in der Wohnung der Familie............................56
Beim Laternenumzug..58
9.2 Die Erfassung des Alltagsgeschehens.....................................59
Die ersten Besuche 59
Im Park und am Fluß 60
Die Schule..62
Das Fernsehen 63
Zum Spielen..65
Die Hausaufgabenbetreuung 66
Zu Hause...67
Abenteuer erleben...68
Das Essen..69
9.3 Förderung und Begleitung im Alltag der Familie 70
Beziehungsklärungen..70
Miteinanderzupacken..75
Das Steuern...76
Das Reflektieren 77
Über das Geld 78
Die depressive Verstimmung..79
Soziale Beziehungen...80
Prävention im Stadtteil..82
Das Symptom...83
Geschlechtlichkeit...85
Grenzverletzungen..85
Das Tagebuch 87
9.4 Veränderungen, Stabilisierungen, Ergebnisse 88
Ein Jahr später: Rückblick-Situation-Ziele.................................88
Eineinhalb Jahre später: Rückblick-Situation-Ziele....................90
Zwei Jahre später: Rückblick-Situation 92
Das Abschlußgespräch..93
Die letzten Besuche 93
Nach dem offiziellen Ende 94

10. Die zögerliche, sogenannte isolierte Familie............................95

10.1 Die Lebenswelt der Familie Burger.......................................95
Das Wohngebiet..95
Informationen über die Familie 96
Das Erstgespräch 97
10.2 Die Erfassung des Alltagsgeschehens 101
Die ersten Besuche 101
Zu Hause 103
Die Schule...105
Der Kindergarten 106
Das Fernsehen...108

Zum Spielen...110

Das Essen...112

Abenteuer erleben...115

10.3 Förderung und Begleitung der Familie im Alltag.............117

Beziehungsklärungen..117

Zur Sprachheilschule 121

Grenzverletzungen..124

Soziale Beziehungen..127

Das Steuern...128

Auffälligkeiten..129

Das Reflektieren 130

Einzelgespräche..133

Zum zweiten Einzelgespräch..135

Das Einzelgespräch mit Herrn Burger 137

10.4 Veränderungen, Stabilisierungen, Ergebnisse 141

Ein Jahr später: Rückblick-Situation-Ziele..............................141

Eineinhalb Jahre später: Rückblick-Situation-Ziele.................143

Zwei Jahre später: Rückblick-Situation....................................145

Das Abschlußgespräch 146

Beim letzten Besuch 147

Nach dem offiziellen Ende 148

11. Die einnehmende, sogenannte eigensinnige Familie..............150

11.1 Die Lebenswelt der Familie Said......................................150

Das Wohngebiet..150

Informationen über die Familie 150

Das Erstgespräch 151

11.2 Die Erfassung des Alltagsgeschehens 153

Die ersten Besuche 153

Das Jugendhaus 155

Abenteuer erleben...156

Zum Spielen..157

Die Schule...158

Das Fernsehen...159

Das Essen..159

Zu Hause 160

11.3 Förderung und Begleitung im Alltag der Familie..............160

Beziehungsklärungen..160

Miteinanderzupacken...162

Das Steuern...163

Soziale Beziehungen..165

Das Reflektieren 166

11.4 Veränderungen, Stabilisierungen, Ergebnisse 167

Ein halbes Jahr später: Rückblick-Situation 167

Das Abschlußgespräch..168

11

Die letzten Besuche 169
Nach dem offiziellen Ende 170

12. Veränderungen in den drei Familien 171
Der Zustand vorher... 171
Der Zustand nachher 174
Vergleichende Zusammenfassung.. 175

Dritter Teil
Dimensionen pädagogischen Handelns.. 177

13. Der theoretische Bezugsrahmen 177
Anknüpfen, Gestalten und Bildsamkeit.. 178

14. Einsichten und pädagogische Haltung... 181

15. Dimensionen pädagogischen Handelns 185

15.1Die Vorbereitung des Arbeitsfeldes 186
Beobachten 186
Gewinnen von Vertrauen... 187
15.2 Pädagogisches Handeln im Arbeitsfeld..................................... 190
Wahren von Gegenseitigkeit.. 190
Setzen von Grenzen 191
Anknüpfen an Möglichkeiten 194
Wecken von Interessen 196
Öffnen und Erweitern des Raumes 198
Angehen von Konflikten.. 199
Stabilisieren von Stärken 201
15.3 Zusammenfassung 202

16. Schlußbemerkung.. 204

Literatur 205

Einleitung

Durch einen Paradigmenwechsel in der Jugendhilfe geriet die Familie in das Blickfeld Sozialer Arbeit. Das Verhältnis von Familienhilfe und Jugendhilfe wird im Achten Jugendbericht neu akzentuiert. Die Intensivierung von Familienarbeit resultiert aus der Einsicht, daß „(...) Heranwachsende im Kontext ihrer Lebenslage in ihrer sozialen Situation gesehen werden müssen, daß Hilfe oft nur in solchem Kontext effektiv sein kann" (BMJFFG 1990: 79). Die Orientierung an der Lebenswelt Heranwachsender führte zum Ausbau der institutionalisierten Hilfeform 'Sozialpädagogische Familienhilfe'. Gleichzeitig beeinträchtigen ungeeignete gesellschaftliche Rahmenbedingungen die Funktionsfähigkeit der Familie. Es ist die Frage zu stellen, wie es unter solchen Voraussetzungen möglich ist, die Familie mittels Sozialpädagogik zu einem gelingenderen Leben zu befähigen.

Sozialpädagogisches Handeln in der Lebenswelt, im Alltag von Familien ist nichts Neues. Schon zu Beginn dieses Jahrhunderts gab es einige vielversprechende Ansätze sozialpädagogischen Handelns in der Familie und eine diese Praxis begleitende Forschung. Neuere Forschungsarbeiten gibt es jedoch kaum zu dieser Thematik. Ausgangspunkt meiner Überlegungen ist die wechselseitige Bezogenheit von Theorie und Praxis. Das angesprochene Konzept einer 'reflexiven' Erziehungswissenschaft läßt sich nach Hans Thiersch mit einer erweiternden Reinterpretation des Begriffs 'Takt' (Herbart) aus der pädagogischen Tradition heraus verdeutlichen: „Takt ist nicht nur vonnöten, um die Aufgaben der Praxis vor dem Hintergrund wissenschaftlicher Erkenntnisse und moralischer Maximen zu bewältigen, sondern auch, um zu prüfen, welche Art wissenschaftlichen Zugangs notwendig und hilfreich ist zur Klärung praktischer Probleme, wie Wissenschaft in ihrer Leistungsfähigkeit für praktische Probleme genutzt werden soll" (Thiersch 1978a: 102).

Ziel der vorliegenden Untersuchung ist einerseits die Darstellung der Bewältigung der sozialpädagogischen Praxis in der Zusammenarbeit mit Familien unter Einbeziehung wissenschaftlicher Erkenntnisse, andererseits die Analyse alltagsorientierten sozialpädagogischen Handelns vor dem Hintergrund pädagogischer Tradition und ihrer begrifflichen Instrumentarien.

Im einleitenden Teil suche ich einen Zugang zur Thematik über die Erkenntnisse aus der frühen Ursachenforschung und der neueren familialen Evaluationsforschung, die damals wie heute kaum politische Entscheidungen zur Herstellung positiver Lebensbedingungen für Familien herbeiführten. Die Forschungsergebnisse geben mir Anknüpfungspunkte zu kritischen Überlegungen über den Zusammenhang negativer Lebensbedingungen für Familien und der Notwendigkeit sozialpädagogischer Familienarbeit. Anschließend gehe ich auf den Forschungsprozeß, die Materialauswahl und die Methodik ein.

Der praktische Teil dient der Darstellung der eigenen empirischen Forschung in drei Familien im Rahmen der 'Sozialpädagogischen Familienhilfe', um Familienwirklichkeiten zu veranschaulichen und zu erhellen. Dies geschieht in Form von Geschichten, die als Zeitstudien angelegt sind, welche die Entwicklung persönlicher und sozialer Kompetenzen der Familienmitglieder über einen Zeitraum von sechs Monaten bis zu zwei Jahren vermitteln.

Im auswertenden Teil wird das pädagogische Handeln aus den Familiengeschichten rekonstruiert, in einzelne pädagogische Dimensionen aufgefächert und vor dem Hintergrund der Ansätze und Begrifflichkeiten pädagogischer Tradition kritisch reflektiert.

Erster Teil:
Theorie sozialpädagogischer Familienarbeit

1. Aktuelle familiale Entwicklungstendenzen

Die Umstrukturierung des Familienlebens und die Neudefinition der Geschlechtsrollen als Folge eines überaus rasanten kulturellen Wandels in den westlichen Industrienationen ist einer der bedeutsamsten Trends dieses Jahrhunderts. Die im 19. Jahrhundert durch die Industrialisierung eingeleitete Trennung von Lebenswelt und Arbeitswelt beeinflußt die gesellschaftliche Institution Familie bis heute. Zweifellos hat sich ein für jedermann sichtbarer und aus den Statistiken ablesbarer, tiefgreifender Einstellungswandel bei den Menschen in bezug auf die Art und Weise ihres Zusammenlebens vollzogen. Paare leben öfter unverheiratet mit und ohne Kinder zusammen; Männer und Frauen heiraten später; nach der Heirat arbeiten Mann und Frau weiter; Eltern haben weniger Kinder und lassen sich häufiger scheiden und der Anteil von Müttern und Vätern, die allein mit ihren Kindern leben, wächst. Grundsätzlich läßt sich sagen, daß die Stabilität von Familien von den jeweiligen gesellschaftlichen Rahmenbedingungen abhängt. Ihre Instabilität ist mit den Strukturen der fortgeschrittenen Industriegesellschaft verknüpft.

1.1 Entwicklungen heute

Hartmann Tyrell bezeichnet den familialen Wandel als „Prozeß der Deinstitutionalisierung" von Ehe und Familie. Er meint damit den Abbau elementarer Selbstverständlichkeiten, die das herkömmliche Familienmuster implizierte, und die Auflösung „(...) des kohärenten Sinn- und Verweisungszusammenhangs, der Liebe, Ehe, Zusammenleben/gemeinsames Haushalten, Sexualität und Familienbildung plausibel 'unter einem Dach' vereinigt" (Tyrell 1990: 154). Die Familie befindet sich in einem dynamischen Umformungsprozeß, der in gesamtgesellschaftliche Wandlungsprozesse integriert ist.

Bei den heutigen Entwicklungen erscheint es Hans Bertram wenig sinnvoll, überhaupt noch von einer einheitlichen Gesamtkultur auszugehen, nachdem sich die Einstellungen zu Ehe und Familie in der Bundesrepublik Deutschland regional stark unterscheiden. Besonders gravierend seien die Differenzen zwischen den ländlichen Regionen einerseits und den großen urbanen süd- und westdeutschen Dienstleistungszentren andererseits in bezug auf die Einstellung zu Kindern:

> In Kombination mit der extrem starken Ablehnung auch der Ehe als Lebensform, läßt sich für diese Region festhalten, daß Kinder und Ehe hier von der

Mehrzahl der Bevölkerung nicht mehr als notwendige Bestandteile des eigenen Lebens interpretiert werden. (...). In den übrigen Regionen der Republik, d.h. insbesondere in den ländlichen Regionen Deutschlands, überwiegen deutlich die positiven Einstellungen zur Ehe und vor allem zu Kindern (Bertram 1995: 142).

Nach diesen Ergebnissen, so folgert Bertram, habe die Bundesrepublik dem Mangel zu begegnen, daß in der öffentlichen Meinung die im Grundsatz sehr positive Einstellung zu Ehe und Kindern keinen oder nur geringen Niederschlag finde, weil ausgerechnet dort, wo ein anderes Meinungsbild herrsche, die Medien und eine Vielzahl der politischen Entscheidungsträger beheimatet seien. Dies könne die Ursache für die ökonomische Benachteiligung von Familien sein.

Familienarbeit ist gegenüber Erwerbsarbeit, und das kann pauschal behauptet werden, politisch und gesellschaftlich nicht anerkannt. Die hemmende Wirkung sozioökonomischer Benachteiligung auf die Ausgestaltung des Alltags einer Familie und auf die Erziehung von Kindern ist hinreichend bekannt. Wer kein Geld hat, dem bleiben wenig Partizipationschancen in unserer Gesellschaft. Diese Tatsache beruht auf der ungesicherten Stellung der Frauen auf dem Arbeitsmarkt. Solange Frauen als Manövriermasse am Arbeitsmarkt benutzt werden, wie zuletzt in Ostdeutschland geschehen, und solange Familienpolitik Erwerbsverzicht zugunsten von Familienarbeit nicht honoriert, „(...) wird das Kinderhaben immer stärker zum 'schlechten Geschäft' (...)" (Kaufmann 1990: 409), sowohl für den Mann als auch für die Frau, welche die Betreuung ihrer Kinder übernommen haben.

Heutzutage beschränkt sich die traditionelle Arbeitsteilung von Mann und Frau vorwiegend auf die begrenzte Phase der Betreuung und Erziehung von Kindern. Vor und nach der Kinderphase sind Frauen meist berufstätig. Unter den Bedingungen bundesdeutscher Familienpolitik sind die Lebensläufe und Lebensformen von Frauen auch heute noch (mehr als die von Männern) gekennzeichnet „durch schwer oder nicht gelingende Synchronisationen von Familien- und Berufskarrieren" (Strohmeier 1995: 18).

Versuchen Mütter, Erwerbsarbeit und Familienarbeit zu verbinden, dann offenbart der Blick auf das soziale Netzwerk einer Familie eine andere Lesart dessen, was man häufig als 'Doppelbelastung' von Müttern bezeichnet: „Erwerbstätige Mütter sind besonders angewiesen auf Unterstützung durch Mitglieder ihres sozialen Netzes, gleichzeitig werden sie im allgemeinen deutlich mehr als ihre Männer für Hilfeleistungen an andere in Anspruch genommen" (Marbach/Mayr-Kleffel 1988: 285). In diesem Zusammenhang erhalten formelle Netzwerke eine wichtige Funktion für Familien.

Risiken erwachsen der Gegenwartsfamilie aus dem gesellschaftlichen Erscheinungsbild der 'Individualisierung und Singularisierung' (Rosenmayr 1992: 253). Mit der Individualisierung einhergehen müßte nämlich auch soziale

Kompetenz, mittels derer die Individuen ihre Bedürfnisse mit anderen Individuen entsprechend den eigenen Orientierungen auszuhandeln in der Lage wären, was aber nicht immer und überall der Fall ist.

Individualisierung meint soziologisch die Ablösung des Lebenslaufs von den Einflüssen der Instanzen, die ihn traditionell geprägt haben. Für den Einzelnen bedeutet dieser Prozeß meiner Interpretation nach, daß das Individuum gar keine andere Wahl hat, als sein Leben und seinen Lebenslauf selbst zu gestalten, nachdem vorgegebene gesellschaftliche Strukturen weitgehend erodiert sind. Die sozialstrukturellen Bedingungen, die diesem Sachverhalt zugrunde liegen, faßt Axel Honneth folgendermaßen zusammen:

> Es sind die soziale Freisetzung von überkommenen Rollenerwartungen, die ökonomisch ermöglichte Erweiterung individueller Optionsspielräume und schließlich die kulturelle Erosion von vergemeinschaftenden Sozialmilieus, die zusammengenommen den Individuen gegenwärtig ein stetig wachsendes Maß an biographischen Eigenleistungen zumuten (Honneth 1992: 18).

Optionen werden für Männer und Frauen zugänglich, wie sie nach der alten Familienordnung nicht möglich waren: „(...) in den Horizont des Wähl- und Entscheidbaren tritt jetzt auch die Nichtheirat der Lebenspartner, der Verzicht auf Kinder, die Elternschaft ohne Ehe, die Erwerbstätigkeit beider Eltern, die Scheidung trotz gemeinsamer Kinder u.s.w." (Herlth/Tyrell 1994: 2). An die Stelle des „strukturellen Zwanges", eine Familie zu gründen, „(...) ist heute die individuelle Wahl getreten" (Kohli 1991: 313). Die freie Wahl der Individuen steht in einem dialektischen Spannungsverhältnis. So bedeutet zum Beispiel die individuelle Wahl des einen Partners, sich scheiden zu lassen, für den anderen Partner, verlassen zu werden.

Die Individualisierungsansprüche von Frauen stoßen sich an der im bürgerlichen Familien- und Erwerbsmodell verankerten Ungleichheit zwischen den Geschlechtern, „(...) was sich in einer massiven Veränderung der familialen Abläufe niedergeschlagen hat" (ebd.: 312). Nach Martin Kohli ist die Destandardisierung der herkömmlichen familialen Abläufe in mehrfacher Hinsicht zu verzeichnen:

> Der Prozeß der Familienbildung wird verlängert bzw. verschoben, und ein zunehmender Anteil der jüngeren Geburtskohorten vollzieht diesen Prozeß in alternativen Formen, nur teilweise oder gar nicht (...). In kurzer Zeit hat sich das einheitliche Muster, auf das hin die historische Entwicklung konvergierte, aufgelöst und einer Vielzahl von Familienkonstellationen und Verlaufsmustern Platz gemacht (ebd.: 313).

Nach Klaus Peter Strohmeier gibt es nach wie vor durchaus unterschiedliche Grade und Formen der Individualisierung des Lebenslaufs für Männer und Frauen, die zu jeweils unterschiedlichen Pluralisierungen führen. Insbesondere in Deutschland (West) sei es so, daß die Pluralisierung der Lebensformen beim ersten, spätestens beim zweiten Kind endet. Die Gesellschaft spalte sich „in einen wachsenden Sektor pluraler nicht-familialer Lebensformen und einen schrumpfenden, in sich relativ strukturstarren Familiensektor" (Strohmeier 1995: 18). Maria-Eleonora Karsten macht darauf aufmerksam, daß angesichts von Verarmung der strukturelle Prozeß familialen Wandels nicht als Zugewinn an individueller Freiheit und sozialen Chancen betrachtet werden könne:

> Vielmehr muß davon ausgegangen werden, daß eine prinzipiell mögliche Differenzierung von Lebensweisen und individuellen Entscheidungsmöglichkeiten ihre subjektive Verwirklichungsgrenze an genau jenen objektiven gesellschaftlichen Lebensbedingungen findet - wirtschaftliche und sozialökonomische Disparitäten, Erwerbsarbeitsproblemen, neuen Formen der Verteilung gesellschaftlicher Chancen und sozialer Benachteiligungen - die auch den Prozeß der Diversifizierung familialer Lebensweisen hervorgetrieben haben (Karsten 1987: 137).

Singularisierung, also die Vereinzelung von Individuen, wird zum Beispiel am Alleinsein vor dem Computer oder vor dem Fernseher deutlich, wo Vereinzelung zur Regel wird. Nicht ohne Grund wird von einigen Sozialphilosophen und Sozialwissenschaftlern im Rahmen der Diskussion über den Kommunitarismus die Forderung zur Wiederherstellung von Gemeinschaft und Ermöglichung von Begegnung ausgesprochen. Der amerikanische Soziologe Robert N. Bellah ist (in Anlehnung an Hegel) der Auffassung, daß die Auswirkungen des Marktes und der Arbeitsbedingungen auf die Familie es den Familienmitgliedern schwer machen, „(...) für eine Form des gemeinsamen Lebens Verantwortung zu übernehmen, das jede(r) der Beteiligten als das ihre oder seine empfinden kann" (Bellah 1992: 60). Er plädiert für eine Form des 'teilhabenden Lebens', um dem eigenen Leben Befriedigung und Sinn zu geben:

> Gelegenheiten, in einem mit anderen geteilten Leben eine verantwortliche Rolle zu übernehmen, halten nicht nur das Familienleben aufrecht, sondern auch das Schul-und Gemeinschaftsleben, das von religiösen Organisationen und Wirtschaftsunternehmen, das von Staaten und sogar, wie wir jetzt bemerken, das einer bewohnbaren planetaren Ökosphäre" (ebd.).

Die 'Pluralisierung von Lebenslagen' (BMJFFG 1990: 28) hat für die individuelle Ausgestaltung der Lebensführung Chancenungleichheit und Unsicherheiten gebracht. Eine Orientierung an vorgegebenen Werten und Normen wird in sich steigerndem Maß schwieriger und ist - als traditionell und nicht zeitgemäß abgetan - von vielen auch nicht mehr gewollt. Die Destabilisierung und Destrukturierung vieler Lebensmuster und Grundwerte ist heute kulturell allgemein und betrifft nicht nur die Familie, sondern auch viele große Institutionen, die auf Solidarität aufgebaut sind. Für Leopold Rosenmayr ist die „(...) Wieder- oder Neubegründung von sozialem Vertrauen (...) für Kinder und Alte ein Element vordringlichen Bedürfnisses" (Rosenmayr 1992: 267).

Frauen und Männer reagieren flexibel auf vorgegebene Verhältnisse und bemühen sich, neue kooperative Formen des Zusammenlebens in 'freien Assoziationen' (Kropotkin) zu finden und sich mit gegenseitiger Hilfe vernünftig und pragmatisch zu organisieren, um „(...) die sozialen und psychischen Folgekosten der Modernisierung (...)" (Liegle 1990: 100) zu verringern und aufzufangen. Familie ist ein Ort der Gemeinschaft. Sie wird nach wie vor als Lebensform gewählt.

Es besteht eine Vielfalt familialer Lebensformen, und sie entsprechen den Bedürfnissen derer, die sie gewählt haben. Nebeneinander bestehen Gruppen unterschiedlicher Zusammensetzung und Größe. Es gibt Einelternfamilien, Zweielternfamilien, Stiefelternfamilien, Großfamilien und andere mehr. Gemeinsames Kennzeichen dieser Familien ist, daß ein Erwachsener und ein Kind miteinander verwandt sind und der Erwachsene die Betreuungs- und Erziehungsverantwortung übernommen hat.

Die 'Pluralisierung familialer Lebensformen' (Kaufmann) hat (noch) keineswegs zu einer grundsätzlichen Umstrukturierung kindlicher Lebensverhältnisse geführt, wie man gemeinhin annehmen könnte, dennoch ist der Trend zur Alleinerziehung deutlich zu erkennen. Nach den letzten verfügbaren Daten (Mikrozensus 1994, in Klammern Mikrozensus 1992) wachsen in der Bundesrepublik Deutschland immer noch 85,5% (86,5%) aller minderjährigen Kinder bei miteinander verheirateten Eltern auf - im Jahre 1961 waren es im früheren Bundesgebiet noch 91,7% - 12,7% (11,8%) leben bei der Mutter und 1,8% (1,7%) beim Vater.

Auch wenn die Erziehung von Kindern keine lebenslange Aufgabe mehr ist, stellt sie hohe Anforderungen an elterliche Kompetenzen. Durch den hohen Anspruch an die Kindererziehung und deren Ausrichtung auf einen berufsqualifizierenden Abschluß geraten Eltern zunehmend unter Druck, wenn sie merken, diesem Anspruch nicht gewachsen zu sein. Arbeitslosigkeit, Berufshektik, Scheidungen und Trennungen belasten zusätzlich die Gefühlswelt der Erwachsenen ebenso wie die der Kinder. Für die Familienmitglieder können psychische Spannungen, Unausgeglichenheit, Angst und Depression die Folge solcher Verhältnisse sein.

In der derzeitigen familiensoziologischen Diskussion wird dem Verhältnis zwischen Partnerschaft und Elternschaft besondere Aufmerksamkeit zuteil. Das neue Spannungsverhältnis Partnerschaft versus Elternschaft erscheint dramatisch:

> Der fraglose und normativ gestützte Verweisungszusammenhang, in den die 'bürgerliche Kultur' Liebesehe und Elternschaft gebracht hat, scheint nicht mehr zu tragen. Stattdessen sehen wir Anlaß für den Verdacht zunehmender Inkompatibilität und gehen davon aus, daß das ein wachsendes Labilitäts-, Stör-, Konflikt- und Schmerzpotential auf dem Feld der Partner- und Eltern-Kind-Beziehungen im Gefolge hat (Herlth/Tyrell 1994: 3).

Die Qualität von Ehebeziehungen bleibt nicht ohne Wirkung auf die Kompetenzentwicklung von Kindern: „Das Selbstwertgefühl von Kindern ist umso höher, je weniger es in der Ehe der Eltern zu Konflikten kommt und je mehr sich die Eltern durch den Ehepartner unterstützt fühlen (...)" (Herlth 1995: 225). Die gegenseitige emotionale Unterstützung der Eltern ist für Kinder deshalb von Bedeutung, „(...) weil sie auch ein entsprechend unterstützendes Erziehungsverhalten nach sich zieht (...)" (ebd.: 232).

Die Kopplung von Partnerschaft beziehungsweise Liebesehe und Elternschaft wird zunehmend riskant. Es deuten sich Tendenzen an, „(...) zu einer individualistischen Konzeption und Praxis von Elternschaft, die das Alleinerziehen positiv nimmt und den Bezug auf die biparentale Norm abschüttelt" (Herlth/Tyrell 1994: 9). Gemeint ist zweierlei, nämlich einerseits die 'unbemannte Mutterschaft' (Tyrell), in der sich die Mutter für das Kind aber gegen den Vater entscheidet und andererseits ein Typus von Scheidung, „(...) wo Frauen 'familienuntaugliche', verantwortungsunwillige Männer (die sich etwa auf den familialen Zeitrhythmus nicht einstellen können) sozusagen abstoßen und dann die Erfahrung machen, daß es allein besser geht (...)" (ebd.). Im Gegenzug behauptet sich aber und verstärkt sich sogar die Biparentalität, so zum Beispiel „(...) im Handeln von elterlich aktivierten, 'familiarisierten' und 'kindorientierten' Vätern" (ebd.: 10).

1.2 Verbesserung der Rahmenbedingungen

Wenn die Gesellschaft ihren Nachwuchs qualitativ und quantitativ sichern möchte, dann wird sie mehr unternehmen müssen als bisher, um die gesellschaftlichen Rahmenbedingungen für Familien zu verbessern. Einige Verbesserungsmöglichkeiten möchte ich beispielhaft aufzeigen. Es ist dringend erforderlich, die Gleichwertigkeit von Berufs- und Familienarbeit anzuerkennen, indem beide die gleiche soziale Absicherung erfahren. Vater und Mutter muß es ermöglicht werden, sich ohne Rentenverluste bei der Kinderbetreuung abzuwechseln. Wo die Eigenständigkeit von Mann und Frau ökonomisch gesichert ist, werden meist auch gleichberechtigte Umgangsformen gefunden.

Betreuungseinrichtungen zur Ergänzung der Familienerziehung sollten ausgebaut statt, wie es heute geschieht, weiter abgebaut werden. Im internationalen Vergleich zum Beispiel mit England und Frankreich ist das weitgehende Fehlen von Krippen- und Krabbelstubenplätzen in der Bundesrepublik Deutschland auffällig. Ebenso fehlen genügend Möglichkeiten der 'Selbstinszenierung' (Böhnisch) in sozialen und natürlichen Räumen für die neun- bis vierzehnjährigen 'Lückekinder'.

Diese 'Ausgleichsorte' sind umso dringlicher, da die neuen Medien den Alltagsrhythmus vieler Familien prägen. Kindlicher Alltag findet in Deutschland überwiegend in der Familie statt, in den die Medienrezeption eingebunden ist. Kinder benutzen die Medienwelt ebenso wie die gesamte Familie zur Bewältigung von Alltagssituationen, „was soweit gehen kann, daß die Medien gleichsam den äußeren Rahmen bilden, der die Familie zusammenhält" (Schorb 1991:

505). Es besteht die Befürchtung, „daß sich immer mehr Medien zwischen die Menschen und ihre Erfahrungen schieben" (ebd.: 508). Eine Untersuchung von Helga Theunert zur Wahrnehmung und Verarbeitung von Fernsehinhalten durch Kinder zeigt auf, wie Kinder ihr Fernseherleben aktiv nach außen tragen. Nicht nur im Spiel, sondern auch im eigenen Verhalten und Handeln bearbeiten Kinder ihr Fernseherleben. Elemente handelnder Verarbeitung zeigen fast ausschließlich Jungen. Vorwiegend bei ihnen läßt sich die Übernahme einzelner Merkmale, Verhaltens- und Handlungsstereotypen in ihr alltägliches Handeln und Auftreten feststellen. Die Kinder verarbeiten belastende Fernseherlebnisse normalerweise in der Auseinandersetzung mit der realen Welt. „Wenn Kinder ihr Fernseherleben nicht be- und verarbeiten können, holt es sie in ihren Träumen wieder ein. Dies ist besonders bei belastenden Erlebnissen und Bildern der Fall" (Theunert 1992: 201). Mit den Träumen ist in der Regel das Erleben nicht bewältigt. Den Kindern bleiben bestimmte Eindrücke und Bilder nachhaltig im Gedächtnis.

> Meist sind das solche, die sie emotinal stark berührt und belastet haben und die mit drastischen Gewaltdarstellungen verknüpft sind. Kinder sind davon überfordert, weil sie sie nicht erklären, nicht einordnen, aber auch nicht vergessen können (ebd.: 201).

Die Bedrohlichkeit solcher Erlebnisse verliert sich nach den Forschungsergebnissen Theunerts nicht. Meiner Beobachtung nach nimmt aber das Bedrohungsgefühl durch den Aufbau eigener Wirklichkeitserfahrungen mit dem Erlebnis der Einwirkungsmöglichkeiten ab. Umso wichtiger werden öffentliche Räume zum Aufbau eigener Wirklichkeitserfahrungen wie zum Beispiel Stadtteilbauernhöfe mit Tieren und Pflanzen, die von allen Bewohnern eines Stadtteils als Erfahrungs- und Beziehungsraum genutzt werden können.

Das für die Kinder benötigte Zeitbudget steht mit dem eben Ausgeführten in unmittelbarem Zusammenhang. Die Zeit, die Erwachsene der medialen Information und Kommunikation widmen, fehlt für die Beschäftigung mit Kindern. Gemessen an der Dimension Zeit hat sich die Welt für Erwachsene grundlegend verändert und es scheint ihnen zunehmend schwerer zu fallen, das rechte Maß an Raum und Zeit zu finden. Der Raum kann mit immer schnelleren Fortbewegungsmitteln bewältigt werden und die scheinbar gewonnene Zeit mit immer mehr Tätigkeiten ausgefüllt werden. Im Gegensatz dazu braucht das Wachstum und die Reifung eines Kindes die ihm angemessene Zeit, sie kann nicht gerafft werden. Es besteht ein Widerspruch zwischen Erwachsenenwelt und Kinderwelt.

Ich halte ein Nachdenken über die 'Kinderverträglichkeit' unserer Mobilitätsgesellschaft für überfällig. Erwachsene, die nach einer längeren Berufstätigkeit mit kleinen Kindern zusammenleben, spüren in deren Wachsen und Werden ein langsames Verstreichen von Zeit. Jede Form von elterlicher Ungeduld, wenn etwas nicht schnell genug geht, stößt auf heftige Proteste der Kinder. Eltern, die sich auf kindliche Langsamkeit einstellen, erleben diese Zeit oft als geschenkte

Zeit. Ihnen bedeutet Wohlstand, Zeit für ihre Kinder zu haben, oder, wie Christiane Müller-Wichmann in einem anderen Zusammenhang meint, „(...) Zeit als Quelle von Lebensqualität wiederzugewinnen oder erstmals zu beanspruchen" (Müller-Wichmann 1984: 287). Eine zeitweilige Angleichung der Erwachsenenwelt an die Kinderwelt wäre vermutlich für beide Seiten vorteilhaft.

Die Gesellschaft mutet Eltern viel zu, manchmal mehr, als Eltern zu leisten imstande sind. Erzieherischen Fähigkeiten wird erst dann Aufmerksamkeit geschenkt, wenn durch die mangelnde Erziehungskompetenz der Eltern Fehlentwicklungen bei den Kindern auftreten. Dabei bedarf der Umgang mit Kindern ganz besonderer Fähigkeiten. Das Kind braucht während seiner körperlichen, geistigen und seelischen Entwicklung Beachtung und Zuwendung, ein Eingehen auf seine Bedürfnisse und vor allem Schutz. Kinder haben eigene Lebensrechte, die Eltern zu gewährleisten haben. Die wenigsten Eltern sind auf das Zusammenleben mit Kindern vorbereitet, nachdem die eigenen Eltern oft keine Vorbilder mehr abgeben. 'Learning by doing' genügt meines Erachtens in der Kindererziehung heute meist nicht mehr.

Der hohe Anspruch an die Kindererziehung setzt, wie ich meine, eine Vorbereitung auf diese Aufgabe voraus. Der ganzheitliche Erziehungsauftrag der Schule bedeutet, die jungen Menschen auf das Leben vorzubereiten. Dies beinhaltet eine Vorbereitung auch auf das Leben als Eltern und Partner. „Wenn die Kinder dann die Schule einmal verlassen und vor den Aufgaben ihres Lebens stehen, soll es ihnen sein, als ob sie in diesen ernsten Pflichten nichts Neues vor sich sähen (...)" (Comenius 1991: 97). Wenn Schulpolitik darauf beharrt, die Aufgabe der Schule sei vorrangig Wissensvermittlung, und nicht die ganzheitliche Vorbereitung auf das Leben, sollten außerschulische Lernorte für Kinder und Eltern eingerichtet werden. Auch bestehende Institutionen wie zum Beispiel die Kindergärten können genutzt werden, indem sie zumindest zeitweise zum Kinder- und Elterngarten erweitert werden, wie es für das Ineinandergreifen der familialen und öffentlichen Erziehung wünschenswert wäre.

Außerdem wäre es im Sinne Friedrich Fröbels, wenn an den Kindergarten ein echter Garten angegliedert wäre: „Der Kindergarten (...) fordert also notwendig einen Garten und in diesem notwendig Gärten für Kinder (...)" (Fröbel 1952: 121). Diese Vorgabe Fröbels für die Einrichtung eines Kindergartens ist heute in Vergessenheit geraten. In einem Garten finden sich immer gemeinsame Betätigungen für Kinder und Eltern, aus denen heraus erzieherische Kompetenzen konkret erlernt und in der Auseinandersetzung zwischen Kindern und Eltern sogleich geübt werden können.

1.3 Über die Notwendigkeit sozialpädagogischer Familienarbeit

Nach Hans Thiersch ist die Rolle der Eltern „(...) eine für Erwachsene besonders reiche, anspruchsvolle und - wenn ich das so salopp formulieren darf - lebendig-abenteuerliche Figuration" (Thiersch 1986a: 56). Zunächst leben, wachsen, lernen und reifen Eltern zusammen mit ihren Kindern, müssen diese einmal loslassen und sind später selbst vielleicht einmal auf ihre Hilfe angewiesen: „Elternschaft hat also eine Geschichte, in der Handlungsmuster sich nicht verfestigen können, sondern, mit den heranwachsenden Kindern zusammen, immer wieder neu erprobt, erworben und wieder verworfen werden" (ebd.: 57). Jeder kindliche Entwicklungsschritt erzeugt einen neuen Druck zur Anpassung innerhalb der Familie. In den Interaktions- und Kommunikationsbeziehungen müssen sich die Eltern und die Kinder kontinuierlich neu aufeinander einstellen. Ebenso erschweren unzweckmäßige gesellschaftliche Rahmenbedingungen und daraus resultierende Belastungen wie Armut, Arbeitslosigkeit und Alleinerziehung manchen Familien die notwendige Erbringung der von ihr erwarteten Leistungen wie Versorgung, Erziehung, Schutz und emotionale Stützung der Kinder.

Viele Eltern sind mit dem hohen Anspruch an die Kindererziehung und den an sie gestellten Kompetenzerwartungen überfordert und suchen professionelle Hilfe und Unterstützung. „Die Bewältigung der vielfältigen, mit der Elternschaft gegebenen und sich wandelnden Aufgaben überfordert ganz zweifelsohne zur Zeit viele Eltern; das verweist sie auf Hilfe, auf Unterstützung und Beratung; sie zu gewähren ist Aufgabe auch der professionellen Erzieher" (ebd.: 57). Dessen ungeachtet gelingt es den meisten Familien, mit den alltäglichen Anforderungen und den sie belastenden Ereignissen solidarisch, sicher und flexibel umzugehen.

Horst-Eberhard Richter weist darauf hin, daß bestimmte interne Spannungen sowohl zwischen Eltern als auch zwischen Eltern und ihren Kindern nicht nur „noch normal", sondern sogar „(...) ein wichtiges Zeichen für die geistige Lebendigkeit (...)" der Familie sind: „Nicht das Vorhandensein stärkerer Konflikte, sogar eklatanter Kontroversen, beweist einen Defekt der Familie, sondern nur die Unfähigkeit ihrer Mitglieder derartige Spannungen auszuhalten und miteinander zu klären, ohne einander zu verstoßen, zu bestrafen (...)" (Richter 1972: 30). Einige Familien dagegen scheinen mit der Bewältigung ihrer Aufgaben nicht zurecht zu kommen. Die Fähigkeit, mit Belastungen kompetent umzugehen, ist offenbar unterschiedlich ausgeprägt.

Alois Herlth sieht die 'Bedingungen der Verletzlichkeit familialer Systeme' in den mehr oder weniger gut erbrachten Anpassungsleistungen des Familiensystems selbst. Seine These lautet: „Störungen in den familialen Leistungsbeziehungen resultieren aus der Art und Weise, wie Familien im Alltag bestehende Anpassungserfordernisse bewältigen. Dabei hängt die Art und Qualität der Anpassungsleistung vor allem von einer in den Familien unterschiedlich entwikkelten 'Problemverarbeitungskapazität' ab" (Herlth 1990: 313).

Die Anpassung an innere und äußere Regelstrukturen ist im Familienalltag ein ganz normaler, häufiger und meist gelingender Vorgang. Das Familiensystem vermittelt zwischen den Bedürfnissen der Familienmitglieder und den Anforderungen externer gesellschaftlicher Agenturen. Dabei kommt es zu einem Prozeß der 'Formierung' (Herlth) der Familie, indem sich Alltagsroutinen, dauerhafte Wahrnehmungs- und Handlungsmuster sowie eine Aufteilung von Rollen unter den Familienmitgliedern herausbilden, deren Handhabung flexibel bleiben muß. Neue Situationen erfordern in der Alltagsorganisation die Entwicklung neuer oder die Modifikation alter Muster. Die Anpassungsleistungen hängen aber auch von den für die alltägliche Lebensbewältigung zur Verfügung stehenden Ressourcen ab: „Dies können externe Unterstützungsleistungen sein - es kann sich aber auch um interne Ressourcen, wie zum Beispiel bestimmte Kompetenzen und Fertigkeiten einzelner Familienmitglieder handeln" (ebd.: 320).

Sozialpädagogische Familienarbeit ist dann notwendig, wenn Familien ihre Alltagsorganisation nicht mehr durchschauen, Ressourcen in der Familie und im sozialen Umfeld weder aktivieren noch rekrutieren, wenig flexibel mit belastenden Ereignissen umgehen können, sich eine frühzeitige Entwurzelung von Kindern anbahnt, und der Familienzusammenhalt zu gering ist, um zu gemeinsamen Lösungen von Schwierigkeiten zu kommen.

2. Sozialpädagogische Familienhilfe

Die Sozialpädagogische Familienhilfe (im folgenden Text SPFH genannt) scheint mir geeignet zu sein, Familien, die sich 'verletzlicher' als andere zeigen, im Alltag ihrer Lebenswelt so zu unterstützen, daß ihre Leistungsfähigkeit wiederhergestellt und der familiale Lebensraum für die Kinder erhalten werden kann. SPFH ist aus einem gesellschaftlichen Bedürfnis entstanden und formt sich derzeit inhaltlich weiter aus. Ihre Entstehung und ihre Begrifflichkeiten sind Gegenstand folgender Ausführungen.

2.1 Entstehung

Im Jahre 1969 wurde zur Vermeidung von Heimeinweisung von engagierten Vertretern der 'Berliner Heimkampagne' „(...) das Tätigkeitsprofil des 'sozialpädagogischen Familienhelfers' erfunden" (Müller 1988: 26). SPFH wurde bereits im Jahre 1985 in nahezu jedem zweiten Jugendamt in der Bundesrepublik Deutschland durchgeführt und im Jahre 1991 im Kinder- und Jugendhilfegesetz verankert. Aus der praktischen Sozialen Arbeit entwickelt, formt sich die institutionalisierte Hilfeform SPFH derzeit inhaltlich weiter aus. Dieser Hilfeform werden eine Fülle von Bedeutungen zugeordnet. Die systemische Betrachtungsweise ermöglicht Vorstellungen der Ausgestaltung von der Familientherapie bis zur Gemeinwesenarbeit. Die Dauer eines Einsatzes reicht von einer kurzfristigen Krisenintervention bis zur längerfristigen Unterstützung und Begleitung der Familie.

Im Ausland gibt es vergleichbare Hilfeformen, deren Schwerpunkte teilweise ähnlich wie bei uns liegen. Die österreichische 'Familienintensivbetreuung' (FIB) baut methodisch auf Modellen der SPFH in Kassel und Berlin auf. Aus dem Tätigkeitsbericht 1992 der FIB des Amtes für Jugend und Familie der Stadt Wien geht hervor, daß eine methodische Vorgehensweise aus der Sicht der systemischen Familientherapie in den Vordergrund gestellt wird und diese bei Bedarf durch familienfördernde Maßnahmen aus dem Bereich der Sozialarbeit und Sozialpädagogik ergänzt wird:

> Unser Aufgabenschwerpunkt besteht aufgrund des Erfahrungshintergrundes in Sozialarbeit und Sozialpädagogik sowie unserer Ausrichtung auf das „System Familie" oftmals in der Arbeit mit Familien, in denen defizitäre Sozialisationsbedingungen, gravierende sozioökonomische Probleme sowie andere kumulative Problemlagen und Krisen in Form von „sozialer Auffälligkeit bzw. Desintegration" - oft begleitet von gewalttätigen Auseinandersetzungen - das weitere Zusammenleben der Familie gefährden bzw. als psychische Behinderungen und andere Erkrankungen hohen Leidensdruck bedeuten und die Erziehungsfähigkeit der Eltern erheblich einschränken (Tätigkeitsbericht 1992: 11).

Der Einstieg in die Betreuung von Familien erfolgt in erster Linie über das Arbeitsfeld Erziehungsberatung: „Unsere Erfahrungen der letzten Jahre, daß in vielen Fällen die Veränderung im Umgang mit den Kindern erst dann möglich geworden ist, wenn zunächst die Eltern selbst für ihre seelischen Probleme und Bedürfnisse Raum bekommen, hat sich wieder bestätigt" (Tätigkeitsbericht 1995: 6). Die Betreuungsarbeit wird verstärkt zu zweit durchgeführt, um „dadurch umfassendere Problem- und Bedürfnisabdeckung zu erlangen sowie zu rascheren Problemlösungen zu finden" (ebd.).

Eine andere vergleichbare Hilfeform ist das amerikanische 'Homebuilding' oder 'Families First Programme', das seit dem Jahre 1974 erfogreich praktiziert wird. Die Methode des 'Homebuilding' wurde von zwei Psychologen in Tacoma entwickelt und sieht vor, daß „(...) in einer sonst nicht bekannten, intensiven Krisenintervention SozialarbeiterInnen in die Familie gehen und sowohl den Kindern als auch den natürlichen Bezugspersonen massive Anleitung und Unterstützung geben (...)" (Gehrmann/Müller 1994: 38), und zwar in der Wohnung der Familie. Es ist ausschließlich für Familien bestimmt, bei denen die Herausnahme von Kindern droht:

> Kinder, die wegen Mißhandlung oder Vernachlässigung, wegen psychischen Störungen oder Delinquenz dann in staatlich finanzierten Pflegefamilien, Wohnheimen, psychiatrischen Anstalten oder eben Strafanstalten untergebracht würden (Walter: 1994: 277).

Das 'Homebuilders-Modell' ist heute in den Vereinigten Staaten weit verbreitet. Seit 1991 existiert in New York ein ähnliches Modell, nämlich 'Family Ties', das jugendliche Straftäter vor dem Gefängnis bewahren soll. Die in besonderer Weise geschulten SozialarbeiterInnen sind nur kurzfristig für vier bis sechs Wochen täglich etwa zwei Stunden in der Familie und außerdem rund um die Uhr erreichbar: „Die Methodik des Modells bedient sich aus verschiedenen

Bereichen therapeutischer Modelle und systemischer Ansätze, hauptsächlich aber aus den Bereichen Krisenintervention und Verhaltenstherapie" (ebd.: 279).

2.2 Die Auslotung des Begriffs

Der Begriff 'SPFH' kann von seiner fachlichen Entstehung, den fachlichen Merkmalen, den Aufgaben und Zielsetzungen her und in Abgrenzung zu den anderen ambulanten Hilfeformen aus dem Bereich der Hilfen zur Erziehung sowie in bezug zur praktischen Arbeit geklärt werden.

Die fachliche Entstehung der SPFH beruht auf einem veränderten Verständnis der Jugendhilfe im Hinblick auf ihre Aufgaben und Zielsetzungen. Christine Christmann und C.Wolfgang Müller sprechen in diesem Zusammenhang von einer Leistungslücke „(...) zwischen angeordneter Unterbringung und freiwilliger Beteiligung an Maßnahmen und Leistungen (...)" (Christmann/Müller 1986: 13). Das alte Jugendwohlfahrtsgesetz war geprägt von der Vorstellung, Jugendhilfe wäre eine familientrennende Maßnahme, und es beachtete daher weniger die Chancen der Prävention durch ambulante Hilfen. Daraus resultierte der stärkere Ausbau stationärer Einrichtungen gegenüber präventiven, ambulanten Hilfen. Demgemäß traten familienorientierte, offene Angebote in den Hintergrund und die stationäre Unterbringung rückte in den Vordergrund. Durch die neue Lebensweltorientierung in der Jugendhilfe geriet die Familie in das Blickfeld Sozialer Arbeit.

Die Veränderung fachlicher Merkmale erfolgte aus der Einsicht, daß „(...) Heranwachsende im Kontext ihrer Lebenslage in ihrer sozialen Situation gesehen werden müssen, daß Hilfe oft nur in solchem Kontext effektiv sein kann" (BMJFFG 1990: 79). Die Öffnung der Jugendhilfe zur Lebenswelt ermöglicht der SPFH eine ganzheitliche Vorgehensweise im Hinblick auf die Einbeziehung der natürlich gegebenen, der vom Menschen gestalteten und gebauten sowie der sozialen Umwelt im „(...) konkreten, regionalen Kontext (...)" (ebd.: 87).

Kinder und Jugendliche im Kontext ihrer Lebenslage in ihrer sozialen Situation sehen, heißt, ihre familialen und außerfamilialen Beziehungen zu berücksichtigen, also ihr Eingebundensein in ein soziales Netzwerk zu beachten und die Strukturen des Wohnumfeldes einzubeziehen. Es wird zunehmend berücksichtigt, daß die Familie mittels Unterstützung eigene Kräfte mobilisieren kann. Diesem Umstand ist der Ausbau der präventiven, ambulanten Hilfen zur Erziehung im neuen Kinder- und Jugendhilfegesetz zuzuschreiben. Die im Gesetz verwendeten Begriffe wie Betreuung, Begleitung und Unterstützung verdeutlichen die Änderung von repressiver Kontrolle und angeordneten Maßnahmen hin zu präventiver Hilfe und Angeboten. Neben der SPFH werden im Gesetz weitere Hilfen zur Erziehung, nämlich Erziehungsberatung, Soziale Gruppenarbeit, Erziehungsbeistand, Erziehung in der Tagesgruppe und Intensive Sozialpädagogische Einzelbetreuung aufgezählt.

Die Aufgabe und die Zielsetzung der SPFH gehen aus dem Gesetzestext hervor: „Sozialpädagogische Familienhilfe soll durch intensive Betreuung und Begleitung Familien in ihren Erziehungsaufgaben, bei der Bewältigung von Alltagsproblemen, der Lösung von Konflikten und Krisen, im Kontakt mit Ämtern und Institutionen unterstützen und Hilfe zur Selbsthilfe geben. Sie ist in der Regel auf längere Dauer angelegt und erfordert die Mitarbeit der Familie" (SGB VIII: §31). Im Mittelpunkt des Bildungs- und Entwicklungsprozesses stehen Kinder und Jugendliche zusammen mit den Erwachsenen, die mit ihnen verwandtschaftlich verbunden sind und Erziehungsverantwortung übernommen haben. Sie werden in ihren Bemühungen zur Lebensbewältigung unterstützt, um zu versuchen, den familialen Lebensraum für die Heranwachsenden zu erhalten, ohne ihre eigenen Fähigkeiten zu untergraben. Bei diesen Bemühungen soll „(...) das engere soziale Umfeld einbezogen werden" (SGB VIII: §27).

Die Einbeziehung des sozialen Umfeldes sowie die intensive erzieherische Begleitung der Eltern und ihre Unterstützung bei der Bewältigung von Alltagsproblemen in der familialen Situation grenzt SPFH deutlich von der traditionellen Erziehungs- und Familienberatung und den Beratungs- und Therapieeinrichtungen konventionellen Zuschnitts ab. SPFH bietet lebensnahe Begleitung zur situativen Bewältigung von Krisen und zur Lösung von Konflikten im Alltag der Familie durch das Anstoßen und Steuern von Lern- und Wachstumsprozessen an, unter Einbeziehung der in das Umfeld führenden Sozialkontakte und berücksichtigt deren Einflüsse auf die Familie. Mit ihrem Anspruch, nicht nur die Familie als System zu sehen, sondern auch ihre Vernetzung in das soziale Umfeld zu beachten, geht sie über Beratung und Therapie hinaus.

Der Begriff ist aus der praktischen Arbeit ebenfalls zu klären. SPFH enthält implizit die Berufsbezeichnung FamilienhelferIn. Wie sich bei einer bundesweiten Fachtagung im März 1993 in Witzenhausen herausstellte, sind die in der Arbeit Tätigen mit dieser Bezeichnung jedoch unzufrieden, weil sie nicht das ausdrückt, was ihre Tätigkeit ausmacht. Unzufriedenheit herrscht, weil der Begriff HelferIn zu eng gefaßt erscheint.

Das Menschenbild der SPFH setzt meines Erachtens ein autonom handlungs- und veränderungsfähiges Individuum voraus, das nicht hilflos ist. Es ist davon auszugehen, daß die Familienmitglieder die Fähigkeit zur Veränderung unzweckmäßiger Handlungsstrukturen haben, um ihre Angelegenheiten selbständig besser wahrnehmen zu können. Bei den Familien besteht ein Bedürfnis nach Information, nach Anregungen und nach Begleitung ihres Lern-, Entwicklungs- und Veränderungsprozesses. SPFH entlastet Familien nicht direkt, sondern vermittelt ihnen, wie sie sich selbst entlasten können. Arbeitsmäßig sind die MitarbeiterInnen als Entwickler-, Begleiter-, Förder-, Koordinator-, Mittler-, Moderator-, Familienarbeiter- und TrainerInnen zu bezeichnen. Wenn Hilfe in diesem Sinne gemeint ist, sind sie HelferInnen.

SPFH realisiert das neue Denken in der Jugendhilfe und wird dadurch zu einem Beispiel für Lebensweltorientierung in der Sozialen Arbeit. Für eine gelingende

Familienentwicklung ist es nicht gleichgültig, wie diese Lebenswelt strukturiert ist und welche Lebensbedingungen sie den Bewohnern bietet. Wieweit SPFH die richtige Strategie ist, um über den Einzelfall hinaus die allgemeinen Lebens- und Entwicklungsbedingungen von Kindern, Jugendlichen und ihren Familien zu verbessern, wird sich in den nächsten Jahren zeigen.

3. Zum Forschungsstand

Praxisforschung, die hier angesprochen wird, ist begrifflich nicht eindeutig festgelegt. Maja Heiner versteht darunter ganz allgemein „(...) die Untersuchung der Praxis sozialer Arbeit (...), die in enger Kooperation mit den Fachkräften erfolgt" (Heiner 1988: 7). Das jeweilige Untersuchungskonzept wird davon geprägt, „(...) wie stark Praxisvertreter an der Forschung beteiligt sind oder selbst forschend tätig werden" (ebd.: 7).

Die Weiterentwicklung der SPFH resultiert aus der Erkenntnis, daß Praktiker weniger aus dem Endergebnis ihrer Arbeit lernen „(...) als vielmehr aus der sorgfältigen Rekonstruierung dessen, was sie tun und lassen - also aus dem Prozeß ihrer professionellen Tätigkeit" (Müller 1988a: 32). Die lebensweltorientierte Arbeitsweise der SPFH erfordert einerseits, in der jeweiligen Situation spontan die jeweils richtige Methode einzusetzen, andererseits, auf geplantes, zielorientiertes Handeln nicht zu verzichten. Praxisforschung untersucht dieses Handeln, indem durch prozeßbegleitende Reflexion der nächste Handlungsschritt überlegt wird. „Dieser Reflexionsprozeß stellt ein Denken im Handeln dar (...)" (Klatetzki 1994: 67).

Die Einbeziehung des sozialen Umfeldes in die Arbeit mit Familien zeigt fehlende Strukturen im Stadtteil auf, zum Beispiel fehlende Jugendhilfeangebote, deren Nichtvorhandensein Rückwirkungen auf die Familie und die Arbeit mit der Familie hat. PraktikerInnen der Sozialen Arbeit erforschten bereits in der zweiten Hälfte des 19. Jahrhunderts die Ursache der Hilfebedürftigkeit von Familien in deren Lebenswelt. Ihr Ziel war die Aufklärung der gesellschaftlichen Bedingungen, die Soziale Arbeit erst nötig machen. Ich wähle einige Untersuchungen aus, deren Ergebnisse mir für die vorliegende Arbeit relevant erscheinen.

3.1 Frühe Ursachenforschung

Sozial engagierte AkademikerInnen, zumeist LehrerInnen und VolkswirtInnen, die mit Familien arbeiteten und gleichzeitig eine Verbesserung der sozialen und wirtschaftlichen Bedingungen für Familien anstrebten, fanden in England und Amerika heraus, daß „(...) das Übel von Arbeitslosigkeit und materieller Hilflosigkeit nicht allein, oder nicht überwiegend, in den Familien der Hilfebedürftigen zu suchen sei, sondern in der Struktur der Armutsviertel selbst - vielleicht sogar in der Struktur des kapitalistischen Wirtschaftssystems" (Nielsen/Niesen/Müller 1986: 18).

In Chicago gründeten im Jahr 1889 Jane Adams und ihre MitarbeiterInnen das 'Hull House', ein 'settlement' im Elendsviertel, wo sie lebten, arbeiteten und forschten. Sie begannen mit planmäßiger Ursachenforschung, indem sie sozio-biographische Untersuchungen über die Wohn- und Lebensverhältnisse der Bewohner erhoben und die Infrastruktur im Stadtteil untersuchten. Die erhobenen Daten verwendeten sie, um konkrete Hilfe zu leisten, wie z.B. „(...) die Einrichtung von Kinderbetreuung und die Verbesserung der Arbeits- und Wohnbedingungen durch Druck auf die Gemeinde (...)" (ebd.: 19).

Um das Jahr 1915 ließ Mary Richmond in New York systematisch Fürsorge-akten aus fünf nordamerikanischen Städten mit unterschiedlicher Sozialstruktur auswerten. Aufgrund einer 'Sozialen Diagnose' wollte sie empirisch gesicherte Daten für sozialarbeiterische Fallarbeit gewinnen.

> Diese Daten widerlegten sowohl die konservativen Vorstellungen von der moralisch-sittlichen Instabilität der Hilfesuchenden, als auch die fortge-schrittenen Vorstellungen (...) um Mary Richmond über Ursache und Fakto-ren, die in der individuellen Lebensgeschichte und dem gegenwärtigen so-zialen Netz der Hilfesuchenden liegen sollten. Die Daten aus der sozialen Diagnose von Einzelfällen zeigten deutlich, daß es unfreiwillige Arbeitslo-sigkeit, Arbeitsunfälle und Niedrigstlöhne waren, die vor allen anderen Ur-sachen Problemfamilien zu Problemfamilien machten (Müller 1988: 21).

In dem österreichischen, bei Wien gelegenen Industriedorf Marienthal began-nen im Jahre 1929 die Sozialforscher Marie Jahoda und Paul F. Lazarsfeld die Auswirkungen von Massenarbeitslosigkeit zu untersuchen. Die Arbeitslosigkeit führte bei den Betroffenen zu schweren psychischen Beeinträchtigungen bis hin zur Apathie.

> Losgelöst von ihrer Arbeit und ohne Kontakt mit der Außenwelt haben die Arbeiter die materiellen und moralischen Möglichkeiten eingebüßt, die Zeit zu verwenden. Sie, die sich nicht mehr beeilen müssen, beginnen auch nichts mehr und gleiten allmählich aus einer geregelten Existenz ins Ungebundene und Leere. Wenn sie Rückschau halten über einen Abschnitt dieser freien Zeit, dann will ihnen nichts einfallen, das der Mühe wert wäre, erzählt zu werden (Jahoda u.a. 1978: 83).

Die beschriebenen Beispiele sind innerhalb der Praxisforschung der Ursachen-forschung zuzuschreiben. Sie machen deutlich, daß das Bestehen unzweckmä-ßiger sozioökonomischer Bedingungen Hilfebedürftigkeit hervorruft. Meine Schlußfolgerung ist, daß es notwendig ist, die Ursachen zu beseitigen, als deren Wirkungen zu bekämpfen. Ein anderer Bereich der empirischen Sozialfor-schung, die Evaluationsforschung, setzt nicht an den Ursachen, sondern bei der Wirkung Sozialer Arbeit an. „Sie soll ihre Wirkungen, die beabsichtigten wie die unbeabsichtigten, die direkten wie die indirekten, einschätzen helfen" (Müller 1988: 23).

3.2 Summative familiale Evaluationsforschung

Zur Verbesserung einer am Einzelfall orientierten Methodenlehre haben Alice Salomon, Siddy Wronsky und Eberhard Giese in den Jahren nach dem Ersten Weltkrieg in Deutschland vierzehn ausgewählte Fälle aus der Arbeit von FamilienfürsorgerInnen untersucht. In den Fällen spiegelt sich „(...) in bedrückender Anschaulichkeit das Elend der Nachkriegsjahre und die Hilflosigkeit sporadischer Zuwendungen an Geld und Naturalien wider" (Müller 1988: 23). Nicht die sporadische Geldzuwendung wurde von Wronsky als zweckmäßige Hilfe angesehen, sondern „(...) eine Einwirkung auf die Lebensverhältnisse (...)" (Wronsky 1929: 275).

In der Folge untersucht Wronsky in Zusammenarbeit mit vierundzwanzig ärztlichen Therapeuten mittels Akten und eigenen Beobachtungen den Verlaufsprozeß von 128 Fällen der Einzelfallhilfe. Untersucht wurde die Chance der Klienten, sich im Verlauf der Betreuung positiv zu entwickeln. „(...) Klienten mit vergleichsweise günstigem psychisch-seelisch-sozialen Eingangsstatus hatten größere Chancen, sich im Verlauf der Betreuung positiv zu entwickeln, als Klienten mit einem von vornherein ungünstigen Status" (Reiner 1933: 319). Klienten mit einem schwachen oder labilen Persönlichkeitsgefühl, das fast immer lebensgeschichtlich bedingt ist, haben eher die Bereitschaft, entmutigt zu werden. „(...) Es führt zu einer Reihe von Sicherungs- und Fluchtmaßnahmen gegenüber den Lebensschwierigkeiten, und sehr häufig führen erst diese Reaktionen die Notlage herbei, die sonst ausgeblieben wäre (...)" (Kronfeld 1931: 142).

In dieser frühen Evaluationsstudie werden wichtige Hinweise gegeben. Es ist das Zusammenspiel von psychischen Voraussetzungen und defizitären äußeren Lebensbedingungen, welches eine positive Entwicklung erschwert, wie von den frühen PraxisforscherInnen herausgefunden wurde. Dieser Umstand muß von Sozialer Arbeit immer neu bedacht und bei der Ausgestaltung von Hilfeformen berücksichtigt werden.

An die geschilderte Forschungstradition anknüpfend, haben Heidi und Karl Nielsen und C. Wolfgang Müller im Jahre 1983 eine externe Evaluationsstudie begonnen, die 1985 abgeschlossen wurde. Probleme, Prozesse und Langzeitwirkungen der SPFH in Berlin wurden untersucht, um einer Kritik des Landesrechnungshofes Berlin zu begegnen. Das wichtigere Ziel dieser an Endergebnissen interessierten summativen Evaluationsstudie war aber, Erkenntnisse zu gewinnen, die SPFH strukturell weiterentwickeln sollten. Der Endbericht stützt sich auf Aussagen von Familienhilfe-Familien, FamilienhelferInnen sowie BezirkssozialarbeiterInnen. Wirkungen der SPFH wurden an den Kriterien erfolgreich/nicht erfolgreich festgemacht. Erfolge verdeutlichten sich am Nutzen für die Familie, den sie der SPFH zuschrieben. Familien äußerten sich im Hinblick auf eine Verbesserung ihrer Lebenssituation:

Verschüttete Kompetenzen waren wieder verfügbar, die Familienkommuni-
kation hat sich deutlich verbessert, häufigere Schulbesuche, Vermeidung von
Sonderschule, Sicherstellung ärztlicher Versorgung, Sicherung von Ansprü-
chen gegenüber Ämtern, Antriebsstärkung der Eltern, Motivierung zur Um-
schulung und Weiterbildung, Integration ins Arbeitsleben, Ausgleich von In-
formationsdefiziten, Unterstützung der Durchführung von Scheidungen,
Durchsetzung nicht vermeidbarer Fremdunterbringung in Kooperation mit
den Eltern (Nielsen/Nielsen/Müller 1986: 208).

Durch die Impulse der FamilienhelferInnen, meinten die Familien, waren Veränderungen im Umgang mit Menschen, Problemen und Ressourcen möglich
geworden. Neben diesen Erfolgskriterien, die bei erfolgreichen Familienhilfen
genannt wurden, gibt es die erfolglosen Familienhilfen. Veränderungen traten
bei ihnen kaum ein, was zur Verfestigung der kritischen Konstellationen führte.
Als Ursachen, die zur Erfolglosigkeit führten, werden genannt:

Fehlbeurteilung der Familienproblematik im vom Sozialarbeiter erteilten
Auftrag, Fehlentscheidungen in der Vorgehensweise der Familienhelfer, Zu-
satzbelastungen, die den Familien aus der SPFH entstanden, Familienhilfe
war als Intervention nicht angezeigt, Mangel an Kooperation mit anderen
Einrichtungen, fehlende flankierende Maßnahmen, fehlende Zustimmung
zur Familienhilfe (ebd.: 209).

Die Erfolglosigkeit eines Einsatzes der SPFH setzten die Autoren der Studie in
Beziehung zu der Art der Probleme und der sozialen Kompetenz der Familie.
Sie kamen zu einem für alle Sozialpädagogischen Familienhilfen relevanten
Ergebnis. Demnach unterscheiden sie Einzelkrisen, die von der Familie auf
Grund guter sozialer Fertigkeiten allein gelöst werden können. Familien in
Strukturkrisen „(...) leiden oft unter verschütteten sozialen Kompetenzen und
sind häufig von weiterer Deklassierung bedroht" (ebd.: 209), haben aber noch
soziale Kompetenzen, um notwendige Anpassungen an die Umwelt zu erbringen. Sie werden als geeignet für diese Interventionsform bezeichnet. Familien
mit chronischen Strukturkrisen als Lebensform wären für die SPFH weniger
geeignet, da „(...) sie in ihrer Biographie die wenigsten sozialen Fertigkeiten
erwerben konnten, um die kontinuierliche Versorgung und Erziehung der Kinder sicherzustellen" (ebd.: 208).

Die Modalitäten, unter denen SPFH durchgeführt wird, bestimmen die Ergebnisse. Fehlende Einrichtungen im Stadtteil machen zum Beispiel eine Umfeld-
orientierung schwierig, ein undeutlich formulierter Arbeitsauftrag verzögert die
gezielte Einflußnahme und die fehlende Zustimmung zum Einsatz SPFH seitens der Eltern erzeugt Abwehr.

Das Gelingen der SPFH ist weitgehend an die Person der FamilienhelferIn gebunden. Eine angemessene fachliche Qualifikation ist notwendig. Als Merkmale der erforderlichen Kompetenz werden „Kooperationsfähigkeit, Belastbar-

keit, Dialogfähigkeit, Konfrontationsfähigkeit, Zuverlässigkeit und Durchsetzungsfähigkeit" (ebd.: 210) genannt.

Die hier beschriebene summative Evaluationsstudie war an den Endergebnissen der SPFH interessiert. Der Einfluß gesellschaftlicher Bedingungen auf die Familienentwicklung war nicht Thema dieser Studie.

3.3 Bestandsaufnahme zur fachlichen Entwicklung Sozialpädagogischer Familienhilfe

Mit der von Christine Christmann und C.Wolfgang Müller in den Jahren 1984/85 durchgeführten 'Bestandsaufnahme der Sozialpädagogischen Familienhilfe in der Bundesrepublik Deutschland und Berlin (West)' liegen umfangreiche Materialien vor, die den Jugendämtern und Freien Trägern wichtige Entscheidungsgrundlagen bieten. In den Endbericht dieser Erhebung ist die von Wolfgang Elger bearbeitete 'Bestandsaufnahme fachlicher Entwicklungen' Sozialpädagogischer Familienhilfe in Nordrhein-Westfalen eingeflossen. Um den Stand der SPFH im gesamten Untersuchungsgebiet zu erfassen, wurden schriftliche Befragungen mit standardisierten Fragebögen bei den Jugendämtern und den Freien Trägern durchgeführt.

Aus den Befragungen geht hervor, daß erfolgversprechende Ausgangsbedingungen für den Einsatz von SPFH im Vorhandensein erzieherischer Überforderung der Eltern, in entwicklungsbedingten Schwierigkeiten von Kindern und schulischen Leistungsschwächen und in Beziehungsproblemen zwischen Erwachsenen und Kindern zu liegen scheinen. Als wenig erfolgversprechend wird der Einsatz bei manifest gewordenen gesundheitlichen und wirtschaftlichen Familienproblemen sowie bei komplexer familiärer Desorganisation beurteilt.

Ziele der SPFH sind nach diesen Befragungen einhellig die Stärkung des familialen Problemlösungspotentials; praktische und nützliche Hilfe bei der selbständigen Bewältigung von Krisensituationen zu geben und (als Voraussetzung dafür) die Stabilisierung der innerfamiliären Beziehungen zu ermöglichen sowie die Familie bei der Wiedergewinnung von Selbstwertgefühl und Durchsetzungsvermögen zu unterstützen. Zum Erreichen dieser Ziele wird als vorrangig die Beratung der Eltern in Entwicklungs- und Erziehungsfragen gesehen, die reflexive Betrachtung von Kommunikations- und Interaktionsprozessen aller Familienmitglieder, die Anleitung zur Haushaltsführung und die Unterstützung im Schul- und Freizeitbereich. Zur Verbesserung der Arbeit der FamilienhelferInnen schlagen die Jugendämter und die Freien Träger vor, Fortbildung und Supervision verstärkt anzubieten und ein eigenes Berufsbild zu erarbeiten. Die Familienhilfe-Familien sollten eine bessere Nachbetreuung erhalten und das 'Prinzip der Freiwilligkeit' solle stärker Beachtung finden.

Die umfassende Bestandsaufnahme mittels Befragung der Jugendämter und der Freien Träger sollte den Befragten Entscheidungsgrundlagen für die Verbesserung ihrer Angebotsstruktur liefern. Die Befragung der Familienhilfe-Familien zum Kennenlernen ihrer Bedürfnisse und Sichtweisen war nicht Intention dieses Forschungsvorhabens.

4. Sozialpädagogische Familienhilfe-
Eine gesellschaftliche Befriedungsstrategie?

SPFH arbeitet im Spannungsfeld zwischen Individuum, Familie und Gesellschaft. Deshalb halte ich es für nötig, Überlegungen über die Zusammenhänge zwischen den Lebensbedingungen für Familien in der modernen Industriegesellschaft und Sozialer Arbeit anzustellen. Mit Beginn der Industrialisierung sind Ende des letzten Jahrhunderts soziale Unterstützungsformen entstanden, welche die verheerenden Auswirkungen der Industrialisierung wie Krankheit, Armut und Verelendung abmildern sollten. Zu dieser Zeit wurden die Fundamente unseres heutigen Sozialstaats gelegt, und die Formen materieller Unterstützung rechtlich und institutionell geregelt. Die frühe Praxisforschung in der Sozialen Arbeit vermittelt die Erkenntnis, daß nicht Geldzuwendung allein als zweckmäßige Hilfe für Familien anzusehen ist, sondern eine Einwirkung auf die Lebensverhältnisse notwendig ist (Wronsky). Als mögliche Ursache für Notlagen wird die Struktur des kapitalistischen Wirtschaftssystems genannt.

In heutiger Zeit äußert der Bielefelder Sozialwissenschaftler Wilhelm Heitmeyer in einem Interview der Zeitschrift 'Die Zeit' vom 16.10.1992 ähnliche Gedanken: „Der Kapitalismus konnte seinen Siegeszug vor allem deshalb antreten, weil er sich auf traditionellen Gemeinschaftsformen - Familie, Sippen - austoben konnte. Er hat diese Instanzen im Laufe der Zeit mehr oder weniger zerbröselt" (Heitmeyer 1992: 4). Dieses 'Zerbröseln', platt formuliert, zumindest teilweise abzumildern, ist heute wie damals Aufgabe der Sozialen Arbeit. Thiersch formuliert das Dilemma, in dem sich Soziale Arbeit gegenüber Herrschaftsverhältnissen befindet, am deutlichsten aus:

> Sozialarbeit ist als Institution unserer Gesellschaft geprägt durch den konstituiven Widerspruch zwischen gegebener struktureller Gewalt und Sozialstaatsansprüchen, zwischen dem Auftrag, die bestehende Machtverteilung zu stützen und Konflikte und Schwierigkeiten unauffällig und unaufwendig zu befrieden und der Vertretung der Lebensrechte aller, vor allem aber der Zu-Kurz-Gekommenen, Hilflosen, Unterprivilegierten und Schwachen (Thiersch 1986a: 43).

Soziale Arbeit ist gut beraten, wenn sie ihre Entstehungsbedingungen und die Art ihrer Hilfeformen immer wieder hinterfragt und auf Veränderungswürdigkeit prüft. SPFH muß sich seit ihrer Entstehung mit Kritik auseinandersetzen. Dies hat sich positiv ausgewirkt und zur ständigen Weiterentwicklung dieser Hilfeform beigetragen. Dieser Entwicklungsprozeß ist auch heute noch nicht abgeschlossen. SPFH beweist dadurch ihre in der Sozialen Arbeit so wichtige Flexibilität.

Ich möchte einige Kritikpunkte anführen. SPFH reagiert auf Schwierigkeiten Heranwachsender und ihrer Familien, die durch Belastungen entstehen. In der fortgeschrittenen Industriegesellschaft sind aber alle Menschen Belastungen ausgesetzt, die eine gesunde seelische und körperliche Entwicklung erschweren. Auf heutige Lebensverhältnisse bezugnehmend spricht Klaus Dörner von „(...) seelisch krankmachenden Lebens- und Arbeitsbedingungen (...)" (Dörner 1992: 475), denen alle Menschen gleichermaßen unterliegen. Ich formuliere weiter aus und beziehe dabei auch Boden-, Luft- und Wasserverschmutzungen, den Lärm in den Ballungsgebieten, den Mangel an Grünflächen zur Erholung in der Stadt, den ausufernden Autoverkehr, die Zerschneidung von Wohnquartieren durch vierspurige Autostraßen und den Mangel an offenen, reich strukturierten Plätzen - von sehr kleinen bis zu sehr großen - zur zwanglosen Begegnung von Alt und Jung, Inländern und Ausländern mit ein.

Heranwachsende sind zusätzlich durch die manchmal schwierige Lebenssituation ihrer Eltern und durch eine kinderfeindliche Gesellschaft belastet, die sich ausdrückt in einer „(...) Unfähigkeit zur Langsamkeit, zum Gefühl und zur Phantasie" (ebd.: 100). Familien können, so behaupte ich, als Indikator solcher Irritationen gelten. Sie sind von einer die körperliche und seelische Gesundheit stützenden und schützenden Umwelt stark abhängig. Mit Umwelt meine ich nicht nur die in den Sozialwissenschaften meist gemeinte, gebaute und soziale Umwelt, sondern auch die natürlich gegebene Umwelt mit Pflanzen und Tieren, die durch menschliche Eingriffe und Einflüsse nicht nur bereits selbst gestört ist, sondern für den Menschen aus diesem Grund zur Gefahrenquelle wird. Familien sind schon allein durch die Zahl ihrer Mitglieder vermehrt von Belastungen betroffen. Je mehr belastete Familienmitglieder in einer Familie anzutreffen sind und je mehr ein Familienmitglied mehrfach belastet ist, umso mehr werden Familien zu sogenannten Krisenfamilien und für ihre Kinder zu Risikofamilien.

Holger Gläss forderte im Jahre 1989 eine Umorientierung der SPFH hin zu einer „Entfamilialisierung von SPFH". Jugendhilfe müsse Kinder und Jugendliche und nicht die Eltern oder die Familie „(...) ins Zentrum ihrer Überlegungen stellen" (Gläss 1989: 2). Durch eine bessere Kooperation der Jugendhilfeinstitutionen untereinander und eine Vernetzung ins Gemeinwesen sollen andere, für die Sozialisation von Kindern und Jugendlichen „(...) ebenso relevanten Systeme als die Familie stärker in den Mittelpunkt der Überlegungen zur SPFH rücken" (ebd.: 3), anstelle sich an „(...) überholten und in der Realität nicht haltbaren Familienbildern (...)" (ebd.: 3) zu orientieren. SPFH soll mit formellen und institutionalisierten Interventionsformen verknüpft werden, ihr Ziel soll die Stärkung und der Ausbau informeller Netzwerke im Familienalltag sein, um „(...) belastende und problemerzeugende Beziehungen aufzulösen bzw. zu unterbrechen" (ebd.: 89). In diesem Punkt stimme ich mit Gläss nicht überein. Wer die Stärkung und den Ausbau informeller Netzwerke im Familienalltag fordert bei gleichzeitig stattfindendem Abbau von staatlichen Leistungen (zum Beispiel Schließung von Jugendhäusern), redet einer „(...) gerechteren Verteilung des Mangels (...)" (Keupp 1987: 49) das Wort und übersieht die notwendige Umverteilung von Ressourcen sowie die vor allem von Frauen bisher kostenlos geleistete Beziehungsarbeit, die sich dieser 'emotionalen Ausbeutung' (Keupp) zunehmend entziehen. Gläss hat damals im Jahre 1989 wertvolle Hinweise für die Weiterentwicklung der SPFH gegeben. Aus heutiger Sicht kann festgestellt werden, daß sich einiges in die Richtung der von ihm geforderten 'Vernetzung' entwickelt hat. Allerdings ist Vernetzung unmöglich, wenn Vernetzungsmöglichkeiten fehlen.

Die Bedingungen für die Entstehung familialer Umweltbeziehungen sind schwer einschätzbar. Ich vermute, sie entstehen am ehesten, wenn Möglichkeiten zur harmlosen, formlosen, unverbindlichen Begegnung vorhanden sind. Gute menschliche Beziehungen können nicht 'gemacht' werden, sondern sie entstehen, wenn die Begleitumstände stimmen. SPFH versucht, Familien in ihrer Lebenswelt so zu unterstützen und zu steuern, daß sie die Ursachen und Abhängigkeiten ihrer schwierigen Situation innerhalb und außerhalb der Familie wahrnehmen und verstehen lernen und befähigt werden, selbst Strategien zur Bewältigung ihrer Schwierigkeiten zu finden. Familien müssen zum Beispiel Kontakte selbst wollen, das Verknüpfen kann ihnen niemand abnehmen.

Das Bewußtsein der Aktivierbarkeit von Kontakten, „(...) die bloße Anwesenheit von Leuten, von Familien, Freunden und Bekannten in der näheren oder weiteren Umgebung der Wohnung (...)" (Hübner-Funk 1983: 112) ist für Menschen hilfreich. Auch Frank Nestmann beschreibt die präventive Wirkung von sozialen Netzen, die ohne in Anspruch genommen zu werden, allein durch ihr Vorhandensein ein 'soziales Immunsystem' gegen die Beeinträchtigung durch Streß schaffen. „Die Netzwerk- und Unterstützungsforschung konzentriert sich also auf die Ressourcen der sozialen Umgebung (...)" (Nestmann 1989: 107). Wo diese Ressourcen fehlen, können auch keine Entlastungen erfolgen. Lebensweltorientierte Jugendhilfe ist, meiner Ansicht nach, nicht nur auf die Ressourcen aus der sozialen Umgebung angewiesen, sondern auch auf Ressourcen aus der natürlichen Umwelt.

Die Bezogenheit Sozialer Arbeit auf das Individuum, die Familie und das Gemeinwesen allein genügt, wie ich meine, nicht. Ich behaupte, daß die Hilfe und Unterstützung für den Menschen auch im 'Nicht-Menschlichen' liegen, also in der natürlichen Umwelt. Eine intakte Umwelt fördert das Wohlbefinden, eine nicht intakte Umwelt hemmt das Wohlbefinden. Es gilt das Paradoxon, daß „(...) alles, was stützt auch schädigen kann" (Rosenmayr 1992: 257). Die wohltuende Wirkung der natürlichen Lebensumwelt verspürt jeder am eigenen Leib, der zur Erholung vom Arbeits-, Verkehrs- und Lärmstreß auf den Wiesen und in den Wäldern seiner näheren Umgebung spazieren geht. Nicht von ungefähr werden Stuttgarts Wälder an jedem Wochenende von vierzig- bis fünfzigtausend erholungssuchenden Menschen 'heimgesucht', also ein Heim zur Erholung der Seele gesucht.

In einer gestörten Umwelt liegen Risiken für die körperliche und seelische Gesundheit. Mittlerweile fühlen sich viele Menschen in ihrer körperlichen und seelischen Unversehrtheit bedroht. Am Beispiel der Stadt Stuttgart gibt es einige Störungen aufzuzählen. Der Stadtboden, das Grund- und Mineralwasser und die Luft sind hochgradig mit Schadstoffen belastet. Deshalb darf man das Mineralwasser nicht mehr trinken, im Garten soll nichts Eßbares mehr angebaut werden, und Schwangere sollen nicht mehr Fahrradfahren, da sie sonst später nicht stillen dürfen. Die Atemluft gefährdet besonders die Kleinkinder, weil das krebserregende Benzol in Kindernasenhöhe seine höchsten Konzentrationen aufweist. Stadtbewohner können längst nicht mehr die wohltuende Wirkung einer intakten Natur und intakter Lebensgrundlagen verspüren. Vieles spricht für eine Kooperation Sozialer Arbeit mit Naturschutzarbeit. Wo die Natur bedroht ist, gerät auch der Mensch in Bedrängnis.

Der Mensch ist wie alle Lebewesen in die Ökosysteme der Erde integriert. Er lebt in einer Abhängigkeit von der Natur. Diese Abhängigkeit kann er zwar steuern, aber nicht auflösen. Die Verbundenheit des Menschen mit der Natur hat für die Soziale Arbeit Vorteile, da sie für methodisches Arbeiten nutzbringend ist. Wie ich in der Arbeit mit Familien festgestellt habe, bietet der Umgang mit Pflanzen und Tieren in der Natur für manche Menschen die Chance der Bildung durch die Natur, also eine Art 'Naturisation'. Wer Menschen 'satt' hat, kann nach meiner Beobachtung durch den Aufbau einer guten Beziehung zur Natur, den Weg zu Menschen wiederfinden.

SPFH als Befriedungsstrategie zu bezeichnen, wäre in der heutigen Situation nicht hilfreich. Nehmen wir aber einmal an, die sogenannte Krisenfamilie wäre ein Symptom unserer Gesellschaft, so genügt es nicht, im Einzelfall Hilfe zu leisten, wenn nicht gleichzeitig die für eine gesunde seelische und körperliche Entwicklung notwendigen guten Lebensbedingungen geschaffen werden.

Es ergibt wenig Sinn, eine möglichst gute soziale Anpassung von Familien und ihren Mitgliedern an die Mitwelt zu erreichen, wenn diese Mitwelt selbst gestört ist. Im Interesse der Kinder muß eine menschen- und naturfreundliche Gestaltung der Lebensumwelt als übergreifende Aufgabe der Jugendhilfe verstanden werden. „Jugendhilfe soll dazu beitragen, positive Lebensbedingungen für junge Menschen und ihre Familien sowie eine kinder- und familienfreundliche Umwelt zu erhalten oder zu schaffen" (SGB VIII, §1). Lebensweltorientierte Soziale Arbeit, die den Umweltbegriff in meinem Sinn versteht, weiß, daß auch in einer intakten, natürlichen Umwelt die Ressourcen liegen, die Familien mit ihren Kindern für ihr körperliches und seelisches Wohlbefinden brauchen. Ich meine, Soziale Arbeit hat die Aufgabe, ihre Entstehungsbedingungen in bezug auf negative Umwelteinflüsse zu benennen und sich für die Schaffung positiver Lebensbedingungen einzusetzen.

Wenn der Sozialstaat gleichwertige Lebensverhältnisse für Frauen und Männer 'mit Kindern' gegenüber solchen 'ohne Kinder' nicht mehr garantieren kann, sind die Auswirkungen der gesellschaftlichen 'Spaltung' durch die SPFH nicht aufzufangen. Die Schwierigkeiten, welche die fortgeschrittene Industriegesellschaft durch strukturelle Benachteiligungen besonders für Familien mit sich bringt, sind nicht dadurch zu bewältigen, daß man sie an die Betroffenen weitergibt und in deren Lebensfeld 'behandelt'. Das Einwirken auf die Lebensverhältnisse muß im Vorfeld von Sozialer Arbeit angegangen werden, um die Sozialverträglichkeit der sozialen Institution Familie für die Familienmitglieder zu gewährleisten. SPFH ist aus einem gesellschaftlichen Bedürfnis entstanden. Sie ist aber weder eine Allmachtsstrategie, die unzweckmäßige gesellschaftliche Rahmenbedingungen für Familien beseitigen oder eine gesellschaftlich einzufordernde Familienfreundlichkeit ersetzen kann, noch ist sie imstande, ein veraltetes Familienmodell zu konservieren. Die Chance der SPFH liegt nicht in der Befriedung alter Strukturen, sondern in ihrer lebensweltorientierten Arbeitsweise und den daraus resultierenden Möglichkeiten, zweckmäßige und unzweckmäßige Familien-, Netzwerk-, Gemeinde- und Umweltstrukturen zu entdecken. Soziale Arbeit muß den Blick stärker auf das Gemeinwesen und den Natur- und Sozialraum richten und zur Verbesserung der sozialen Infrastruktur zu einer das Zusammenleben fördernden natur- und sozialfreundlichen Gestaltung des Stadtteils beitragen. Soziale Arbeit muß im Interesse aller Menschen an jeder für Familien relevanten Politik auf allen Ebenen beteiligt werden und ihr Wissen einbringen.

5. Grundlagentheoretische Überlegungen

Für den familialen Entwicklungsprozeß gibt es fördernde und hemmende Bedingungen. Das Vorhandensein einer kinder- und familienfreundlichen Umwelt sowie positiver Lebensbedingungen ist ein wesentlicher Faktor für eine gesunde Entwicklung junger Menschen und ihrer Familien. Eine reich strukturierte Lebenswelt bietet Kindern und Erwachsenen vielfältige Lernmöglichkeiten und wirkt sich auf die Entwicklung positiv aus. Die folgenden Überlegungen setzen sich damit auseinander, welche Bedeutung die 'Erweiterung des Raumes' in diesem Zusammenhang hat und wo die Chancen und Risiken für 'SPFH zwischen Privatheit und Öffentlichkeit' liegen.

5.1 Erweiterung des Raumes

Die Familie als nicht professionelle Erziehungsumwelt (im Gegensatz zu Schule oder Kindergarten) zeichnet sich durch den Alltagscharakter ihrer Aktivitäten aus. Das Ziel pädagogischen Handelns in der Familie ist es, Lernen zu ermöglichen. Es geht um die Stärkung des Einzelnen durch das Kennenlernen, Aneignen und Klären seiner subjektiven Welt. Alltagsorientierte Pädagogik erschließt in der überschaubaren Lebenswelt neue Weisen des Empfindens, Denkens und Verhaltens sowie Grundeinsichten durch die Erweiterung des Raumes, wenn sich der vorhandene als zu begrenzt erweist. Lothar Böhnisch weist auf die Wichtigkeit von Räumen zur Identitätsfindung hin:

Die Erfahrung von Identität vor dem Hintergrund von Individualisierung und Pluralisierung ist heute weniger institutionell erfahrbar (in Schule, Arbeit, Karriere), sondern verlangt Räume, in denen man sich selbst inszenieren kann (...). Heute werden die Menschen für sich selbst schwer erfahrbar, wenn sie sich nicht in Kommunikationszusammenhängen ausdrücken können (Böhnisch 1993: 16).

Der primäre Lebensraum des Kindes ist die Wohnung, in der es mit den Eltern und Geschwistern lebt. Hier orientiert es sich und erfährt die Sicherheit des vertrauten Raumes und die Überschaubarkeit der Zeit durch regelmäßig wiederkehrende Verrichtungen. Mit Hilfe der Eltern oder der Geschwister erweitert das heranwachsende Kind zunehmend den Raum, in dem es lebt und sich zum Spielen aufhält. Der Spielplatz im Park, die Straße mit den Einkaufsläden und der nahegelegene Kindergarten sind Räume, die das Kind schrittweise entdeckt, erobert und im Sinne von Martha Muchow „(...) zu seiner Umwelt umschafft (...)" (Muchow 1935: 7), damit sie ihm zur „Heimat" (Muchow) werden. Das Kind gestaltet, erfährt und bildet sich selbst in tätiger Auseinandersetzung mit den vorfindlichen Dingen, oder wie es Johann Heinrich Pestalozzi ausdrückt, der Mensch „wächst durch die Kraft seiner selbst, er wächst durch die Kraft seines wesentlichen Seins selber" (Pestalozzi 1979: 132).

In der Auseinandersetzung mit der Umwelt spielt die Wahrnehmung eine zentrale Rolle. John C. Eccles beschreibt, daß „(...) sensorische Wahrnehmungen bewußte Erfahrungen sind, die aus Meldungen abgeleitet werden, die das Gehirn von den Sinnesorganen erhält" (Eccles 1984: 50). Er führt weiter aus, daß Wahrnehmungen aus mehreren sensorischen Systemen zusammengesetzt sein können: „So können wir zum Beispiel ein Objekt, das wir nur sehen, noch besser als solches bestimmen, wenn wir es betasten" (ebd.). Wahrnehmungen bei denen mehrere Sinne beteiligt sind, führen also zu einer umso stärkeren Eindrucksbildung. Wir nehmen allerdings nicht alles um uns herum wahr: „Wir sind an den mannigfaltigen Zusammensetzungen visueller Daten nicht interessiert, wenn sie keine Bedeutung oder keinen Sinn (für uns A.W.) haben" (ebd.). Bedeutung oder Sinn erhalten die Dinge dadurch, indem wir bereits bestimmte Konzepte, Vorerfahrungen, ein Vorwissen und Vorstellungen über sie haben. Je reicher die Umwelt strukturiert ist und je mehr Gestaltungsmöglichkeiten sie bietet, umso wirkungsvoller kann sich ein Kind Gelegenheiten 'inszenieren' und den Raum in vielfältiger Weise in seinem subjektiven Sinne zum Spielen nutzen. Andreas Flitner verdeutlicht die Lernmöglichkeiten, die im elementaren Spiel liegen:

In diese elementaren Spiele mischen sich ständig zunehmend andere Elemente des Spiels, die mit dem Aufbau der Ich-Funktionen, mit der Orientierung in der Gesellschaft Gleichaltriger und Erwachsener und mit der Überlieferung und Beherrschung von Inhalten und Regeln zu tun haben (Flitner 1977: 108).

Aus empirischen Versuchen der Neugierforschung gibt es die Erkenntnis, „daß Lerner bevorzugt Situationen aufsuchen, die sich durch Unbekanntheit, Überraschung, Inkongruenz und Komplexität auszeichnen" (Hofer 1986: 228). Neugierde treibt den Erfahrungshunger an und führt zu ständigen Erweiterungen des kindlichen Lebensraumes. „Neue Gegenstände im Lebensraum des Kindes (...) erregen unmittelbar Neugierde, das heißt die Erkundungs- und Betätigungsbereitschaft des Kindes (...)" (Flitner 1977: 41). Das Explorationsverhalten wird sozusagen wie von selbst durch neue Dinge und neue Situationen hervorgerufen. Es lernt Nachbarn kennen, gewinnt Spielkameraden und baut sich ein Netz von Beziehungen auf.

> Je kleiner Kinder sind, umso abhängiger erweisen sie sich hinsichtlich ihrer Netzwerkintegration von der Vermittlerfunktion ihrer Eltern, denn in dem Maße, in dem Kinder an den sozialen Aktivitäten ihrer Eltern partizipieren, erschließt sich ihnen auch das soziale Umfeld. Umgekehrt tragen aber auch Kinder über Kontaktfelder, in denen sie aktiv und präsent sind, zur Ausweitung und Ergänzung des elterlichen Freundes- und Bekanntenkreises bei (Wnuck 1987: 13).

Mit dem Erfahrungsraum wird der Beziehungsraum erschlossen. Für den Erwerb sozialer Kompetenz sind frühzeitige Austauschbeziehungen förderlich. „Die Häufigkeit und Intensität der Sozialerfahrungen, der Austausch mit Erwachsenen und Kindern der Umgebung entscheidet über die sozialen Fähigkeiten der Kinder in hohem Maße" (Flitner 1977: 83). Kinder lernen, sich mit anderen Menschen auseinanderzusetzen, sich deren Gepflogenheiten anzupassen oder sich abzugrenzen. Sie entwickeln Strategien zur Überwindung von Hindernissen und fordern energisch Hilfe, wenn der Weg zu neuen Einblicken und Erfahrungen versperrt ist. Das Kind braucht Förderung und Unterstützung bei der Erweiterung des Raumes sowie Aufmerksamkeit und Interesse für seine vielfältigen Tätigkeiten. Nicht nur Kinder sondern auch Erwachsene lernen im konkreten Alltag mittels Erhöhung von Optionalität durch die Erweiterung ihres Lebens- und Erfahrungsraumes. In bezug auf die Elementarbildung für Erwachsene, führt Günther Dohmen aus, geht es darum, „(...) aus den vertrauten Alltagserfahrungen und in der überschaubaren Lebenswelt Grundformen, Grundstrukturen und Grundeinsichten zu erschließen, die dann die komplexeren Zusammenhänge der größeren Gesellschaft verständlich machen helfen (...)" (Dohmen 1990: 135). Elementare Erfahrungen aus dem Alltag sollen die Brücke bilden zu mehr Einsicht und Wissen auf gesellschaftlicher Ebene.

SPFH bewegt sich in der sozialen, räumlichen und zeitlichen Dimension des Familienalltags. Wenn es darum geht, alltägliche, belastende und schwierige Familienverhältnisse umzustrukturieren und Lern- und Wachstumsprozesse anzustoßen, dann sollte das zweckgemäß zusammen mit der Familie in ihrem Lebensraum erfolgen, also dort, wo die Schwierigkeiten entstanden sind. Durch die Wahrung des Lebenszusammenhanges stellt sich das Transferproblem für Erlerntes nicht. Die Transferforschung spricht im allgemeinen Sinne dann von

Transfer, wenn „(...) etwas, das in einem Zusammenhang gelernt wurde, auf einen anderen Zusammenhang übertragen wird (...)" (Mandl 1992: 127). In der SPFH sind das Lernfeld, wo Kompetenzen erworben werden, und das Funktionsfeld, wo das Erlernte angewendet wird, identisch. Die Anwendung des Erlernten muß also nicht auf einen anderen Zusammenhang übertragen werden, was für kritisch gehalten wird. Mit Unterstützung von SPFH können im Sinne der Erwachsenenbildung, die nach Jost Reischmann „(..) ein alltäglicher und lebenslanger Prozeß (...)" (Reischmann 1988: 34) ist, bei den Eltern verschüttete Kompetenzen freigelegt oder neue erworben werden. Auch in der Erwachsenenbildung spielt das Lernen außerhalb von Institutionen eine große Rolle. Beiläufiges, in Lebenssituationen eingebundenes, sinnhaftes Lernen stellt Ivan Illich in den Mittelpunkt seines Bildungskonzeptes:

> Tatsächlich ist Lernen diejenige menschliche Tätigkeit, die am wenigsten der Manipulation durch andere bedarf. Das meiste Lernen ist nicht das Ergebnis von Unterweisung. Es ist vielmehr das Ergebnis unbehinderter Teilnahme an sinnvoller Umgebung. Die meisten Menschen lernen am besten, wenn sie 'dabei sind' (Illich 1973: 51).

Entsprechende Räume in einer sinnvollen Umgebung und das 'Lernen am Dabeisein' bieten auch Eltern spontane Lernerfahrungen. Neue Erfahrungen können zu neuen Einstellungen führen, die den Eltern einen kompetenteren Umgang mit den Kindern ermöglichen. Die Erweiterung des Raumes fördert bei Kindern und Erwachsenen gleichermaßen Lern- und Wachstumsprozesse und ermöglicht neben Selbstbestimmung auch Selbstgestaltung, die letztendlich Selbstverwirklichung zum Ziel haben. In dem Spannungsfeld zwischen Selbstbestimmung und Abhängigkeit, zwischen Privatheit und Öffentlichkeit spielen Räume offenbar eine wichtige Rolle.

5.2 SPFH zwischen Privatheit und Öffentlichkeit

In unserer 'hyperindustrialisierten Gesellschaft' (Harris) besteht für viele Menschen ein scheinbar unauflöslicher Widerspruch zwischen dem Bedürfnis, selbstbestimmt zu leben, und der alltäglichen Erfahrung, abhängig zu sein. Alltäglichkeit im Privatleben bietet die Chance, Handlungen nach bewährten Denkmustern mehr oder weniger fröhlich Tag für Tag zu vollziehen oder nicht zu vollziehen. Ohne weitere gesellschaftliche Verpflichtungen handelt die Privatperson relativ selbstbestimmt und unabhängig. Wie jemand seine Zeit verwendet oder seine Räume gestaltet, ist seine Sache. Der Anspruch auf immer mehr Fläche privaten Wohnraums pro Einwohner in den urbanen Ballungszentren hat möglicherweise in der Verknappung öffentlicher Räume und natürlicher Freiflächen seine Ursache, die den Menschen zur freien Gestaltung überlassen werden. Die Menschen fühlen sich jedoch unfrei, wenn sie in einer Gesellschaft leben,

(...) in der sie (zum Guten oder zum Schlechten) einem Apparat unterworfen sind, der - sofern er Produktion, Verteilung und Konsum, materiellen oder geistigen, Arbeit und Freizeit, Politik und Vergnügen umfaßt - ihr tägliches Dasein, ihre Bedürfnisse und Bestrebungen determiniert (Marcuse 1969: 162).

Alltäglichkeit im Arbeitsleben bedeutet für die meisten Menschen, gesellschaftlich verpflichtet zu sein. Alltägliche Abläufe und Forderungen sind vorbestimmt. In seinem Denken und Handeln fühlt sich der Einzelne fremdbestimmt und abhängig. Die entstehenden Spannungen erzeugen Streß, der sich bei beruftätigen Eltern unter Umständen auf das Zusammenleben in der Familie negativ auswirken kann. Nach Jürgen Habermas müssen Autonomie und Abhängigkeit in einem befriedeten Verhältnis stehen, damit das Zusammenleben gelingen kann. Ihn motiviere die Vorstellung, so schreibt er, daß man

(...) Formen des Zusammenlebens findet, in denen wirklich Autonomie und Abhängigkeit in ein befriedetes Verhältnis treten. (...). Diese Intuition stammt aus dem Bereich des Umgangs mit anderen; (...). Gegenseitigkeiten und Distanz, Entfernungen und gelingende, nicht verfehlte Nähe, Verletzbarkeiten und komplementäre Behutsamkeit - all diese Bilder von Schutz, Exponiertheit und Mitleid, von Hingabe und Widerstand steigen aus einem Erfahrungshorizont des, um es mit Brecht zu sagen, freundlichen Zusammenlebens auf. Diese Freundlichkeit schließt nicht etwa den Konflikt aus; was sie meint, sind die humanen Formen, in denen man Konflikte überleben kann (Habermas 1985: 202).

SPFH sucht mit der Familie eine für alle Familienmitglieder verträgliche Form des Zusammenlebens. Sie arbeitet in dem Spannungsfeld zwischen Öffentlichkeit und Privatheit. In diesem Zusammenhang stellt Enno Fooken eine wichtige Frage: „Wie sehr oder wie wenig muß bzw. darf Erziehung darauf ausgerichtet sein, Bedingungen privaten Glücks zu erfüllen, wie sehr oder wie wenig hat sie öffentlichen Belangen zu entsprechen?" (Fooken 1973: 40). Der Arbeitsplatz Familie und der 'Mischcharakter' ihrer Tätigkeit hat für die FamilienhelferIn Vorteile, solange sie den Privatraum und die Autonomie der Familie respektiert, weil sie zwischen dem privaten und dem öffentlichen Bereich vermitteln kann.

6. Forschungsprozeß und Methodik

6.1 Desiderate der Forschung

Forschungen, die sich mit der realen Erziehung in der Familie in deren Lebenswelt befassen, fehlen weitgehend. Ebensowenig gibt es eine Theorie sozialpädagogischen Handelns in der Familie. Forderungen seitens der Erziehungswissenschaft und Soziologie gibt es stattdessen reichlich, das Dunkelfeld 'Erziehung in der Familie' zu erhellen.

Klaus Mollenhauer u.a. legen im Jahr 1975 eine im Rahmen des Deutschen Jugendinstituts München erstellte Analyse der Familie vor mit dem Titel: „Soziale Bedingungen familialer Kommunikation - Eine quantifizierende und fallanalytische Studie über das innerfamiliale Beziehungssystem und seine Abhängigkeit von der Arbeitsplatzsituation." Die Autoren gehen davon aus, daß „(...) pädagogisches Handeln es allemal mit einer, mehr oder weniger gut gelingenden Reflexion von aktuellen Beziehungen zu tun hat (...)" (Mollenhauer 1975:11). Ebenso wie die Ethnologie, die sich intensiv mit Problemen des erzieherischen Umgangs beschäftigt und „(...) die allergrößte Aufmerksamkeit den Erscheinungen des Erwachsenen-Daseins in einer sozialen Gruppe (...)" (ebd.) widmet, sei es überraschend, daß dies in der pädagogischen Forschung nicht für selbstverständlich gehalten wird. Folgerichtig wenden sich die Autoren im Zusammenhang mit der Erforschung der Beziehungen zwischen den Generationen der Lebenswelt der Familien zu. Die Fallstudien scheinen einen Weg anzudeuten, „(...) auf dem die wissenschaftliche Analyse in die Reflexion des praktisch Handelnden übergehen kann. Daß dafür noch andere Darstellungsformen gefunden werden müssen, ist uns deutlich" (ebd. 13).

Über ein Jahrzehnt später stellt Ludwig Liegle fest, daß Untersuchungen in Familien weiterhin sehr selten angestellt werden, „(...) die nicht nur einzelne Familienmitglieder (und deren Verhalten, Einstellungen etc.), sondern das komplexe alltägliche Interaktions- und Kommunikationsgeschehen in der Familie zu erfassen suchen (...)" (Liegle 1987: 324). Eine eigenständige „Pädagogik der Familie" gäbe es bisher nicht. Bei der Frage nach den Wirkungen der Familie auf die Entwicklung der Kinder müsse „(...) zu den Ursachen der Störungen der menschlichen Beziehungen in der Familie und zwischen Familie und Umwelt (...)" (ebd.: 332) vorgestoßen werden. Liegle spricht hier die Notwendigkeit von pädagogischer Forschung an, welche nicht nur die Familie als Ganzheit sondern auch die Wechselbeziehungen von Familienmitglied, Familie und Umwelt untersucht.

Weitere Jahre später wird erneut von erziehungswissenschaftlicher Seite angemahnt, über der Erforschung von Strukturen, Institutionen, Systemzwängen und Interaktionsmustern dürfe nicht vergessen werden, daß sich die reale Erziehung in konkreten Situationen und Handlungszusammenhängen abspielt und „(...) vor aller theoretischen Konstruktion und forschenden Bestandsaufnahme eine rasche und intuitive Auffassung dessen erfordert, was hier und jetzt gerade los ist und worum es dabei geht (...)" (Baacke/Schulze 1993: 10).

Alois Herlth kritisiert in jüngster Zeit von soziologischer Seite her, daß „(...) ein kaum übersehbares Defizit an begrifflicher und theoretischer Durchdringung dessen, was Familien sind und was in ihnen geschieht (...)" (Herlth/Tyrell 1994: 13) besteht. Es gehe um einen „(...) Ausgleich von makroskopischer und mikroskopischer Perspektive (...)" (ebd.: 12). Familiensoziologische Forschung tendiere unter Umständen „(...) zu einer verzerrten Wahrnehmung der Familienwirklichkeit (...)" (ebd.). Ohne eine „Veranschaulichung und Erhellung" sei der Familienwirklichkeit soziologisch „(...) schwerlich gerecht zu werden (...)" (ebd.). Nach wie vor haben wir wenig Erkenntnisse darüber, was in einer Familie geschieht und wie es zu einer gelingenden Familienentwicklung kommt.

Forschungen im Rahmen der SPFH könnten hier Abhilfe schaffen, aber sie beschränken sich bisher auf die Evaluation von Hilfeprozessen und auf Bestandsanalysen. Vorrangige Ziele sind die strukturelle Weiterentwicklung von SPFH, die Verbesserung der Angebotsstruktur und die Effektivierung der Arbeit der FamilienhelferInnen. Auch Tilmann Allert plädiert für die Verbesserung der Praxis SPFH durch „Kumulation" der Berufserfahrung mittels Einzelfallstudien „(...) auf der Basis verdichteter und vergleichender Fallerfahrung (...)" (Allert 1994: 223), um das „kollektive Gedächtnis" (ebd.) des Berufs zu konsolidieren.

So wichtig Bestandsanalysen und die Verbesserung der Praxis SPFH auch sind, geht es, wie mir scheint, zur Zeit doch vorrangig darum, eine Lücke zwischen pädagogischer Praxis und Theorie zu schließen und die Forderung aufzugreifen, Untersuchungen über die Familie aus mikroskopischer Perspektive parallel zur makroskopischen Perspektive der traditionellen empirischen Sozialforschung durchzuführen. So ist zum Beispiel die Bedeutung alltagsbezogenen sozialpädagogischen Handelns und sein Einfluß auf die Familienentwicklung noch weitgehend unreflektiert. Neben die Fragestellungen und Methoden der traditionellen Sozialforschung müssen zunehmend alltagorientierte Arbeits- und Forschungsstrategien treten, „(...) die auf narrativ individualisierende Darstellung, auf Kooperation im Feld mit den Betroffenen, auf Verwandlung der Lebensbedingungen der Betroffenen zielen" (Thiersch 1988b: 577).

Mittels ethnographischer Fallstudien ist es der SPFH durchaus möglich, die Lebenswelt von Familien aus mikroskopischer Sicht - sozusagen von innen heraus - zu erschließen, um aus der genaueren Kenntnis familialer Vorstellungs- und Verhaltenstraditionen, im Sinne von Herlth zur „Veranschaulichung und Erhellung" der Familienwirklichkeit - oder genauer: der Familienwirklichkeiten - und der realen Lebenssituation von Familien beizutragen. Mögliche Ziele dieses Unternehmens wären, einerseits zu fundierten Aussagen im Hinblick auf eine gezielte Verbesserung gesellschaftlicher Rahmenbedingungen für Familien zu gelangen, andererseits, die Dimensionen sozialpädagogischen Handelns in der Familie zu erarbeiten.

6.2 Untersuchungsfeld, Material und Forschungsprozeß

Ich mache sozialpädagogisches Handeln im Alltag von Familien zum Gegenstand meiner Forschung. Mein Forschungsinteresse beinhaltet das komplexe Bedingungsgefüge familialer Voraussetzungen, äußerer Lebensbedingungen, alltäglich zu erbringender familialer Leistungen, gesellschaftlicher Anpassungserfordernisse und die Bedeutung alltagsbezogener Tätigkeiten. Die Erforschung der familialen Lebenswelt gestaltet sich schwierig, da der Zutritt in das Forschungsfeld kaum möglich ist. Es bietet sich also an, daß ich als Praktikerin der SPFH, die den Alltag mit der Familie teilt, selbst forschend tätig werde. Zugang in das Untersuchungsfeld erhielt ich in meiner Eigenschaft als Familienhelferin. Die Wohnung, die Straße, der Stadtteil mit den darin arbeitenden und wohnenden Menschen, der Familie, den Nachbarn, dem Hausmeister, den Geschäftsleuten war mein Arbeitsfeld.

Die Lebenswelt mit ihrem komplexen Beziehungsgeflecht und ihrer Diffusität ist keine objektivierbare Größe. In der Praxis der SPFH ist daher eine Orientierung an immer gleichen, vorgegebenen Strukturen nicht möglich. Zum einen ist jede Familie etwas Einmaliges, zum anderen ist die FamilienhelferIn mit ihrer subjektiven Wahrnehmung in die täglich wiederkehrenden Interaktions- und Kommunikationsprozesse der Familie eingebunden. Das bedeutet, daß nicht nur die Beurteilung sondern auch die Beobachtung, Deutung, Beschreibung und Interpretation des familialen Entwicklungsprozesses durch die FamilienhelferIn subjektiv ist. Im Rahmen einer kommunikativen beziehungsweise interpretativen Sozialforschung, die hier angesprochen ist, weist Christa Hoffmann-Riem auf die gesellschaftliche Konstruktion von Wirklichkeit hin: „Sie erscheint nicht als objektiv gegeben, sondern über Bedeutungszuschreibungen einzelner gesellschaftlich konstruiert" (Hoffmann-Riem 1980: 342). Im Hinblick darauf ist es notwendig, nach einer Forschungsmethode zu suchen, die diesem Umstand nicht nur gerecht wird, sondern ihn geradezu voraussetzt, und bei der die Sichtweisen der Familienmitglieder im gemeinsamen alltäglichen Handeln einbezogen werden, um „(...) die Welt der beforschten Personen aus ihrer eigenen Perspektive zu erschließen" (Huber 1992: 115).

Bei einem derartigen Forschungsvorhaben ist das von Renè König aufgeworfene Fremdheitspostulat hilfreich. Ebenso wie der Ethnologe solle der Sozialforscher davon ausgehen, daß „(...) selbst in seiner eigenen Welt ihm alles fremd sein könnte" (König 1984: 25). Die an den Bedürfnissen der Familienmitglieder ausgerichtete SPFH orientiert sich an den Sichtweisen der Betroffenen, ihren Möglichkeiten und an der Bedeutung, die Familienmitglieder ihrer eigenen Situation beimessen. Der „natürlich eingestellte Blick auf die Erlebnisse" (Husserl 1992: 117,118) ist neben der phantasievollen Deutung des Geschehens unter Einbeziehung der familialen Deutung das wichtigste Forschungsinstrument, um Bedeutungszuschreibungen zu vermeiden.

Die Forschungsfrage zielt ab auf die Realisierung eines gelingenderen Lebens durch Sozialpädagogik. Die Fragestellung entwickelte sich aus dem vorhandenen Material von drei Familienbegleitungen aus einem Zeitraum von insgesamt fünf Jahren, das aus ausführlichen Protokollen teilnehmender Beobachtung besteht, die ich im jeweils ersten Jahr lückenlos und im zweiten Jahr in wöchentlicher Zusammenfassung aufzeichnete, und aus zahlreichen Gedächtnisprotokollen über Gespräche mit Familienmitgliedern, die ich noch am gleichen Tag aufzeichnete. Bei der Aufzeichnung bemühte ich mich, die Beobachtung des Geschehens von meiner Bewertung und meinen Annahmen zu trennen, also das Erlebte vorurteilsfrei zu notieren. Die Aufzeichnungen über den familialen

Entwicklungsprozeß legte ich zunächst zur Verbesserung der eigenen Praxis an, um das Geschehen auch noch nach Tagen oder Wochen reflexiv betrachten und den Erfolg oder Mißerfolg meiner Interventionen besser einschätzen zu können. Wesentliche Impulse, die ich durch Reflexion des familialen Geschehens in der kollegialen Praxisberatung erhielt, sind in die Aufzeichnungen untrennbar von meinen eigenen Gedanken mit eingeflossen.

Im Forschungsprozeß sind Praxis und Wissenschaft verbunden. Meine Perspektiven sind unterschiedlich, je nachdem ob ich durch die Niederschrift des praktischen Geschehens den LeserInnen Einsichten vermitteln oder durch die theoretische Reflexion des Geschehenen und Gewordenen Erkenntnisse über sozialpädagogisches Handeln innerhalb des Alltags von Familien gewinnen möchte. Einsichten in das Familiengeschehen vermittle ich mittels der Perspektive der Praktikerin, indem ich die beim Mitleben, Unterstützen und Gegenwirken gewonnenen und im Tagebuch aufgezeichneten Beobachtungen und Erlebnisse in einer möglichst anschaulichen, subtilen und verständlichen Weise in Form einer Geschichte darstelle. Diese Darstellungsform entspricht, wie ich vermute, der bei Mollenhauer (1975) als Desiderat bereits angedeuteten. Nach Forschungserfahrungen der jüngeren Zeit liegen nämlich Vermutungen nahe, daß Erzählungen imstande sind, „(...) am dichtesten an die tatsächliche lebensweltliche Erfahrung heranzuführen und die hier auftretenden Handlungs- und Orientierungsprobleme sowie deren Lösungsversuche widerzuspiegeln (...)" (Matthes 1984: 285). Zur Erfassung und Beschreibung des familialen Entwicklungsprozesses halte ich mich an einen deutenden aus der Ethnologie stammenden Ansatz, den Clifford Geertz, ein führender Vertreter der amerikanischen Ethnologie, als 'dichte Beschreibung' begrifflich genau faßt.

Die Untersuchung der Familienwirklichkeit erfolgt rekonstruktiv. Erkenntnisse mittels der Perspektive der Forscherin gewinne ich durch die Analyse beziehungsweise Reflexion des in den drei Geschichten dargestellten Geschehens. Ich analysiere die Alltagswelt von Familien, den „(...) Zusammenhang also von Handlungsinteressen, Selbstverständlichkeiten, Selbstinterpretationen, Relevanzstrukturen, Widersprüchen, Konflikten und Hoffnungen (...)" (Thiersch 1978 a: 99) sowie mein eigenes pädagogisches Handeln. Dabei tritt eine Verallgemeinerung von Sachverhalten gegenüber individuellen Aussagen weitgehend in den Hintergrund. Im Vergleich der drei Einzelfallstudien werden innerhalb dieses Bezugsrahmens geltende Aussagen möglich. Die Untersuchung steht nach dem oben Ausgeführten in der Tradition phänomenologischer, ethnographischer und hermeneutischer Sozialforschung.

6.3 Ethnographisches Arbeiten

In der Ethnologie ist nach Meinung von Clifford Geertz ethnographisches Arbeiten das, was die Praktiker tun. Er meint damit „(...) die Herstellung einer Beziehung zu den Untersuchten, die Auswahl von Information, die Transkription von Texten (...), das Führen eines Tagebuches und so fort" (Geertz 1983:

10). Diese Techniken und Verfahrensweisen hält er jedoch für zweitrangig. Entscheidend sei vielmehr „die besondere geistige Anstrengung, die hinter allem steht, das komplizierte intellektuelle Wagnis der 'dichten Beschreibung', um einen Ausdruck von Gilbert Ryle zu verwenden" (ebd.). Sogesehen ist Ethnographie 'dichte Beschreibung'. Im Unterschied zur 'dünnen Beschreibung' werden Sachverhalte nicht nur beschrieben, sondern auch aus den Beobachtungen Schlüsse gezogen und Bedeutungsstrukturen herausgearbeitet. Der Ethnograph hat es „(...) mit einer Vielfalt komplexer, oft übereinander gelagerter oder ineinander verwobener Vorstellungsstrukturen zu tun (...)", und seine Arbeit gleicht dem Versuch, „(...) ein Manuskript zu lesen (im Sinne von - 'eine Lesart entwickeln'), das fremdartig, verblaßt, unvollständig, voll von Widersprüchen, fragwürdigen Verbesserungen und tendenziösen Kommentaren ist, aber nicht in konventionellen Lautzeichen, sondern in vergänglichen Beispielen geformten Verhaltens geschrieben ist" (ebd.: 15).

'Geformtes Verhalten' wird hier als symbolisches Handeln betrachtet, nach dessen Bedeutung zu fragen ist. Nämlich, was durch dieses Handeln ausgedrückt wird. Indem ich die Perspektive der Handelnden einnehme, umso vertrauter wird mir ihr Tun und Denken, umso besser kann ich sie an ihrem Ort, im Kontext ihrer Alltäglichkeit verstehen. Ein 'Nicht-Verstehen' ist dann „(...) ein Mangel an Vertrautheit mit der Vorstellungswelt, innerhalb derer ihre Handlungen Zeichen sind" (ebd.: 20). Die Fähigkeit des Ethnographen, das heißt die Qualität seiner Interpretation des sozialen Geschehens, zeigt sich darin, „(...) inwieweit er zu erhellen vermag, was sich an derartigen Orten ereignet (...)" (ebd.:24).

Eine gute Interpretation „(...) versetzt uns mitten hinein in das, was interpretiert wird" (ebd.: 26) und sie sucht herauszufinden, worum es beim Ablauf von Handlungen eigentlich geht, und warum es gerade so und nicht anders abläuft. Dabei konstruiert der Ethnograph die Zusammenhänge aber nicht, sondern entdeckt sie. Ethnologische Interpretation ist „(...) der Versuch, den Bogen eines sozialen Diskurses nachzuzeichnen, ihn in einer nachvollziehbaren Form festzuhalten (...)" (ebd.: 28). Indem der Ethnograph den sozialen Diskurs niederschreibt, „(...) macht er aus einem flüchtigen Ereignis, das nur im Moment seines Stattfindens existiert, einen Bericht, der in der Niederschrift des Geschehenen existiert und wieder herangezogen werden kann" (ebd.). Die ethnographische Beschreibung deutet den Ablauf des sozialen Diskurses und hält ihn in einer nachvollziehbaren Form für die Gegenwart fest. Sie ist Beschreibung und Interpretation zugleich.

Die theoretische Analyse einer ethnographischen Beschreibung besteht darin, „(...) Vermutungen über Bedeutungen anzustellen, diese Vermutungen zu bewerten und aus den besseren Vermutungen erklärende Schlüsse zu ziehen (...)" (ebd.: 30). Kennzeichen dieser Art von Beschreibungen ist, daß sie mikroskopisch sind und als solche zu keinen allgemeinen Einsichten und Erkenntnissen verhelfen. Da die Theorie „(...) von den unmittelbaren Momenten der dichten

Beschreibung nicht zu trennen ist, bleibt ihre Möglichkeit, sich nach einer inneren Logik zu formen, ziemlich beschränkt. Die Allgemeinheit, die sie möglicherweise erreicht, verdankt sich der Genauigkeit ihrer Einzelbeschreibungen, nicht dem Höhenflug ihrer Abstraktionen" (ebd.: 35). Untersuchungen bauen immer auf anderen Untersuchungen auf, die jeweils mit besseren Kenntnissen und Begriffen ausgerüstet „(...) noch einmal tiefer in die gleichen Dinge eintauchen (...)" (ebd.: 36). Aus diesem Grund bietet sich auch „(...) der Essay (...) als das natürliche Genre für die Präsentation kultureller Interpretationen und der ihnen zugrunde liegenden Theorien (...)" (ebd.) an.

Die Hauptaufgabe der Theoriebildung in der Ethnologie besteht nicht darin, „(...) abstrakte Regelmäßigkeiten festzuschreiben, sondern darin, dichte Beschreibung zu ermöglichen. Es werden keine allgemeinen Aussagen angestrebt, die sich auf verschiedene Fälle beziehen, sondern nur Generalisierungen im Rahmen eines Einzelfalls" (ebd.: 37). Die Theorie sagt nicht voraus, sondern interpretiert das bereits vorliegende Material. Der theoretische Begriffsrahmen muß in der Lage sein, haltbare Interpretationen auch beim Auftauchen neuer sozialer Phänomene bereitzustellen. „Theoretische Ideen entstehen nicht in einer jeden Studie völlig neu (...)", sondern sie werden von anderen verwandten Untersuchungen übernommen und „(...) auf neue Interpretationsprobleme angewendet" (ebd.:38).

6.4 Der alltagsorientierte Ansatz in der Sozialen Arbeit

Hans Thiersch beschreibt den Alltag als pseudokonkret und wahr zugleich, als ein „(...) Gemengelage von borniert-routinisiertem Alltag und gelingenderem Alltag" (Thiersch 1986a: 50). Bei der Organisation des Alltags kommt es zu Festlegungen wie Rollenübernahme und Zeit- und Raumstrukturierung sowie zu Verfestigungen wie Routinehandlungen und Verhaltens- und Rollenmuster. In einer sich ständig ändernden Welt muß aber auch, den jeweiligen Erfordernissen entsprechend, die Alltagsorganisation geändert werden. Manchmal ist der Mensch dazu nicht in der Lage, weil er durch „(...) Gewohnheiten, Erregungen, Ängste und Vorurteile (...) gefesselt" ist. Dann ist er „(...) gehemmt, gedrückt und belastet. Er ist unfrei" (Salomon 1927: 56). Was also zunächst hilfreich war, erweist sich nun als Störfaktor: „(...) In der Alltagspragmatik nötigen die Handlungszwänge den Menschen: Er wird - zur Sorge gezwungen - unfrei, Opfer seiner Aufgaben und Routinen" (Thiersch 1986a: 34). Auch wenn die Bewertung von Ordnung oder die Strukturierung von Zeit im Lebensalltag nicht mehr tragen, täuscht trotzdem das Vertraute und Gewohnte eine Sicherheit vor.

Die gesellschaftlichen Bedingungen erscheinen konstitutiv für den 'borniert-routinisierten' Alltag unserer fortgeschrittenen Industriegesellschaft. Nach Thiersch muß dieser 'borniert-routinisierte Alltag', der auf Täuschung beruht, destruiert werden. Alltagsorientierte Soziale Arbeit unterstützt die Adressaten, um durch Nutzung institutioneller und professioneller Ressourcen zum 'gelingenderen Alltag' zu finden. Dazu sind „(...) Provokation, Unterstützung, Veränderung im Alltag ebenso wie in den gesellschaftlichen Bedingungen unverzichtbar" (ebd.: 42). Das bedeutet, den Adressaten muß die Loslösung von Vertrautem und Gewohntem durch Provokation und Kritik ermöglicht und eine Veränderung unweckmäßiger gesellschaftlicher Bedingungen angestrebt werden. Destruktion darf sich aber nicht beziehen „(...) auf die für Alltäglichkeit konstitutiven Momente von Entlastung und Sicherung in der pragmatischen Erledigung von Aufgaben" (ebd.: 37). Die Art, wie Menschen die großen Anpassungen und Umstellungen vornehmen, zeigt erst, „(...)was die Kunst zu leben, wirklich erfordert" (Salomon 1927: 53).

Das Vorgegebene aufnehmend, können durch die Beseitigung von Hemmnissen und die Förderung von Stärken Kompetenzen entfaltet werden:

> Pädagogisches Handeln als Alltagshandeln ist Handeln in der Dialektik der Alltäglichkeit, es hat die Aufgabe, in den gegebenen, authentischen Erfahrungen angelegte, verdeckte und verschüttete Lebensmöglichkeiten freizusetzen, es muß die Chance in der Alltäglichkeit, wie sie in ihrer Unmittelbarkeit des Erfahrens und Handelns liegen, stützen und durchsetzen gegen die die Alltäglichkeit immer auch bestimmenden Gefahren von Routine, Verengung und Anpassung (Thiersch 1978b: 11).

Zur Destruktion des borniert-routinisierten Alltags greift Soziale Arbeit die Erfahrungen, Vorstellungen und Hoffnungen der Adressaten auf, sieht sie „(...) im Eigensinn der gegebenen Lebenslagen (...), agiert in Solidarität mit den Vorhaben und Möglichkeiten, wie sie sich im Alltag der Betroffenen zeigen (...)" (Thiersch 1986a: 43). Die Gefahr ist groß, daß „(...) eine Kolonialisierung im Dienst sozialpädagogischer Normvorstellungen (...)" (ebd.: 49) erfolgt. Destruktion muß also immer einhergehen mit der „(...) detektivischen Kunst, die Wahrheitsmomente im Alltag - die Momente des gelingenden Lebens ebenso wie die der uneingeschränkten Sehnsucht - zu entdecken, bewußt und wach zu halten, zu stärken und zu mehren" (ebd.: 39). Der 'gelingendere Alltag' bedarf der Sicherung und Stärkung. Aus dem 'gelingenderen Alltag' erwächst ein Geborgenheitsgefühl, welches die Sicherheit gewährleistet, Konflikte zu überstehen und nach neuen Lebensmöglichkeiten zu suchen, denn in ihm „(...) lebe ich in der Sicherheit des vertrauten Raums, der überschaubaren Zeit und der selbstverständlichen, sozialen Traditionen" (ebd.: 38). Es gilt, humane Formen des Zusammenlebens zu finden, in denen man Konflikte überstehen kann.

Sich auf den Alltag einzulassen, bedeutet, „(...) den Zusammenhang politischer, materieller, instrumenteller und sozialer Nöte und Aufgaben zu sehen (...)" (ebd.: 45) und individuelle Schuldzuschreibung zu vermeiden. Durch die Strukturierung der Komplexität von Alltagsschwierigkeiten werden Zusammenhänge transparent und durchschaubar:

> Nicht alles wird gleichzeitig angegangen. Schwierigkeiten werden geordnet, Dringliches und weniger Dringliches gegeneinander abgehoben; überschau-

bare Arbeit und Lernschritte werden nicht nur ausgehandelt, sondern geübt. Gegebener Alltag kann - mit den Ressourcen des Vergleichens und Wissens ebenso wie mit denen der Effektivitätskontrolle - konfrontiert werden mit weiterführenden Lösungsmöglichkeiten (ebd.: 48).

Handlungswissen, Erfahrungswissen, Alltagswissen und Wissenschaftswissen sind nicht gleichzusetzen. Je mehr jemand weiß und kann, umso mehr kann er auch wahrnehmen und aufgreifen. Können und Wissen bewahren davor, sich im Alltag zu verstricken, denn „(...) im Handeln lernt man die Kunst, erlangt man den Takt, Fertigkeit, Gewandtheit, Geschicklichkeit. Aber selbst im Handeln lernt die Kunst nur der, welcher vorher im Denken die Wissenschaft gelernt, sie sich zu eigen gemacht, sich durch sie gestimmt (...) hatte" (Herbart 1957: 149).

Sich auf den Alltag einzulassen, bedeutet aber auch, sich der in der Alltagsorientierung liegenden Gefahr bewußt zu sein, daß Alltagswissen oft nur beschränkt ist, „(...) auf Erfahrungen im überschaubaren räumlichen, zeitlichen und sozialen Bezug des eigenen Arbeitsfeldes und auf die dort sich stellenden Aufgaben" (Thiersch 1986a: 51). Diese Einengung ist durch die theoretisch-abstrakte Rekonstruktion der eigenen Arbeit zu vermeiden, denn durch die Reflexion des Geschehenen verbinden sich Praxis und Wissenschaft, um „(...) theoretische Grundlagen zu klären und methodisch gesicherte Ergebnisse zu überprüfen" (ebd.).

Zweiter Teil:
Drei Familiengeschichten

7. Der Rahmen für Sozialpädagogische Familienhilfe

Die vorliegende Studie basiert auf meinen Erfahrungen, die ich als Familienhelferin am Jugendamt der Landeshauptstadt Stuttgart gewonnen habe. Die Stuttgarter Konzeption Sozialpädagogischer Familienhilfe (Stand Juni 1993) beruht auf einer organisatorischen, fachlichen und inhaltlichen Weiterentwicklung über einen Zeitraum von zehn Jahren. In der Regel handelt es sich um eine längerfristige Begleitung. Die Bedingungen des Einsatzes von FamilienhelferInnen werden wie folgt beschrieben:

> Wichtigste Voraussetzungen für die Inanspruchnahme der Leistung sind die Bereitschaft der Familienmitglieder zur aktiven Zusammenarbeit mit der FamilienhelferIn und der Wunsch nach Veränderung der wichtigsten Problemlagen in der Familie (Schmauder-Rotzler 1993: 5).

Ziel ist es, die Eigenkräfte der Familie so zu fördern, daß der Lebensraum Familie für die Kinder erhalten werden kann, alle weiteren Ziele aber „(...) mit der Familie erarbeitet und geplant (...)" werden (ebd.: 5). Wesentlich ist die Orientierung an den Problemsichten der Familie und ihrem Bedarf sowie ihren Veränderungswünschen.

> Dies setzt eine möglichst ganzheitliche, an den Lebenswelten und Ressourcen der Familienmitglieder orientierte Arbeitsweise voraus unter besonderer Berücksichtigung der Angebote des sozialen Umfeldes (Stadtteil, Nachbarschaft, Verwandtschaft etc.) (ebd.: 5).

Die FamilienhelferInnen sollen zusammen mit der Familie neue Perspektiven und Handlungsmöglichkeiten entwickeln und sie im Veränderungsprozeß begleiten. Zur Analyse der „(...) Interaktions- und Kommunikationsprozesse der Familienmitglieder untereinander bzw. zwischen Familienmitgliedern und sozialem Netz (...)" (ebd.: 6) dient der systemorientierte Ansatz, ergänzt durch eine lebensweltorientierte, ganzheitliche Perspektive. Als methodische Ansätze werden in der Konzeption unter anderen genannt: Die Beratung einzelner Familienmitglieder, deren Partner und der Gesamtfamilie, modellhaftes Lernen, das praktische Miteinander-Tun, Gruppenaktivitäten, die Arbeit mit Elementen des Psychodramas und des Rollenspiels, die Reflexion des gemeinsamen Handelns in der Familie und mit ihr, die Überprüfung der vereinbarten Ziele und die Evaluation des Hilfeplans.

Die Konzeption führt weiter aus, daß Sozialpädagogische Familienhilfe hohe Anforderungen stellt „(...) an die pädagogischen und psychologischen Kompetenzen, an die Kenntnisse methodischen Handelns sowie an die persönliche Belastbarkeit der FamilienhelferInnen" (ebd.: 8). Deshalb wurden auch von Anfang an ausschließlich qualifizierte Fachkräfte der Berufsgruppen Sozialarbeit/Sozialpädagogik, Diplompädagogik und Psychologie in der Familienhilfe beschäftigt. Als zwingend notwendig wird die Supervision und die kollegiale Praxisberatung angesehen, welche die Qualität der Arbeit wesentlich verbessern und darüber hinaus den einzelnen MitarbeiterInnen sowohl Sicherheit als auch Anregungen im Umgang mit den Familien geben. Folgende Standards haben wir im Team der SPFH in Stuttgart gemeinsam im Laufe der letzten Jahre erarbeitet (Stand 1.2.1994):

1. Respekt vor der Eigenverantwortlichkeit und Autonomie der Familie
2. Lebensweltorientierte, ganzheitliche Sicht der familiären Situation Familienmitglied - Familie - soziales Umfeld
3. Wahrnehmung der wichtigsten Problemlagen der Familie
   Ressourcenorientierte Analyse - Veränderungswünsche, Veränderungsmöglichkeiten der Familienmitglieder - Gemeinsame Zielplanung
4. Systemtheoretisch orientierte Analyse der Interaktions- und Kommunikationsprozesse
5. Förderung der Eigenkräfte der Familie, Beratung, Begleitung, Unterstützung - Hilfe zur Selbsthilfe - aktive Zusammenarbeit
6. Entwicklung neuer Perspektiven und Handlungsmöglichkeiten
7. Erschließung von Kontakten im sozialen Umfeld
8. Mitarbeit bei der Erstellung von Hilfeplänen und bei der Auswertung des Hilfeprozesses (Evaluation)
9. Datenschutz, vertraulicher Umgang mit Informationen
10. Darstellung der Leistungsart und Information darüber bei KooperationspartnerInnen vor Ort

Die Konzeption und die Standards bilden einen Bezugsrahmen, der die Art und Weise des Vorgehens der FamilienhelferInnen bei der Förderung und Begleitung von Familien zwar beeinflußt, indem er allgemeine Anhaltspunkte für das professionelle Handeln liefert, aber keinesfalls die persönliche Kreativität der FamilienhelferInnen einschränkt.

8. Konkretisierungen

Der Geschichtenteil ist das Herzstück vorliegender Arbeit. Die Geschichten liefern die Details pädagogischen Handelns, die zusammengenommen bei den Familien Lern- und Wachstumsprozesse ausgelöst haben. In den drei Zeitstudien wird die Entwicklung ablesbar. Ausgehend von den allgemeinen Überlegungen bedarf es einiger Konkretisierungen über die Auswahl der Familien, das Darstellungsschema und die Strukturierung der Geschichten.

Ich habe die Familien nicht nach bestimmten Kriterien ausgewählt, sondern sie wurden mir zugeteilt, weil sie sich eine Familienhelferin wünschten, die Erfahrung mit eigenen Kindern hat. Es handelt sich um drei Familien, die ich in unmittelbarer Aufeinanderfolge begleitete und unterstützte. Diese Reihenfolge habe ich auch im Geschichtenteil beibehalten. Die für die Familien jeweils zuständige BezirkssozialarbeiterIn bezeichnete die erste Familie als hilflos, die zweite als isoliert lebend und die dritte als eigensinnig. Ich selbst machte die Erfahrung, daß die erste Familie die Hilfe gerne annahm, die zweite nur zögerlich und die dritte, mich zu vereinnahmen versuchte. Bei der ersten und zweiten Familie arbeitete ich jeweils zwei Jahre und bei der dritten sechs Monate. Die Familien haben gemeinsame Merkmale: Die jungen Ehepaare sind wegen der besseren Arbeitsmöglichkeiten für die Männer aus ihren Heimatdörfern in die Großstadt gezogen. Die Kinder kamen erst hier zur Welt. Es sind vollständige Familien mit Mutter, Vater und drei oder mehr Kindern; es besteht die traditionelle Rollenaufteilung; keine der Mütter war jemals berufstätig gewesen; es sind keine Armutsfamilien.

Das einheitliche Darstellungsschema für die Geschichten ergab sich auf natürliche Weise. Es entspricht dem zeitlichen Ablauf meines Vorgehens im Entwicklungsprozeß. Ich beginne mit der Analyse der Lebenswelt. Zum Kennenlernen der familialen Lebenswelt informiere ich mich zu Beginn meiner Tätigkeit über die Beschaffenheit des Stadtteils, in dem die Familie lebt, nämlich über seine kulturgeschichtliche Entwicklung, die Bevölkerungsstruktur, die Art der Bebauung, den Grünflächenanteil und die soziale Infrastruktur. Die Erfassung der sozialen Infrastruktur und der Kontakt zu Institutionen im Wohnumfeld sind für die weitere Arbeit mit der Familie grundlegend.

Es folgt die Erfassung des Alltagsgeschehens, wobei der Zustand der Familie in ihrer Lebenswelt vor der Intervention deutlich wird. Ich greife aus dem Gesamtgeschehen einzelne Felder auf, mit denen es während meiner Zusammenarbeit mit den Familien Berührungspunkte gab wie 'Zu Hause' oder 'Das Essen'. Die Beobachtung der Verhaltens- und Transaktionsmuster sowie der Routinehandlungen im Alltag und die Erfassung dessen, was nicht abläuft, also die Nichtbeachtung von Bedürfnissen oder fehlende Anregung und mangelnde Förderung von Kindern, ermöglichen mir eine Einschätzung des gegebenen Zustands der Familie und der Beschaffenheit ihrer Lebenswelt. Ich versuche, die Menschen in ihrem Eigensinn zu erkennen, ihre Besonderheiten und Stärken zu sehen. Neben dem inneren Bezugsrahmen wird zugleich der äußere Bezugsrahmen deutlich, der sich in den familialen und außerfamilialen Beziehungen zeigt sowie in der Position und den Rollen, die Familienmitglieder innerhalb ihrer Familie und außerhalb in sozialen Netzwerken einnehmen. In der Beschreibung des Geschehens bin ich ganz auf die Familie und den Raum, in dem sie sich bewegt, eingestellt.

Mit der Beschreibung der Förderung und Begleitung im Alltag der Familie wird die Art und Weise der pädagogischen Einflußnahme nachvollziehbar, obwohl sie selten explizit beschrieben ist. Ich greife einzelne Bereiche auf wie 'Beziehungsklärungen', 'Grenzverletzungen' oder 'Reflektieren', die für die Förderung relevant waren. Zur Erklärung des Geschehens versuche ich, die Deutungsmuster der Familie in ihrem Selbstverständnis wahrzunehmen und wiederzugeben. Ebenso beschreibe ich meine eigenen Wahrnehmungen und die daraus resultierenden Bedeutungen, die ich den Ereignissen beimesse. Meine Rolle, Haltung und auch persönliche Marotten, wie ich sie zum Beispiel als Naturschützerin habe, werden aus den in den Text verwobenen Deutungen von Situationen und den daraus ersichtlichen Werthaltungen deutlich. Ich beschreibe die Wirkungen pädagogischen Handelns. Die Beschreibung der Veränderungen und der Stabilisierungen sowie die Zusammenfassung der Ergebnisse leiten den Schlußteil ein, aus dem der veränderte Zustand der Familien hervorgeht.

Ich biete mit Hilfe der essayistischen Erzählform ein dokumentiertes Material aus einem verschwommenen, wenig faßbaren Arbeitsfeld an. Ein Material, über das sich einerseits jede und jeder eigene Gedanken und Vorstellungen machen kann, das andererseits zum Verstehen der komplexen Bedingungszusammenhänge familialer Entwicklungsprozesse beiträgt, indem ich Anregungen und Angebote zur Interpretation des Geschehens gebe.

9. Die annehmende, sogenannte hilflose Familie

9.1 Die Lebenswelt der Familie Sacca[*]

Das Wohngebiet

neben der Eisenbahntrasse ist um die Jahrhundertwende entstanden. Die meisten Häuser sind im Besitz von Wohnbaugesellschaften der Deutschen Bundesbahn und der Post. Zwischen dem Eisenbahngelände und dem Wohngebiet war früher ein breiter Grünstreifen, der als Gartenland genutzt wurde und der Bevölkerung zur Erholung diente. Im Jahre 1935 beschloß der Gemeinderat, das Erholungsgebiet als Industriegebiet auszuweisen, obwohl die Anlage eines Industriegebietes in unmittelbarer Nähe von Wohnhäusern nach damaligem Recht ausgeschlossen war. Durch die enge Bebauung wird die Umnutzung des Grünlandes von manchen älteren Einwohnern noch heute als Verlust empfunden, da die Grünflächen für Ausgleich sorgten. Die für das Industriegebiet später auf vier Spuren ausgebaute Autostraße zerschneidet das Wohngebiet heute und grenzt es zum restlichen Stadtteil ab, wodurch eine Inselsituation entstanden ist. Als positiv zu werten ist die Nähe zum zentralen Park der Stadt, der zu Fuß gut erreichbar ist.

Die vier- bis fünfstöckigen Häuser sind meist aus rotem Backstein erbaut und bilden Innenhöfe, die im Rahmen der Stadtsanierung in den letzten Jahren begrünt wurden. Der Ausländeranteil im Stadtteil ist hoch, es überwiegt der türkische Anteil. Es existieren kaum noch deutsche Einkaufsläden, es dominieren ausländische Läden. Die älteren deutschen Bewohner, vorwiegend ältere Frauen, fühlen sich ins Abseits gedrängt. Junge deutsche Familien mit Kindern leben kaum noch hier. In der Grund- und Hauptschule gibt es Klassen ohne deutsche Kinder. Der Anteil republikanischer Wähler ist der höchste im gesamten Stadtgebiet.

Der Stadtteil ist zu einem sozialen Brennpunkt geworden. Im Rahmen des Projektes 'Prävention im Stadtteil' gelangten die ProjektteilnehmerInnen zur Auffassung, daß zur Vorbeugung von Alkohol- und Drogenkonsum die gesundheitliche Aufklärung an der Schule die entsprechende Maßnahme sei.

Die Realisierung von Vorschlägen für bessere soziale Infrastruktureinrichtungen, die auf die Bedürfnisse der Bewohner ausgerichtet sind, war aus finanziellen Gründen nicht möglich. Dabei gibt es für Kinder und Jugendliche kaum öffentliche Spielmöglichkeiten und für ältere Bewohner wenig Treffpunkte zu informeller Begegnung. Die Straße ist zum Ersatz für fehlende Einrichtungen geworden. Die vorhandenen grünen Innenhöfe werden von den Hausmeistern sorgfältig bewacht. Der Rasen darf nicht betreten werden, das Ballspielen ist verboten und als Ersatz für wilde Spiele dient ein kleiner Sandkasten. Ein klei-

---

[*] Die Namen der Familien wurden von mir aus Datenschutzgründen geändert.

ner öffentlicher Spielplatz wird von türkischen Kindern dominiert und gegen den Rest der Spielplatzbesucher verteidigt.

In diesem Stadtteil werde ich die nächsten zwei Jahre mit einer süditalienischen Familie arbeiten. Ich werde das Umfeld mit den Augen der Familie näher zu ergründen versuchen, immer auf der Suche nach Anbindungs- und Vernetzungsmöglichkeiten.

Informationen über die Familie

erhalte ich vom Allgemeinen Sozialdienst (ASD), bevor ich die Familie kennenlerne. Der Mann ist Arbeiter bei der Deutschen Bundesbahn, er ist fünfundfünfzig Jahre alt. Seine Frau ist zwanzig Jahre jünger, sie ist nicht berufstätig und versorgt den Haushalt. Das Ehepaar lebt seit zehn Jahren im Stadtteil mit ihren drei Kindern, dem neunjährigen Antonio, dem siebenjährigen Marco und der zweijährigen Maria. Antonio sei bereits im Kindergarten und später in der Schule auffällig geworden. Er sei in der Schule unkonzentriert, kontaktscheu und würge andere Kinder. Besonders den Mädchen stelle er nach und ängstige sie. Die Eltern der Kinder beschwerten sich bei der Lehrerin. Die Mitarbeiterin vom ASD spricht von einer Sündenbockrolle, in die Antonio geraten sei. Auf Wunsch der Schule fand eine Erziehungsberatung statt mit dem Ergebnis, die Familie wäre hilflos, den Anforderungen einer Beratung nicht gewachsen und noch nicht erziehungsberatungsfähig. Antonio solle eine 'Teilstationäre Gruppe' besuchen und an die Förderschule wechseln. Mit diesen Vorschlägen der Erziehungsberatungsstelle und der Schule zeigen sich die Eltern nicht einverstanden. Sie lehnen diese Lösung ab und möchten SPFH in Anspruch nehmen.

Der Vater wird als dominant beschrieben. Er stellte in der Erziehungsberatung das Versagen der Mutter in den Vordergrund und beschimpfte sie. Die Mutter dagegen wird als still und zurückhaltend beschrieben; sie gilt als depressiv und mache einen hilflosen Eindruck. Die Wohnung sei unaufgeräumt.

Mein Auftrag vom ASD lautet, zu versuchen, Antonio aus der Sündenbockrolle herauszuholen, das Selbstwertgefühl der hilflos wirkenden Mutter zu stärken, den Vater für die Familie positiv zu motivieren und Anregungen zu geben, den Alltag besser zu strukturieren. Ich bin auf schwierige und festgefahrene Verhältnisse eingestellt, als ich zusammen mit der Kollegin vom ASD zum vereinbarten Termin die Familie besuche.

Das Erstgespräch in der Wohnung der Familie

ist erfreulicher, als ich dachte. Als ich die Wohnung betrete, bin ich überrascht und erleichtert. Ich stehe Menschen gegenüber, die mich aufmerksam und erwartungsvoll mustern. Sie sind mir auf Anhieb sympathisch. Die Wohnung ist für meine Vorstellungen zwar chaotisch, aber die Kinder sind gewaschen und besuchsmäßig gekleidet. Auch die Mutter ist gut angezogen. Am Tisch stehen vorbereitete Getränke und ein Teller mit Keksen. Frau Sacca spricht ruhig und freundlich. Sie ist etwas füllig, ihre Bewegungen sind elegant, ihr Gesicht ist rundlich, aber fein durchstrukturiert. Herr Sacca nimmt an dem Gespräch nicht teil. Er hat eine ansteckende Augenkrankheit und nickt uns mit zugeschwollenen Augen nur kurz aus dem Schlafzimmer zu. Dafür ist der Vater der Frau anwesend, der aus Sizilien zu Besuch gekommen ist.

Die beiden Buben Antonio und Marco sitzen auf einer Bettcouch. Antonio ist zartgliedrig. Seine Gesichtszüge sind fein gezeichnet, er sieht der Mutter sehr ähnlich. Er spricht mit leiser Stimme und wirkt zurückhaltend. Er mustert mich eine Weile und fragt: „Kommst Du wegen mir?" „Nein", antworte ich, „ich komme zu Euch allen." Er wirkt etwas erleichtert und setzt fort: „Wegen mir brauchst Du nicht zu kommen. Ich bin nicht verrückt, nur böse, weil die anderen auch böse sind." Ich nicke mit dem Kopf. Ihm war diese Feststellung zu Beginn unserer Beziehung offenbar wichtig. Sein Bruder Marco ist wesentlich kräftiger gebaut. Er hat lustig blitzende Augen und sieht unternehmungslustig aus. Die zweijährige Schwester Maria hat ein nettes Kleid mit weißem Spitzenkragen an. Ihr zierliches Gesicht ist von dunklen Locken umrahmt. Während unseres Besuches sitzt sie bewegungslos neben der Mutter auf einer Sitzbank. Sie schaut uns unverwandt an und beobachtet uns. Eine kurze Kontaktaufnahme meinerseits quittiert sie mit einem Abwenden des Kopfes.

Der Großvater ist etwa 80 Jahre alt. Er war als Gastarbeiter in Frankreich, lebt aber wieder in Sizilien. Er spricht nur wenig Deutsch und kann sich an unserem Gespräch nicht beteiligen. Die beiden Buben sprechen und verstehen gut Deutsch. Die Mutter versteht mich nur, wenn ich langsam und mit einfachen Worten spreche. Da die Wohnverhältnisse sehr beengt sind und Frau Sacca sich dafür entschuldigt, gibt sie uns einen Anknüpfungspunkt, das Gespräch zu beginnen. Wir erfahren, daß die Wohnung aus zwei kleinen Zimmern besteht mit Küche, Bad und Balkon. Wir sitzen in dem kombinierten Wohn-, Eß-, Fernseh-, Arbeits- und Kinderzimmer. Seit Beginn unseres Besuches läuft nebenbei der Fernseher. Ich kann Fernsehen und gleichzeitig ein Gespräch führen nicht gut vertragen und bitte, mir zuliebe das Gerät abzustellen. Der Familie bereitet das Fernsehen neben unserer Unterhaltung keine Schwierigkeiten, trotzdem schaltet Marco das Gerät ab.

In dem Zimmer stehen zwei Kinderfahrräder, ein Dreirad, jede Menge Spielautos aus Plastik und allerhand undefinierbare Gegenstände. Das Zimmer scheint von den Wänden her gegen die Mitte hin, wo wir sitzen, zuzuwachsen. Die Mutter erklärt uns, daß ihr Mann die Sachen immer vom Sperrmüll bringt und der Keller schon überfüllt ist. Kleinere Spielsachen liegen am Boden verstreut, ich kann keine Kiste oder sonstige Behälter zum Einräumen entdecken. Es gibt für die einzelnen Kinder keine eigenen Bereiche, alles scheint durcheinander gemischt. In einer Art Anrichte aus den fünfziger Jahren befindet sich die Kleidung der Kinder - aufgerollt und reingestopft. Sollte es ein Ordnungssystem geben, ich kann es nicht erkennen.

Ich frage Antonio, wo er seine persönlichen Sachen aufbewahrt: „Das kann ich Dir nicht sagen, wenn alle zuhören", antwortet er mir. Nach einer Weile kommt er mit einer kleinen Schachtel, in der sich seine Steinesammlung befindet. Da erklärt mir die Mutter, daß jedes der Kinder in der Wohnung Verstecke hat, die sie selbst auch nicht kennt. Mir gefällt die Strategie der Kinder, in die allgemeine Unordnung feine Ordnungsstrukturen zu bringen.

Frau Sacca möchte gerne ihre erzieherischen Möglichkeiten erweitern und verhindern, daß Antonio in die Förderschule kommt. Antonio soll einmal studieren und es zu etwas bringen. Sie hat aber noch keine Vorstellung darüber, wie sie die Lern- und Verhaltensschwierigkeiten von Antonio günstig beeinflussen könnte. Sie bittet mich, zusammen mit ihr nach möglichen Wegen zur Verbesserung der Situation zu suchen. Ich habe den Eindruck, daß Frau Sacca Vorstellungen und Träume hat, die mir schwer realisierbar erscheinen. Ich schlage ihr daher vor, zunächst die beengten Wohnverhältnisse neu zu ordnen. Ich fände es auch gut, eine fernsehberuhigte Zone für die Schulbuben einzurichten, damit sie besser denken und arbeiten können.

Frau Sacca will meine Anregungen überdenken. Zunächst ist sie aber der Meinung, daß die Familie bisher alles gemeinsam gemacht hat und sieht die Gründe für die Schaffung von eigenen Bereichen für die Kinder nicht ein. Ich merke, daß sie zu ihren Kindern eine enge Beziehung hat. Es hält sie offenbar etwas davon ab, die Buben loszulassen.

In unserer Vereinbarung legen wir fest, daß wir gemeinsam nach Möglichkeiten zur Verbesserung der für die Familie schwierigen Verhältnisse suchen wollen. Für die SPFH werden fünfzehn Stunden pro Woche bewilligt. Wir besprechen, daß ich von Montag bis Freitag täglich drei Stunden von 16-19 Uhr kommen werde, um mir ein Bild über die familiären Verhältnisse zu machen. Danach wollen wir gemeinsam Veränderungsziele festlegen. Die Kinder sind meist bis 16 Uhr bei einer Hausaufgabenbetreuung. Ich beginne meine Arbeit in der Familie Ende November. Nach Erledigung der Formalitäten lädt mich Frau Sacca zum Laternenumzug ein, den die Schule organisiert hat.

Beim Laternenumzug
habe ich die erste Gelegenheit, die Kinder in Aktion zu beobachten. Antonio hebt alle Kerzenstummel auf, die er am Weg findet. „Er ist sehr sparsam und bringt mir alles mit, was er findet", meint die Mutter. Antonio beobachtet aufmerksam das Geschehen. Er singt die Martinslieder nicht mit, sondern springt los, wenn es wieder etwas aufzuheben gibt. Vater und Sohn sind sich in dieser Beziehung wohl sehr ähnlich. Marco möchte Maria im Kinderwagen schieben. Er schiebt absichtlich ruckartig, sodaß Maria öfter aufschreit. Die Mutter bleibt ruhig, ohne Marco auszuschimpfen. Wir treffen Antonios Klassenlehrerin und unterhalten uns mit ihr. Wir verabreden gleich einen Termin für die Sprechstunde. Marcos Laterne fängt im Schulhof Feuer. Er will sie nicht löschen, sondern läßt sie verbrennen. Ich glaube, es hat ihm Spaß gemacht, die Laterne verbrennen zu lassen.

Wir treffen den Schwager von Frau Sacca mit seiner Frau und den beiden Kindern, den einjährigen Lucio und Pietro, der im gleichen Alter wie Marco ist. Das Ehepaar will wissen, wer ich bin, und Frau Sacca erklärt es ihnen. „Frau Woog ist eine Lehrerin, und ich will bei ihr etwas lernen." Ich bin zwar keine Lehrerin, sondern Sozialarbeiterin, aber ich belasse es dabei. Frau Sacca hat meine Tätigkeit gut beschrieben. Ich verabschiede mich von allen mit Händedruck. Das Händeschütteln werde ich bis zum Ende der Arbeit in der Familie beibehalten. Ebenso lege ich Wert darauf, nicht eine Freundin oder Bekannte zu sein, sondern eine Mitarbeiterin der SPFH mit bestimmten Aufgaben. Die Kinder dürfen mich mit Du ansprechen, aber ich bin keine Tante, sondern Frau Woog. Diese Regeln schützen mich vor Distanzlosigkeit und helfen mir, die Gratwanderung zwischen Nähe und Distanz gut zu überstehen.

9.2 Die Erfassung des Alltagsgeschehens

Die ersten Besuche
dienen der Familie und mir, einen Zugang zueinander zu finden. Mein erster Eindruck von der Familie war positiv. Die starken Emotionen der Mutter zu ihren Kindern sind deutlich zu spüren. Ich bin mir sicher, daß die Frau für die Kinder einiges an Mühe auf sich nehmen wird. Meine Aufmerksamkeit richtet sich vor allem darauf, wie die Mutter mit den Kinder umgeht und wie die Kinder darauf reagieren und umgekehrt. Alle geben ihren Gefühlen lautstark Ausdruck und schreien sich gegenseitig an. Nach einiger Zeit stört mich das Schreien nicht mehr und ich registriere, mit welchen Wörtern die Kinder die Mutter beschimpfen. Immer wieder benutzen sie ein Wort, das übersetzt soviel wie Hure bedeutet. Ich vermute, daß sie das Wort vom Vater übernommen haben. Es ist möglich, daß er seine Frau ebenso beschimpft. Ich merke auch, wie peinlich der Mutter der Gebrauch dieses Schimpfwortes ist. Es sieht so aus, als würden die Kinder der Mutter gegenüber keine Grenzen kennen und die Mutter ihrerseits den Kindern keine Grenzen setzen.

Wenn ich komme, sitzen die Kinder meist vor dem Fernseher und die Mutter liegt in ihrem Bett im Schlafzimmer. Es dauert dann ein bis zwei Stunden bis sie aufsteht und zu uns kommt. Ich rede ihr nicht zu, aufzustehen und ignoriere es einfach. Aber wenn sie kommt, freue ich mich immer sehr. Die mit dem Vielfernsehen verbundenen Schwierigkeiten habe ich zunächst einfach gelöst mit meiner Erklärung, daß mir eine Unterhaltung bei laufendem Fernseher schwer fällt. Darauf sind die Kinder eingegangen und haben den Kasten abgestellt. Sie waren in der Lage, auf mich Rücksicht zu nehmen.

Am Tag nach dem Laternenumzug treffe ich Antonio und Marco vor der Haustür. Sie zeigen mir ihr Elektroauto. Antonio steuert es sicher; Marco ist zu ungeduldig. Es fällt immer über die Bordsteinkante. Er wird wütend, als es nicht klappt. In diesem Augenblick erscheint Antonio ruhig und überlegen, während Marco völlig aus der Fassung gerät. In der Wohnung zeigt mir Frau

Sacca die restlichen Räume. Das Badezimmer und der Abstellraum sind ebenso voll von Gerümpel wie die anderen Räume. Unbefangen schlage ich ihr vor mitzuhelfen, wenn sie einmal ausmisten will. Sie schaut mich entgeistert an, aber dann nickt sie. In der Küche bereitet sie einen Espresso, den sie mir anbietet. Die Tasse ist etwas schmutzig, aber ich trinke den Espresso trotzdem. Er schmeckt wirklich gut und ich genieße ihn. Sie hat mich beim Trinken genau beobachtet. Ich hätte mich nicht verstellen können. „Wir bringen den Espresso immer aus Italien mit", erklärt sie mit Stolz. Über den Espresso kommen wir auf ihre Kochkünste zu sprechen. In der Küche ist es zwar schmutzig, aber es duftet sehr gut. „Ich habe das Kochen von meiner Mutter gelernt, und ich koche sehr gerne und viel", dabei lacht sie, und ich glaube, sie ist froh, sich mit mir unterhalten zu können. Dann erzählt sie mir, daß ihr Mann für einige Wochen nach Sizilien fährt, um dort seine Augenentzündung auszukurieren. Ich sehe ihren Mann nur kurz, als er in das Bad geht. Er ist kleiner als die Frau, hat ein mageres Gesicht und einen dicken Bauch. Er wirkt nicht unsympathisch. Bei der mangelnden Hygiene in diesem Haushalt habe ich schon etwas Angst um meine Augen.

Maria hat Windpocken, und die Mutter muß mit ihr zum Arzt. Deshalb saß sie gestern bei unserem Erstgespräch vielleicht auch so still neben der Mutter. Heute hat sie Fieber. Als die Mutter weggeht, kommen die Buben von der Straße hoch. Freunde haben sie beide nicht. Manchmal kommt ihr Cousin zum Spielen hoch, zur Zeit sind sie aber mit ihm zerstritten. Antonio muß für die Schule Blätter sammeln. „Wir lernen gerade über Blätter. Wir sollen sie auf ein Papier kleben. Kommst Du morgen mit zum Sammeln?" Ich bin sehr gerne bereit dazu. Dann fragt er mich: „Willst Du auch ein Spiegelei? Ich mache mir jetzt eines." Da ich keinen Hunger habe, lehne ich dankend ab. „Kannst Du denn schon allein Spiegeleier braten?" Da antwortet er entrüstet: „Ja, was glaubst Du denn? Ich bin kein Baby mehr." Sorgfältig schlägt er vier Eier in die Pfanne. Wahrscheinlich macht er das öfter, wenn seine Mutter nicht aufsteht. Ich zeige ihm deutlich meine Anerkennung über seine Kochkünste.

Im Park und am Fluß

sind Antonio, Marco und ich jetzt öfter. Die Mutter fühlt sich meist zu schlapp und kann nicht mitgehen. Die Familie lebt im Stadtteil ziemlich isoliert, und sie hat kaum Spaziergänge gemacht. Die Eltern und die Kinder wissen nicht, daß der Neckar nur etwa einen Kilometer von ihnen entfernt fließt, obwohl sie schon seit zehn Jahren hier wohnen. Als wir zum ersten Mal den Fluß sehen, fragt Antonio: „Fahren wir nach Afrika?" Er erzählt mir von den großen Schiffen, die von Sizilien aus nach Afrika fahren. Beide Buben lieben Sizilien. Sie wären lieber dort als in Deutschland. Später habe ich beobachtet, daß sie immer sehr ausgeglichen sind, wenn sie vom Urlaub in Sizilien zurückkommen.

Manchmal sitzen Frau Sacca und ich auf einer Bank im Park, während sich die Kinder am Spielplatz austoben. In der ersten Zeit unterhalten wir uns oft über das Leben in Sizilien. Ich erfahre viel über die Strukturen des Landes, über die

Rolle der Frau und die Möglichkeiten, ihr Leben einzurichten. Frau Sacca sieht für ihre Kinder in Sizilien keine Lebensperspektive. Ihr selbst gefällt es in Deutschland besser, weil sie in den Geschäften mehr Auswahl hat. In ihrem Dorf hat sie keine Freundinnen, nur die Eltern, an denen sie sehr hängt. Die Eltern besitzen in Sizilien ein Haus, ihr selbst gehört dort eine Eigentumswohnung. Später zeigt sie mir Bilder von dieser Wohnung. Mir scheint, die Familie führt zwei Leben. In Sizilien besitzen sie eine schöne, gut eingerichtete Wohnung und in Deutschland leben sie unter primitivsten Verhältnissen. Da ich wenig über das kulturelle und soziale Leben in Sizilien weiß, informiere ich mich in Büchern, damit ich abschätzen kann, welche Anpassungsleistungen der Familie in Deutschland möglich und welche unmöglich sind.

Antonio, Marco und ich laufen zum Sammeln von Blättern in den Park. Ich habe ein Buch über Blätter dabei, und Antonio sucht sofort nach den entsprechenden Bildern, um sie mit seiner Sammlung zu vergleichen. Als Naturschützerin habe ich großes Interesse, die Kinder auf verschiedene Zusammenhänge aufmerksam zu machen. Wir wundern uns gemeinsam über die unterschiedlichen Blattfärbungen. „Warum ist das Blatt so rot?" fragt Antonio. Er ist neugierig und will mehr erfahren. Mit einfachen Worten erkläre ich ihm, daß sich jetzt im Herbst die Bäume auf den Winter vorbereiten und ihre Nahrung aus den Blättern in die Wurzeln zurückholen. Die Nahrung besteht aus Zucker und je nach Zuckermenge ist das Blatt unterschiedlich gefärbt: „Erst ist das Blatt grün, wie dieses hier, dann wird es gelb, orange, rot und zum Schluß braun." Antonio fährt mit dem Fuß durch die braunen Blätter: „Hier ist kein Zucker mehr drin, gell?" Er hat also genau verstanden, was mit den Blättern im Herbst geschieht.

Die Neugierde, etwas dazuzulernen, ist bei Antonio gut ausgeprägt. Er ist aufnahmefähig, hört genau zu und stellt die richtigen Fragen. Marco ist an solchen Beobachtungen weniger interessiert. Er hört still zu und stört uns nicht. Antonio pflückt für die Mutter einige Blumen. Ich hole meine Lupe hervor und lasse sie den Kelch einer Blüte betrachten. Sie sind verblüfft. Auch Marco hat Feuer gefangen. Er entdeckt in der Blüte einen winzigen Käfer, der unter der Lupe wie ein riesengroßes Ungeheuer erscheint. Ich merke, daß Antonio alles, was wächst, kriecht und fliegt genau beachtet. Später erzählt mir die Mutter, daß Antonio Pflanzen sehr mag. Ich habe einen guten Anknüpfungspunkt entdeckt, um Antonio langfristig vielleicht vom Fernsehen loseisen zu können. Jedem Käfer spürt er nach. Erst betrachtet er ihn, und dann legt er ihn auf den Rücken. „Wie glaubst Du, fühlt sich der Käfer jetzt?" frage ich ihn. „Ich weiß nicht, aber das ist doch lustig, wie er mit den Beinen strampelt", lacht er. Da tritt Marco wortlos dazwischen, hebt den Käfer behutsam hoch und setzt ihn ins Gras: „Du Tierquäler", sagt er zu Antonio gewendet, und zu mir äußert er sich: „Er ist ein Schwein." Damit ist für Marco die Sache erledigt. Es sieht so aus, als habe ich in ihm einen Verbündeten gefunden, wenn es um die Bildung moralischen Bewußtseins geht.

Das Naturkundemuseum im Park wird zu einer regelmäßigen Anlaufstelle. Antonio und Marco sind von den Dinosaurierskeletten hingerissen. Antonio wird von den Steinen angezogen, in denen Fossilreste zu erkennen sind: „In Sizilien haben wir das auch. Du mußt zu uns kommen und Dir alles anschauen." Zu Hause holt er seine Steinesammlung aus dem Versteck. Er legt einen Quarzbrocken dazu, den wir im Schotter gefunden haben. Um sein Interesse und seine Vorliebe für Steine zu unterstützen, bringe ich ihm aus meiner Sammlung einen kleinen Bergkristall mit, den er für einen kostbaren Edelstein hält. Später revanchiert er sich dafür und bringt mir einen kleinen Lavabrocken aus Sizilien mit. Durch diese gemeinsamen Interessen bildet sich schnell eine gute Beziehung zwischen uns. Bei Marco gefällt mir das feine Gespür im zwischenmenschlichen Bereich. Ich habe es jedesmal deutlich gezeigt, wenn ich mich über sein einfühlsames Wesen gefreut habe.

Am Spielplatz im Park, zu dem die Mutter diesmal mitgekommen ist, toben sich die Kinder so richtig aus. Auch Frau Sacca und ich rutschen zum Vergnügen der Kinder von der Rutsche runter. Mein Übermut hat Frau Sacca angesteckt. Sie lacht und ist fröhlich wie jede junge Mutter, die drei gesunde Kinder hat. Ihre Müdigkeit ist wie weggeblasen. Ich muß mir etwas einfallen lassen, wie ich sie in Bewegung bringe. Ich beginne, mich mit der Literatur über Migration und Krankheit zu befassen. Dabei stoße ich auf den Begriff der 'erlernten Hilflosigkeit'. Sollte jemand in der Familie ein Interesse daran haben, daß Frau Sacca hilflos ist? Hat sie öfter die Erfahrung gemacht, auf die Umwelt nicht einwirken zu können, und wer hat sie darin bestärkt? Wenn sie glaubt, hilflos zu sein, traut sie sich selbst nichts mehr zu. Ihre depressiven Stimmungen könnten hier ihre Ursache haben. Ich werde ihren Zustand weiter beobachten. Frau Sacca selbst kommt nicht auf ihre 'Krankheit' zu sprechen. Sobald sie Vertrauen zu mir hat, wird sie von sich aus zu mir kommen. Sie muß dieses Gespräch selber wollen. Darauf warte ich. Wir haben Zeit.

Die Schule
ist für die Familie eine schwierige Hürde. Frau Sacca hält ihren Antonio nicht für so dumm, daß er in die Förderschule müßte. Gemeinsam gehen wir zur Sprechstunde der Lehrerin. Antonio besucht die 2. Grundschulklasse, er ist aber schon ein Jahr älter als die anderen Kinder, weil er zurückgestellt wurde. Die Lehrerin erzählt, daß sich Antonio nicht konzentrieren kann: „Er schaut abwesend aus dem Fenster und nimmt nicht am Unterricht teil." Die Lehrerin bringt seine teilnahmslose Starre in Zusammenhang mit einem eventuell übermäßigen Fernsehkonsum. Sie spielt mir damit in die Hände. Zum zweiten Mal hört Frau Sacca, daß Fernsehen, im Übermaß genossen, für Kinder unangenehme Folgen haben kann. Wir besprechen, daß die Mutter mit meiner Unterstützung Antonio bei den Hausaufgaben helfen soll.

Frau Sacca hat keine rechte Vorstellung, wie sie helfen kann. Da beginne ich mit einfachen Rechenübungen. Wir bemerken bald, daß Antonio kein Verhältnis zu Zahlen hat. Es interessiert ihn nicht, ob drei plus zwei fünf ergibt, es ist für ihn bedeutungslos. „Wenn Du nicht rechnen kannst, wirst Du in Geschäften leicht betrogen", gebe ich ihm zu bedenken. Darüber diskutieren wir sehr lange. Auch Marco beteiligt sich am Gespräch. Beide wollen natürlich nicht betrogen werden. Ich merke bald, daß der Inhalt der Rechenaufgaben für Antonio zu schwer ist. Da nützt alles Motivieren nichts. Er schafft es gerade mit den Fingern folgerichtig bis zehn zu zählen. Den Zehnersprung schafft er nicht mehr, weil er nicht mehr als zehn Finger hat.

Bei der Gelegenheit beobachte ich, daß Frau Sacca auch die Finger benutzt. Sie erzählt mir, daß ihr Mann Analphabet ist. Sie selbst hat einen Hauptschulabschluß. Darauf kann ich aufbauen. Ich gebe nicht Antonio, sondern der Mutter Nachhilfeunterricht, damit sie lernt, Antonio zu helfen. Das macht uns beiden großen Spaß. Im Gegenzug weiht sie mich in die hohe Kunst der italienischen Küche ein. Weder sie noch ich kommen uns deshalb hilfebedürftig vor. Wir lernen einfach voneinander.

Antonio kann für einen Schüler der zweiten Klasse hervorragend lesen und fast fehlerfrei schreiben. Ohne Zweifel hat er aber eine Rechenschwäche, die bei der derzeitigen schulischen Organisation am ehesten in der Förderschule behoben werden kann. In diesem Sinne spreche ich mit der Mutter. Gemeinsam ärgern wir uns darüber, daß es in der Regelschule keine integrierte Förderklasse für solche Kinder gibt. Die Mutter kann mögliche Maßnahmen der Schule nun besser verstehen, obwohl sie noch immer nicht mit Antonios Wechsel an die Förderschule einverstanden ist.

Antonios 'praktische' Intelligenz läßt nichts zu wünschen übrig. Er verfügt über praktische Fertigkeiten, die weit über das Maß hinausgehen, das ich bei gleichaltrigen Kindern beobachtet habe. Er ist imstande, ein Fahrrad nicht nur komplett zu zerlegen, sondern auch folgerichtig zusammenzubauen. Wenn etwas kaputt ist, Antonio findet einen Weg, es zu reparieren. Dabei ist er hartnäckig und konzentriert, anders als in der Schule. Er hört nicht eher auf, bis er den Fehler gefunden und beseitigt hat.

Das Fernsehen
spielt in der Familie eine herausragende Rolle. Den Hinweis der Lehrerin auf einen übermäßigen Fernsehkonsum nimmt Frau Sacca ernst. Sie will mehr über die Wirkung des übermäßigen Fernsehkonsums auf Kinder von mir erfahren. Ich erzähle ihr alles, was ich darüber weiß: Vom möglichen Dauerstreß durch Überforderung, von Belastungen durch angsterregende Darstellungen und vom ständigen Schlafmangel. Unbefangen erzählt sie mir über die Fernsehgewohnheiten der Familie. „Ich habe ein großes Bedürfnis fernzusehen", meint sie. „Wir haben Kabelfernsehen und können viele Programme empfangen." Der Kasten läuft meist auch tagsüber. Gemeinsam mit ihrem Mann sitzt sie vor dem Gerät, während die Kinder im gleichen Raum schon schlafen: „Ich lege mich zu Antonio ins Bett und schaue solange zu, bis ich einschlafe. Ohne Fernsehen kann ich nicht einschlafen, und den Kindern geht es genau so. Manchmal bleibe

ich bis zum Morgen bei Antonio im Bett liegen. Mein Mann hält es am längsten aus. Er schaltet das Gerät zu Programmschluß ab." Mich wundert es nicht mehr, daß Antonio in der Schule unkonzentriert ist. „Antonio hat oft große Angst, wenn er schläft. Er schreit im Schlaf und hat schlechte Träume. Wenn ich nicht im Bett bei ihm eingeschlafen bin, kommt er zu mir ins Schlafzimmer und kriecht zu mir. Er zittert dann am ganzen Körper und ist schwer zu beruhigen."

Der Fernseher wird von den Kindern bereits angestellt, wenn sie gegen zwölf Uhr aus der Schule kommen. Von vierzehn bis sechzehn Uhr sind sie bei der Hausaufgabenbetreuung. Danach wird pausenlos bis in die Nacht weiter ferngesehen. Keines der Kinder schläft vor zehn Uhr abends ein. Seit ich in der Familie bin, ist diese Kette zwischen sechzehn und neunzehn Uhr durch meine Anwesenheit unterbrochen. Ich brauche nicht viel Phantasie, um mir vorzustellen, was Tag für Tag und Nacht für Nacht an Eindrücken auf die Kinder einwirkt.

Ich kann mir auch gut vorstellen, woher das grüne Monster mit den roten Augen stammt, von dem mir Antonio erzählt: „In der Nacht sitzt ein Monster neben mir." Worauf ich frage: „Ja, und?" Darauf erwidert er mir: „Du glaubst mir nicht!" „Oh doch, wenn Du mir erzählst, daß in der Nacht ein Monster neben Dir sitzt, muß ich es glauben." „Es macht mir Angst", sagt er. „Wieso, ist es böse zu Dir, greift es Dich an?" „Nein, aber es sitzt bei mir und schaut mich an." Ich frage weiter: „Hast Du einmal versucht, mit ihm zu sprechen? Vielleicht ist es gar nicht böse?" „Aber das geht doch nicht! Du machst Dich lustig über mich und glaubst mir nicht", protestiert er neuerlich. „Antonio, ich spüre, daß Du Angst hast, und ich weiß, daß Du nicht lügst. Aber die meisten Monster sind dumm und unbeholfen, vielleicht ist Dein Monster ein liebes Monster?" „Ich glaube das nicht. Ich wollte, es wäre tot." Das Monster verläßt Antonio die nächsten sechs Monate nicht, aber zunehmend mit seinen Erfahrungen außerhalb der Fernsehwelt tritt es weniger häufig in Erscheinung.

Das vorhandene Wissen der Mutter über eine mögliche Überforderung ihrer Kinder durch Vielfernsehen und über das lange Aufbleiben reichte zunächst nicht aus, um selbständig die Entscheidung zu treffen, den Fernsehkonsum zu reduzieren und die Kinder zeitgerecht ins Bett zu schicken. Ich werde mich hüten, ihr diese Entscheidung abzunehmen. Sie denkt die nächste Zeit über unser Gespräch nach und fragt mich nach möglichen Zusammenhängen. Der Monsteralptraum Antonios wird zum Schlüsselereignis. „Ich weiß nicht, ob Antonios Alptraum etwas mit dem Fernsehen zu tun hat. Aber es besteht immerhin die Möglichkeit", sage ich zur Mutter.

Frau Sacca kommt nach einigen Tagen zu einem Entschluß: „Ich werde abends im Kinderzimmer nicht mehr fernsehen." Wir machen mit den Kindern eine Gesprächsrunde, in der sie den Kindern ihren Entschluß mitteilt. Da protestieren die Kinder: „Die schönsten Filme kommen aber am Abend!" Die Mutter spricht ein Machtwort, zu dem ich sie vorher ermutigt habe: „Ihr dürft nur noch das Kinderprogramm ansehen!" Ich sitze zwar dabei, mische mich aber nicht ein. Diese Neuregelung muß die Mutter selbst mit den Kindern aushandeln.

Die Mutter hat verstanden, daß der Fernseher nicht laufen soll, wenn die Kinder daneben schlafen, auch wenn die Kinder seit Säuglingsalter daran gewöhnt sind. Einen Versuch ist es ihr wert, wenn es durch Fernsehenthaltsamkeit mit den Kindern besser werden sollte. Ich selbst bin nur in der Lage, mit den Kindern zu spielen, wenn der Fernseher aus ist. Diese Erklärung wird von allen akzeptiert. Unsere erste Vereinbarung ist also, daß Frau Sacca versuchen wird, den Kindern das Vielfernsehen abzugewöhnen.

Einen Tag später, als ich wie verabredet komme, schaut sich Antonio im Kinderfernsehen 'Lassie' an. Er bittet mich, es bis zum Ende anschauen zu dürfen, wogegen ich nichts einwende. Die Mutter steht neben Antonio und füttert ihn schwungvoll vom Teller mit einem Löffel. Der neunjährige Antonio kann sich den Film in Ruhe anschauen, ohne den Blick auf das Essen richten zu müssen. Die Szene ist zu komisch und ich muß lachen. „Wie alt bist Du eigentlich, Antonio?" Ohne den Blick vom Fernseher zu wenden, antwortet er mir schmatzend: „Das weißt Du doch, neun Jahre." Da bohre ich nach: „Ich dachte, du kannst schon allein essen." Jetzt wird er böse: „Du störst mich", und zur Mutter gewendet, „hör auf, mich zu füttern!" Frau Sacca erklärt mir, daß sie die Kinder immer beim Fernsehen füttern muß, da sie sonst nichts essen. Ich ziehe beide Buben etwas auf, weil sie sich in ihrem Alter noch füttern lassen. Ab sofort verweigern Antonio und Marco beim Fernsehen den Löffel. Frau Sacca ist etwas irritiert. Bisher habe ich Kritik sorgsam vermieden. Als ich ihr gleichzeitig zulächle, weiß sie, daß ich es nicht böse meine.

Frau Sacca hat gelernt, von mir Kritik anzunehmen, ohne sich gedemütigt zu fühlen. Ich habe spontan die Szene kommentiert und den Kindern ein, in meinen Augen, altersgerechtes Verhalten ermöglicht. Als die Kinder nicht mehr dabei sind, besprechen wir die Situation noch einmal ausführlich. Frau Sacca will in Zukunft auch im Umgang mir ihren Kindern etwas dazulernen. Unsere Vereinbarung 'kein Fernsehen, wenn Frau Woog da ist' halten die Kinder immer häufiger ein. Je mehr Anregungen zu Eigenaktivitäten die Kinder erhalten, umso unwichtiger wird ihnen das Fernsehen.

Zum Spielen
gibt es nicht viel in der Wohnung. Es liegen eine Menge Plüschtiere und Plastikteile herum, an denen die Kinder nicht sonderlich interessiert sind. Ich bringe eine Schachtel voll mit Legosteinen mit, die sie sich ausleihen dürfen. Sofort stürzen sie sich darüber. Sie kennen die Steine vom Kinderarzt, in dessen Praxis sie immer damit spielen. Sie bauen eine Garage, ein Haus mit Fenstern und zeigen mir stolz ihre Kunstwerke, die ich immer kräftig lobe. Dann fordern sie mich auf mitzubauen. Eifrig bauen wir gemeinsam an einem Hochhaus, bis uns die Steine ausgehen. Die Kinder sind so emsig bei der Sache, daß sie auf die

sonst zwischen ihnen üblichen Streitereien vergessen wie Treten, Schlagen, Beißen und Stoßen. Sie wünschen sich von der Mutter eigene Legosteine.

Ein Renner wird unser Spiel 'Ich seh, ich seh, was Du nicht siehst'. Die Mutter spielt mit. Sie genießt das Beisammensein mit den Kindern. Langsam sammelt sich ein Repertoire von Spielen an, zu denen man nichts anderes braucht, als Augen, Ohren und den Mund. Marco kann nicht genug vom 'Geschichtenver-vollständigen' bekommen. Jeder darf der Geschichte einen Satz hinzufügen. So entstehen phantastische Geschichten, durch die ich sehr viel vom Innenleben der Kinder erfahre. Marco scheint mir ein kleiner Romantiker zu sein. Bei ihm müssen alle Geschichten einen guten Ausgang nehmen. Es steckt viel Liebe und Hoffnung in ihm. Bei Antonio haben unsere Geschichten meist einen schrecklichen Ausgang. Es scheint viel Angst und Aggression in ihm zu stecken.

'Mensch ärgere Dich nicht', 'Dame', 'Mühle,' 'Fang den Hut' werden Standardspiele, die Antonio und Marco auch spielen, wenn ich nicht dabei bin. Es war harte Arbeit, mit den Kindern die Spielregeln einzuüben. Jeder wollte als erster beginnen. Trotz Auszählreimen kam es immer wieder zum Streit über eine vermeintlich bessere Startposition. Beide Buben wußten genau, bei wem sie mit dem Abzählen beginnen mußten, damit sie selbst als erster an die Reihe kommen. Also führe ich einen Schiedsrichter ein, der von Runde zu Runde wechselt, und Fairneß garantieren soll. Über das 'Gewinnen und Verlieren' lernen die Kinder, was Fairneß, Gerechtigkeit und Rücksichtnahme bedeutet. Es war toll für mich zu beobachten, wie die Kinder langsam begonnen haben, meine Haltung einzunehmen. Manchmal habe ich einen Buben, dessen letzter Hut von mir gefangen werden konnte, vorm Rausfliegen verschont. Sie waren darüber anfangs sehr erstaunt. Aber bald waren sie mir gegenüber ebenso großzügig, was ich jedesmal mit echter Freude quittierte. Dieser Lernprozeß dauerte sehr lange, und ich erlebte immer wieder Rückschläge.

Die Hausaufgabenbetreuung

ist eine wichtige Einrichtung im Stadtteil. Sie entstand auf ehrenamtlicher Basis in den siebziger Jahren, um besonders für ausländische Schüler die Chancengleichheit zu erhöhen. Nach Mitteilung der Lehrerin wäre für alle Kinder eine Bewältigung der Hausaufgaben ohne diese Einrichtung gar nicht möglich. Ich wundere mich darüber, daß sie dann überhaupt Hausaufgaben gibt. Frau Sacca zeigt mir die Räumlichkeiten dieser Einrichtung. Wir sprechen auch mit den MitarbeiterInnen. Antonio und Marco sind in der Einrichtung sehr beliebt.

Die BetreuerInnen wußten nicht, daß die beiden Brüder sind. Sie erzählen uns, daß Antonio früher gleich aggressiv wurde, wenn ihn die Kinder verspotteten. Er wehrte sich und reagierte auf die Provokation der anderen Kinder. Im Rechnen ist er nicht schlechter als die anderen Kinder, und im Schreiben und Lesen ist er sogar besser als die meisten von ihnen. Sie glauben nicht, daß er in die Förderschule gehört. Die MitarbeiterInnen mögen Antonio offenbar, und sie haben eine gute Meinung von ihm. Sie sind zu einer ähnlichen Beurteilung gelangt wie ich. Was das Rechnen anlangt, sind wir unterschiedlicher Meinung.

Zu Hause

geht es meist drunter und drüber, wenn die Mutter nicht aus dem Bett findet. Auch heute am 5. Dezember fühlt sie sich schlapp. Sie ist im Schlafanzug und ungewaschen. Die Unordnung ist heute besonders groß, und die Kinder sind überaus unruhig. Da fragt mich Antonio: „Bei Dir zu Hause sieht es nicht so aus, gell?" Ich zucke leicht mitfühlend mit den Achseln. Die Buben springen auf den Betten in die Höhe, wälzen sich am Boden, schreien und quietschen und prügeln sich gegenseitig. Die kleine Maria kugelt zwischen den Brüdern hin und her, mal lacht sie und mal weint sie. Der Großvater liegt krank im Schlafzimmer. Ich höre ihn schlimm husten. Morgen muß er zum Röntgen ins Krankenhaus.

Ich suche mir ein ruhiges Plätzchen und fange mit Maria zu spielen an. Sie ist zurückhaltend und beobachtet meine Bewegungen, als ich mit einer Puppe zu spielen beginne. Dann kommt sie zu mir und streichelt die Puppe. Als ich die Puppe in den Arm nehme und ein Wiegenlied zu summen beginne, klettert Maria auf meinen Schoß, beginnt mit der rechten Hand an ihrem Ohrläppchen zu zupfen, lächelt mich an und fühlt sich wohl. Ich glaube, wir haben Freundschaft geschlossen. Immer, wenn es sich ergibt, spielen wir miteinander. Sie hat eine rasche Auffassungsgabe und beobachtet sehr genau.

Nach und nach werden die Buben ruhiger, nachdem ich ihr Toben nicht beachtet habe. Sie holen die Legosteine und fangen zu bauen an. Die Mutter kommt aus der Küche und wirkt aufgeregt. Die Buben haben heute nach Zigarettenrauch gerochen, was beide entschieden bestreiten. Ich rieche es auch, sage aber nichts. Die Frau raucht selbst heimlich im Badezimmer, und die Kinder haben vermutlich ihre Zigaretten gefunden. Weiter erzählt sie mir, daß die Kinder Erwachsenenfilme anschauen wollen und nicht das langweilige Kinderprogramm. Es gibt ständige Kämpfe mit ihnen. Sie überlegt, den Fernseher ins Schlafzimmer zu stellen. „Ich halte das für eine gute Idee", pflichte ich ihr bei. Es wäre keine schlechte Lösung, vor allem aber, sie ist von selbst darauf gekommen!

Als Frau Sacca kurz beim Einkaufen ist, schaut der Großvater zur Zimmertüre herein und sagt für mich völlig überraschend und unzusammenhängend: „Die Kinder gehören in ein Heim, und die Mutter in eine Anstalt." Ich bin verblüfft über dieses kurze Statement zwischen Tür und Angel. Nach meinen Beobachtungen halte ich Frau Sacca nicht für krank im klinischen Sinne. Ich finde diese Äußerung des Vaters über seine Tochter herzlos. Viel Anerkennung scheint Frau Sacca bei ihrem Vater nicht zu genießen. Sie selbst spricht über ihren Vater mit viel Hochachtung. Wenige Tage später kehrt ihr Vater nach Sizilien zurück. Diese Episode beschäftigt mich noch eine Zeit lang, und ich frage mich, was mir der Großvater eigentlich mitteilen wollte. Die Zusammenhänge kann ich erst später deuten.

Mir fällt auf, daß die Kinder kaum lachen. Wenn sie aber lachen, dann geschieht es aus Schadenfreude. Die Mutter lacht manchmal, wenn die Kinder böse sind. Es wirkt so, als wollte sie durch das Lachen bei sich selbst Spannung abbauen und die Situation entschärfen. Ich bin schon einige Wochen in der Familie, da fährt mich Marco bei unserer Begrüßung plötzlich an: „Warum lachst Du?" Verblüfft antworte ich ihm: „Weil ich mich freue, Dich zu sehen." „Aber da lacht man doch nicht!" Er scheint mir echt entrüstet zu sein. Ich behalte mein freundliches Lächeln bei der Begrüßung jedenfalls bei, und es bringt Erfolg: Marco freut sich ebenfalls, wenn er mich sieht, und neuerdings lächelt er auch. Dieser Vorfall läßt mich lange über die Entstehung kindlichen Lächelns nachdenken. Ist es möglich, daß die Kinder in dieser Familie das fröhliche Lachen nicht erlernten?

Abenteuer erleben

die Kinder bisher nur im Fernsehen. Im Stadtteil sind wenig Anbindungsmöglichkeiten für die Buben. In das Jugendhaus gehen sie nicht, weil dort nur große türkische Jungen sind. Ich schlage der Mutter vor, den Buben in den nächsten Tagen den Abenteuerspielplatz zu zeigen. Allerdings brauchen wir dazu die Fahrräder, weil es zu Fuß zu weit ist. „Ihr dürft dort an der Feuerstelle ein Feuer anzünden, sägen, bohren und Tee kochen, wenn ihr wollt." Sie sind von meinem Vorschlag angetan und wollen am liebsten gleich losfahren. In den folgenden Tagen reparieren wir erst einmal die Fahrräder. Es sind alte, verrostete Vehikel vom Sperrmüll. Die Kinder mühen sich mit dem Ablösen der Schrauben. Sie montieren die Räder ab und flicken die Schläuche, wie ich es ihnen zeige. Besonders Antonio erweist sich als sehr geschickt.

Anfang Dezember ist es endlich soweit und wir können losfahren. Zuvor bestimmen wir noch gemeinsame Regeln für das Fahren. 'Keiner darf vorfahren' und 'die Gruppe bleibt zusammen'. Ich erkläre ihnen genau, warum diese Regeln so wichtig sind, und daß ich für ihre Gesundheit verantwortlich bin. Antonio will als erster fahren. Mir ist es recht. „Damit übernimmst Du eine wichtige Aufgabe, weil Du immer schauen mußt, daß wir nicht zurückbleiben." „Ist ja klar", meint er nur. Marco möchte hinter mir fahren, also bleibt mir die Mitte. Ein wenig mulmig ist mir schon, mit diesen überaus lebhaften Kindern auf öffentlichen Gehwegen zu fahren. Es ist auch für mich ein Abenteuer.

Es kommt, wie es kommen mußte. Antonio will offenbar testen, wer schneller ist. Ich war darauf gefaßt. Als er im Park losspurtet, ohne auf uns zu warten, bitte ich Marco anzuhalten und zu warten, bis ich mit Antonio wieder da bin. Dann jage ich Antonio nach. Er ist trotz des kleineren Rades sehr schnell. Ich muß mich anstrengen, ihn einzuholen. Mir bleibt die Puste weg, aber ich erwische ihn. Sein Gesicht ist feuerrot genau wie meines, aber im Gegensatz zu mir lacht er glücklich. Ich vermute, ihm war dieses Kräftemessen wichtig, um mich als Führerin anerkennen zu können. Ich schimpfe nicht mit ihm, sondern erkläre ihm nochmals, warum die gemeinsamen Fahrregeln wichtig sind. „Wettrennen können wir jederzeit wiederholen, aber nur, wenn es vorher ausgemacht ist." Wir müssen den weiten Weg zu Marco zurückfahren, der brav gewartet hat. Er hat den Ernst der Lage begriffen und - anders als ich - beschimpft er seinen Bruder: „Ich mußte auf Dich warten, Du Schwein."

Seit wir uns selbst Regeln geben, ob beim Spielen oder beim Fahrradfahren, wird für mich der Umgang mit den Buben leichter. Bisher kannten sie wohl keine Grenzen und haben ausagiert, was ihnen gerade in den Sinn kam. Sie beginnen, meine Wünsche zu respektieren, wie ich ihre Wünsche respektiere. Ich kann und will den Kindern die Mutter nicht ersetzen, nicht einmal auf Zeit. Aber da die Mutter noch nicht in der Lage ist, für längere Zeit aus dem Bett zu steigen, versuche ich, das Fehlverhalten der Kinder bei unseren Unternehmungen direkt zu beeinflussen. Sobald die Kinder sich bestimmte erwünschte Verhaltensweisen angewöhnt haben, werden sie an die Mutter Ansprüche stellen, und sie wird nachziehen müssen. So hoffe ich es jedenfalls.

Am Abenteuerspielplatz gefällt es den Kindern sehr gut. Sie sind neugierig, trauen sich aber nicht, den Platz allein zu erkunden. Sie werden verlegen, als die anderen Kinder um uns herumstehen und rücken enger aneinander. Ein Betreuer nimmt sich ihrer an und zeigt ihnen die Holzwerkstatt. Ich vereinbare mit ihnen, sie in zwei Stunden wieder abzuholen. Als ich komme, wartet Marco am Zaun: „Warum kommst Du so spät? Es wird schon dunkel." Ich weiß, daß ich den beiden Buben viel zugemutet habe, sie gleich bei ihrer ersten größeren Unternehmung allein zu lassen. Aber ich will nicht, daß sie an meinem Kittel hängen.

Ich war in der Nähe geblieben und hatte sie beobachtet. Als ich merkte, daß Marco zum Zaun ging, bin ich die Kinder gleich abholen gekommen. Eine Weile schauen wir noch ins Feuer, das lichterloh brennt, dann treten wir die Heimfahrt an. Die Kinder sind erschöpft, aber zufrieden. Sie erzählen der Mutter von unseren Erlebnissen, und sie hört aufmerksam zu. Frau Sacca hat eine heiße Suppe am Herd stehen, die köstlich duftet und lädt mich ein mitzuessen. Die räumliche Isolation ist mit dem heutigen Tag zumindest für die beiden Buben endgültig durchbrochen.

Das Essen

ist für die Kinder das Allerwichtigste. Sie neiden sich gegenseitig, was der andere am Teller hat. Ungeniert reißt einer dem anderen das Essen weg, und sie kämpfen um die besten Stücke. Wenn sie sich benachteiligt fühlen, streifen sie mit einer Handbewegung den vollen Teller vom Tisch. Daher rühren also die vielen Flecken am Teppichboden. Sie äußern ihre Gefühle spontan und setzen sie in aggressive Bewegungen um. So wie die Mutter Zuwendung verteilt, verteilt sie auch das Essen. Wer brav war, bekommt mehr, wer schlimm war, weniger. Hemmungslos wird getreten, gebissen, geschlagen und gestoßen. Die Mutter ist dieser Situation hilflos ausgeliefert. Der meiste Streit zwischen den Kindern entsteht in der Küche. Essen geben und erhalten hat bei der Familie einen besonderen Stellenwert. Es ist ein Gunstbeweis, wenn mir Frau Sacca eine Pizza für zu Hause mitgibt. Ob ich Hunger habe oder nicht, ich muß das Geschenk annehmen, um sie nicht zu verletzen. So ist es auch Gepflogenheit in Sizilien. Wenn die Frauen etwas Gutes gebacken haben, bringen sie ein Stück davon zur Nachbarin.

Die täglichen Tischkämpfe stören mich, wenn ich mit am Tisch sitze. So manches Kleidungsstück wird mir mit Suppe vollgekleckert. „Jedesmal, wenn ich bei Euch war, muß ich meine Kleider waschen", protestiere ich. Die Kinder sind in der Lage, einen Zusammenhang herzustellen zwischen ihrem Verhalten und den für mich unliebsamen Folgen. Diese Schlußfolgerung ist ein wichtiger Erkenntnisschritt für die Kinder, nämlich die Konsequenzen ihres Verhaltens bewußt wahrzunehmen. Seither bemühen sie sich, mich bei ihren Streiereien sowenig wie möglich zu bekleckern. Antonio beginnt auf seine Kleidung zu achten. Er zieht keine schmutzigen Sachen mehr an.

In den Weihnachtsferien fährt die Frau mit den Kindern für drei Wochen nach Sizilien, wo sie ihren Mann treffen wird, der noch immer im Krankenstand ist. Ich bin sehr gespannt auf das Verhältnis der Eheleute. Ich brauche noch mehr Aufschluß über diese Beziehung, um die derzeitigen Verhältnisse besser klären zu können.

9.3 Förderung und Begleitung der Familie im Alltag

Beziehungsklärungen

mit dem Ehepaar sind erst möglich, als die Familie im Januar nach den Weihnachtsferien wieder vollzählig ist. Der Vater ist gesund und arbeitet wieder. Die Kinder sind sehr gesprächig und erzählen mir, was sie in Sizilien alles unternommen haben. Marco ist viel mit dem Großvater spazieren gegangen, und Antonio hat mit dem Vater ein altes Auto zerlegt. Die Mutter bringt mir Oliven aus dem eigenen Garten mit, und Antonio schenkt mir einen Schwefelstein, den er selbst gefunden hat. Eltern und Kinder wirken ruhig, freundlich und ausgeglichen.

Frau Sacca erzählt mir zum erstenmal Dinge, die sie persönlich betreffen. Es gibt einen immer wiederkehrenden Traum, der sie beunruhigt. „Meine Mutter liegt hoch über mir in einem Bett. Ich will gerne zu ihr, aber ich kann sie nicht erreichen, sosehr ich mich auch bemühe. Ich liebe meine Mutter sehr. Sie hält auch immer zu mir, wenn es Schwierigkeiten gibt." Dann fragt sie mich nach meiner Deutung. Ich bin vorsichtig, weil ich Traumdeutung nicht gelernt habe. Ich denke, das Bett hat sehr viel mit ihr selbst zu tun, und ich antworte eher pragmatisch: „Wie nun, wenn in dem Bett gar nicht Ihre Mutter liegt, sondern Sie selbst? Wenn ich zu Ihnen komme, liegen Sie meist im Bett, und ich störe Sie vielleicht beim Ausruhen. Vielleicht wollen Sie lieber im Bett bleiben. Daher im Traum Ihr Wunsch, das Bett zu erreichen?" Ich habe die Situation ausgenützt und bin auf ein Thema gestoßen, das wir bisher vermieden haben.

Ich hätte es schon gerne gehabt, daß sie aufsteht, wenn ich komme und endlich selbst aktiv die Kinder erzieht. Ich habe aber nie Druck ausgeübt, sondern gewartet, bis sie von selbst aufsteht. Schließlich ist es ihre Entscheidung, die ich ihr nicht abnehmen kann. Frau Sacca schaut mich überrascht an, dann sagt sie nur: „Ah, so sehen Sie das." Anschließend bietet sie mir ihren ausgezeichneten Espresso an. Meine Äußerung hat sie nicht verletzt, obwohl ich sie bewußt provoziert habe. Unsere Beziehung scheint sich gefestigt zu haben.

Anfang Januar erzählt mir Antonio ein Geheimnis. Er hat am Gelände der Bundesbahn ein Schrottauto entdeckt, wo er sich neuerdings mit einem Schulkameraden aufhält. Er will mit seinem neuen Freund Benzin besorgen und das Auto zum Fahren bringen. Ich bin über dieses Geheimnis nicht glücklich und antworte ihm: „Es fällt mir schwer, Antonio, dieses Geheimnis bei mir zu behalten. Ich habe ein wenig Angst um Dich. Auf jeden Fall möchte ich mir das Auto einmal anschauen." Antonio beschreibt mir noch genau, wie sie von der Tankstelle Benzin bekommen wollen und welche Lügengeschichte sie dem Tankwart erzählen werden. Da mache ich nochmals einen Versuch: „Ich halte es für sehr gefährlich, was ihr treibt. Ich muß es Deiner Mutter erzählen." Da ist er sehr enttäuscht über mich und erzählt mir kein Wort weiter.

Endlich habe ich eine gute Gelegenheit erhalten, die Mutter aus dem Bett zu bringen. Ich denke, sie wird Angst um Antonio haben, den sie von den Kindern am meisten liebt. Ich muß die Gelegenheit ganz einfach nutzen, auch wenn Antonio von mir enttäuscht ist. Außerdem soll er sich nicht angewöhnen, sein Gewissen hinter dem Rücken seiner Mutter bei mir zu entlasten. Am nächsten Tag bitte ich sie, mit mir zum Bahngelände zu gehen, weil ich vermute, daß sich Antonio dort aufhält. Weiter verrate ich nichts. Sie zieht sich schnell an, und wir laufen zu dem Platz, den mir Antonio beschrieben hat. Dort treffen wir auf Bahnarbeiter, die wir fragen, ob sie zwei Buben gesehen haben. „Ja, seit einigen Tagen treiben sie sich hier rum. Sie rauchen, verstecken sich in dem alten Lastauto dort und sind frech, wenn wir sie wegschicken wollen. Ständig werden hier Züge verschoben. Das ist für die Buben gefährlich. Eben war die Polizei da, aber sie haben die zwei nicht gefunden", äußern sich erbost die Bahnarbeiter.

Da haben wir den Salat. Hätte ich die Kinder besser bei ihren Fernsehabenteuern belassen sollen? Die Mutter ist sehr aufgeregt. Sie ist blaß geworden. Wir laufen zwischen den langsamfahrenden Zügen entlang und rufen nach Antonio. Wir finden ihn nicht. Als wir uns heimwärts wenden, steht er plötzlich vor uns. Er sieht die Angst der Mutter und sagt: „Reg' Dich nicht auf, Ma. Hier ist es nicht gefährlich, wenn man aufpaßt." Die Mutter erwidert kein Wort, aber sie zeigt eine sehr entschlossene Miene, wie ich sie noch nicht bei ihr gesehen habe. Offensichtlich ist ihr klar geworden, daß sie irgendwie handeln muß. Dieses Ereignis hat mir die starke emotionale Bindung deutlich vor Augen geführt, die beide zueinander haben. Die Angst um Antonio war stärker als ihre depressive Verstimmung.

Am nächsten Tag liegt Frau Sacca nicht im Bett, als ich komme. Sie will etwas mit mir besprechen.: „Ich habe Antonio gestern mit dem Schirm geschlagen, weil ich so große Angst um ihn hatte. Da hat er mich zurückgeschlagen. Ich habe blaue Flecken." Mich wundert das nicht. Seit ich da bin, wissen die Kinder, daß ich vom gegenseitigen Treten, Beißen, Schlagen und Stoßen nichts halte. Sie wissen auch, daß sie mir wichtig sind und Wichtiges schlägt man möglichst nicht. Ich war schon oft in Situationen, in denen sie von den Eltern bereits Prügel erhalten hätten. Ich habe ihr Schlimmsein meist ignoriert und sie nicht geschlagen. So beanspruchen sie für sich, nicht geschlagen zu werden. So traurig die Situation für die Mutter auch ist, sie hat daraus etwas gelernt: 'Hände weg von Antonio'.

Frau Sacca ist verzweifelt und will einen Rat von mir. Wir unterhalten uns über ihre Gefühle, die sie beim Prügeln und beim Geprügeltwerden empfindet. „Ob Antonio wohl ähnliche Gefühle hat?" frage ich sie später. Die Bestrafung hat bei ihm Wut erzeugt, und in seiner Wut hat er zurückgeschlagen. Dann erzähle ich ihr eine einfache Metapher, die Handlungsketten gut veranschaulicht: „Ein Fabrikarbeiter wird wegen eines Fehlers von seinem Chef gerügt. Verärgert geht er nach Hause, wo die Frau freudig mit dem Essen auf ihn wartet. Ärgerlich stößt er den Teller beiseite und geht in sein Zimmer. Die Frau ist enttäuscht und als der Sohn mit schmutzigen Schuhen das Zimmer betritt, erhält er eine Ohrfeige. Der Junge reagiert seinen Schmerz an der Katze ab, der er einen Fußtritt versetzt. Da läuft die Katze angriffslustig in den Keller und fängt eine Maus." Frau Sacca hat aufmerksam zugehört und die Abfolge der Ereignisse gut verstanden.

Diese Handlungskette von Gewalt ist sehr spannend für Frau Sacca. Sie hat bereits beobachtet, daß die Kinder besonders gemein zueinander sind, wenn eines vorher vom Vater oder von ihr geprügelt wurde. Ich ermuntere sie, diese Zusammenhänge weiter zu beobachten, aber gleichzeitig zu versuchen, die Kinder nicht mehr zu schlagen. Auf Schimpfen reagieren die Kinder ähnlich wie auf Prügel. Ich schlage Frau Sacca vor, auch auf diesen Zusammenhang zu achten. Zu unserer ersten Regel 'wenig fernsehen', sind zwei weitere dazugekommen: 'nicht prügeln' und 'wenig schimpfen'. Nach drei Monaten ist Frau Sacca bereit und in der Lage, Erziehungsverantwortung zu übernehmen. Sie hat die Problematik erkannt und versucht mit meiner Unterstützung, das Verhalten der Kinder nicht nur zu beobachten, sondern auch zu verstehen und zu beeinflussen, indem sie ihr eigenes Verhalten verändert.

Ende Januar sind die Buben und ich bei Frau Müller eingeladen. Sie ist eine Freundin von Herrn Sacca aus einer Zeit, als er noch nicht verheiratet war. Neben der Familie des Bruders von Herrn Sacca ist Frau Müller die einzige Person in der Stadt, mit der die Familie bisher private Beziehungen unterhält. Frau Müller ist etwa fünfzig Jahre alt. Ihre Wohnung ist sehr gepflegt. Die Kinder sind auch aus diesem Grund gern bei ihr.

Frau Müller hat für Antonio und Marco eine Eisenbahn aus Legosteinen gekauft, die sie bei ihr zusammensetzen dürfen. Dazu erklärt Frau Müller: „In der Wohnung drüben ist so eine Unordnung, da würden die Steine doch nur verloren gehen. Mit dieser Frau hat Herr Sacca keinen guten Griff getan." Ich schließe aus dieser Bemerkung, daß Frau Sacca in ihr keine Freundin hat. Dann fährt sie weiter fort: „Antonio ist ein ganz lieber Bub. Er begleitet mich öfter in ein Restaurant. Die Kinder kriegen auch immer Anziehsachen von mir. Diese Jacke bleibt für Antonio hier hängen, damit er sauber aussieht, wenn er mit mir geht." Die Frau ist alleinstehend und hat Antonio offenbar ins Herz geschlossen. Immerhin ist er der Sohn ihres früheren Freundes.

Frau Sacca holt uns mit Maria abends von Frau Müller ab. Frau Sacca bleibt reserviert, obwohl die Frau zu ihr sehr freundlich ist. Am Nachhauseweg erzählt mir Frau Sacca, daß sie froh ist, wenn sich Frau Müller um ihre Kinder kümmert und ihnen Anziehsachen schenkt. Antonio und Marco erhalten jedes Jahr ein Paar Schuhe von ihr und einen Anorak. „Mein Mann kauft den Kindern nichts zum Anziehen. Was sie sonst noch brauchen, kauft ihnen meine Mutter."

Am folgenden Tag führe ich ein Gespräch mit dem Ehepaar, das ich am Vortag vereinbart hatte. Es ist die erste Möglichkeit, auch mit dem Mann zu sprechen, da er sonst nie zu Hause ist, wenn ich komme. Herr Sacca ist mir gegenüber sehr höflich und breitet über den Stuhl ein sauberes Handtuch, damit ich mir am Stuhl meine Kleidung nicht beschmutze. Mein Auftreten den Eltern gegenüber ist immer gleichmäßig respektvoll, auch wenn ich mit ihren Äußerungen und Handlungen nicht immer einverstanden bin. Herr Sacca beginnt sofort über die Frau zu schimpfen: „Alles ist ihre Schuld! Sie ist schlampig und unfähig Ordnung zu halten. Meine erste Frau konnte das besser!" Wie ich von Frau Müller erfahren habe, lebt seine erste Frau in einer Nervenklinik. Ich glaube, Herr Sacca schämt sich vor mir für seine jetzige Frau und will außerdem von sich ablenken. In der Erziehungsberatung hat er genau die gleichen Äußerungen von sich gegeben, wie man mir erzählte.

Frau Sacca sitzt nicht mehr schuldbewußt und verschreckt auf ihrem Stuhl wie damals in der Erziehungsberatung. Sie sitzt leicht nach vorne gebeugt und hält den Kopf gesenkt. Diese Haltung bedeutet in Sizilien Angriff und schon platzt sie los: „Der Mann in der Erziehungsberatung meinte, ich stehe nicht vor einem Tribunal. Wir beide sind schuld", schleudert sie ihm ins Gesicht. Der Mann gerät in Wut und will sie schlagen. Offenbar ist er solche Töne nicht von ihr gewöhnt. Ich kann das nicht zulassen, springe auf und stelle mich dazwischen. Ich halte seinen Arm fest: „Ich weiß, daß die Situation für sie beide schwierig ist." Da läßt er ab von ihr. In meiner Gegenwart wird er die Frau sicher nicht mehr schlagen. Dann berichten wir ihm, was wir in seiner Abwesenheit bereits vereinbart haben: „Als Sie in Sizilien waren, haben wir schon viel besprochen. Das Dauerfernsehen und das lange Aufbleiben ist für Ihre Kinder nicht gut. Da hatte Ihre Frau die Idee, eine Tischdecke über das Gerät zu breiten. Seitdem schalten die Kinder das Gerät nicht mehr so oft ein. Das finde ich ganz toll." Als ich die Frau lobe, wird er erneut wütend.

Mir wird klar, daß Herr Sacca von seiner Einstellung der Frau gegenüber nicht ablassen will. Ich muß aufpassen, mir den Mann nicht zum Feind zu machen. Daher bitte ich ihn um seine konstruktive Mitarbeit, die Situation der Kinder zu verbessern: „Besonders Antonio braucht Sie, Herr Sacca. Können Sie mit den Buben nicht etwas unternehmen?" In Sizilien ist es Frauensache, die Kinder zu erziehen. Erst als Männer mit achtzehn Jahren werden sie für den Vater interessant, so habe ich es zumindest in meinen Büchern gelesen. Der Vater wiegt lachend seinen Kopf hin und her, äußert sich aber weder mit ja noch mit nein, was mir Hoffnung macht, ihn in die Erziehung einbeziehen zu können.

Zum Schluß informiert ihn Frau Sacca noch über die Regeln, die wir vereinbart haben. Die Beziehung der Eheleute zueinander hat sich leider als eine sehr schlechte bestätigt. Ich kann Freundlichkeit und Wärme füreinander nicht fordern, aber ich werde versuchen, etwas davon vorzuleben. Vielleicht finden sich Nachahmer.

Heute wird Antonio beim Klauen in einem Geschäft erwischt. Die Polizei liefert ihn bei der Hausaufgabenbetreuungsstelle ab. Vier Bleistifte und einen Radiergummi findet die Polizei in seiner Anoraktasche. Frau Sacca hat in der Aufregung vergessen, ihre schmutzige Kittelschürze abzulegen, um Antonio abzuholen. Als wir kommen, sitzt er vergnügt beim Nudelessen und hilft anschließend beim Geschirrabtrocknen.

Schließlich erzählt er uns, sein neuer Freund hätte ihm die Stifte reingeschoben: „Ich habe überhaupt nichts gewußt davon." Da sein Freund ebenfalls behauptet, völlig unschuldig zu sein, wissen wir, woran wir sind. Die Mutter schimpft nicht mit ihm. Sie glaubt auch nicht, daß der Vater ihn schlagen wird. Antonio muß der Mutter versprechen, nicht mehr in Geschäften zu stehlen. Wieweit sich Antonio bei diversen Gelegenheiten an seine Versprechungen erinnern wird, bleibt unklar. Seine Beziehungen zur staatlichen Ordnung sind jedenfalls mit der Anlage einer Polizeiakte leicht getrübt.

Ende Januar kommt Antonio mit Einwilligung der Eltern in die Förderschule. Der Test ist schlecht ausgefallen, besonders im Rechnen bestehen große Lükken. Die Mutter sieht ein, daß die Förderschule für Antonio eine gute Lösung ist, und sie wehrt sich nicht mehr dagegen. Ich vertraue darauf, daß Antonio ausgeglichener wird, wenn er in der Förderschule Erfolge hat und nicht mehr der ewig Ausgescholtene ist. Antonio gefällt es in der Schule. Sie gehen zum Schwimmen, und die Lehrerin ist freundlich. Außerdem bekommt er kostenlos einen Straßenbahnausweis, mit dem er in der ganzen Stadt herumfahren kann. Ich hoffe sehr, daß er eine gute Beziehung zu der Schule entwickelt.

Miteinanderzupacken

und die Wohnung zusammen aufräumen war in den ersten drei Monaten für die Familie kein Thema. Frau Sacca wäre ich als Putzfrau gerade recht gewesen. Da sie aber selbst keine Anstalten machte, ihr Bett für längere Zeit zu verlassen und aufzuräumen, hielt auch ich mich zurück. Ich wartete auf ihre Bereitschaft und stellte keine Forderungen. Ende Januar ist es soweit. Mein Entsetzen über den Unrat in der Wohnung nimmt überhand, und ich äußere spontan für alle gut vernehmbar: „In diesen Schweinestall setze ich mich nicht." Dieser Satz führt eine Wende herbei.

Die Kinder wissen, daß ich mich mit ihnen lieber im Freien aufhalte als in der schmutzigen Wohnung. Auch sie fühlen sich im Zimmer nicht mehr wohl. Ich bin der Familie wichtig geworden, und sie räumt auf - für mich. Ein Kinderzimmer beginnt zu entstehen. Der Vater räumt die sperrigen Metallteile in den Keller. Sackweise verpackt tragen die Mutter und ich Sperrmüllteile ebenfalls in den Keller. Zu klein gewordene Kleidungsstücke sortiert Frau Sacca aus, reinigt sie und verkauft sie dann im Second-Hand-Shop, wozu ich ihr geraten habe. Das Zimmer wird größer und gewinnt langsam an Kontur. Da melden die Buben ihre Rechte an. Ich besorge zwei große Holzkisten, die sie selbst zusammenbauen dürfen. Anschließend verstauen sie ihr persönliches Eigentum darin und stellen sie auf die Anrichte. Eine Kiste steht rechts und die andere links, genau wie ihre Betten an der Wand stehen.

Die Mutter ist aus ihrer Lethargie erwacht. Als sich Marco einen Schreibtisch wünscht, dessen Notwendigkeit ich ihm zuvor klargemacht habe, schleppt sie einen wunderbaren Schreibtisch vom Sperrmüll ganz ohne Hilfe nach Hause. Der Vater organisiert eine Lampe und einen Drehstuhl. Antonio bekommt ein Tischchen mit einer kleinen Schublade, wo er seine Steinesammlung hineinräumt. Auch Maria erhält ein Schränkchen mit Schubladen und einen Plastikcontainer für ihre Spielsachen, den der Vater besorgt hat.

Jedes Kind hat nun seinen eigenen Bereich bekommen, der für die anderen tabu ist. Sie lernen, diese Grenzen zu beachten, und sie entwickeln ein Gefühl für Mein und Dein. Unsere Aktivitäten haben die Mutter offenbar herausgefordert. Ob sie Angst hatte, die Kinder an mich zu verlieren? Jedenfalls hat sie aus dem Bett gefunden, was auch immer sie angespornt hat. Anfangs Februar reinigt Frau Sacca den Teppichboden im Kinderzimmer und kauft für alle Hausschuhe. Es beginnt, gemütlich zu werden. Die Kinder genießen ihr neues Reich. Sie lernen, ihre Betten zu machen und ihre Sachen selbst aufzuräumen. Es dauert eine Weile, bis sie das auch wirklich können und wollen.

Die inneren Antriebskräfte von Frau Sacca wachsen. Immer öfter legt sie die schmutzige Kittelschürze ab, wenn ich komme. Manchmal liegt sie noch angezogen auf einem der Betten der Buben, steht aber sofort auf, wenn ich komme. „Nur zehn Minuten ruhe ich mich aus", meint sie zu mir. Ruhe hat sie auch nötig, bei den für sie ungewohnten Anstrengungen.

Äußerlich hat sie sich sehr verändert. Sie war beim Friseur und trägt einen modischen Haarschnitt. Die Haare hat sie leicht rötlich getönt, was ihr prima steht. Ihre Gesichtszüge sind entspannt und ein kleines Lächeln umspielt ihre Mundwinkel. Sie wirkt ausgesprochen selbstbewußt. So wie sie die Wohnung aufräumt, bringt sie auch ihr Äußeres in Ordnung. Die Freude über das veränderte Aussehen der Frau ist mir anzusehen. Irgendwann wird sie auch damit beginnen, in ihrem Inneren Ordnung zu schaffen. Ob das Lächeln ein Vorbote ist?

Das Steuern
des Lern- und Veränderungsprozesses der Familie geht weiter. Steuern ist fast zuviel gesagt. Eher warte ich auf Signale der Familie. Durch unsere kleinen Erfolge wird nicht nur die Familie, sondern werde auch ich motiviert. Antonio und Marco lernen in der Schule nähen und sind begierig zu Hause weiterzunähen. Das bringt mich auf den Gedanken, mit den Kindern Handpuppen zu nähen, mit denen wir Theater spielen können. Phantasie ist bei allen reichlich vorhanden. Die Buben steigen voll darauf ein. Sie wollen unbedingt einen Räuber machen. Antonio hat auch schon einen Namen für den Räuber: „Santo muß er heißen!" Die Mutter steuert Stoffreste bei, und ich opfere alte weiße Strümpfe, aus denen die Köpfe entstehen sollen. Ich forme den Kopf und stopfe ihn mit Schafwolle aus, Antonio macht den Hut aus einem Filzrest, und Marco schneidert den Räubermantel. Mit einer im Park gefundenen weichen Gänsefeder schmücken wir den Hut. In den alten Stoffresten erkennen sie Kleidungsstücke von sich, das macht ihnen besonders großen Spaß.

Die Buben sind voll an der Entstehung der Puppen beteiligt und entwickeln eine besondere Beziehung zu ihnen. Gekaufte Handpuppen können diesen Zweck längst nicht erfüllen. Als der Räuber fertig ist, fangen sie gleich mit ihm zu spielen an. Die Hauptbeschäftigung des Räubers ist es, alle totzuschlagen. Bald merken wir, daß jemand fehlt, der den Räuber vom Totschlagen abhält. Ich schlage einen weisen König vor. Am gleichen Tag wird auch der König noch fertig, mit dem ich spielen darf. Den Räuber geben die Kinder nicht aus der Hand.

Am nächsten Tag will Antonio einen schlauen Jungen basteln, der alle Tricks kennt. Er nennt ihn Tonio. Nacheinander, wie die Kinder es brauchen, entstehen unsere Puppen. Maria will eine Prinzessin, die Maria heißen soll. Marco schneidert sich einen Zauberer, der über Wunderkräfte verfügt. Nach einer Woche sind unsere Figuren komplett. Die Kinder haben erst Scheu, in andere Rollen zu schlüpfen. Ich selbst habe viel Freude am Spielen. Das animiert die Kinder. Wir üben ein kleines Stück ein und dann müssen die Eltern zum Zuschauen kommen. Den Eltern war sicher nicht bewußt, welche Fähigkeiten in ihren Kindern stecken. Beide schenken ihren Kindern eine bisher unbekannte Beachtung. Es bereitet ihnen großes Vergnügen, ihre Kinder in Aktion zu sehen. Das Klatschen zum Schluß macht die Kinder richtig stolz.

Für die Kinder sind die Puppen zu einem kostbaren Besitz geworden, den sie nicht zerstören, wie sie das mit anderen Dingen gerne tun. Durch die Puppen lernen sie, viel differenzierter miteinander umzugehen. Als Marco mit der Puppe Maria spielt, merke ich, wieviel ihm seine Schwester bedeutet. Auch im Spiel schützt er die Puppe Maria vor den Übergriffen des trickreichen Tonios. Als Zauberer hat er da natürlich mehr Möglichkeiten als im wirklichen Leben. Antonio schreckt seine kleine Schwester nämlich sehr gerne, indem er Grimassen schneidet. Die Kinder nehmen die Puppen auch nach Sizilien mit, um sie den Verwandten zu zeigen. Mit der Herstellung der Puppen ist ihr Selbstbewußtsein gewachsen.

Herr Sacca wird durch unser Werken motiviert, einen Korb zu flechten. Er geht mit Antonio in den Park, um Ruten zu schneiden. Jetzt im Winter ist eine gute Zeit dafür. Er hat diese Technik des Flechtens von seinem Vater gelernt. Sie unterscheidet sich von der Technik, die ich kenne. Herr Sacca konnte die Schule nur für zwei Jahre besuchen, danach mußte er am Feld mitarbeiten. Er hat viel praktisches Geschick. Antonio liebt seinen Vater und sucht immer wieder seine Nähe und Anerkennung. Er schneidet die Ruten zurecht, wie sie der Vater braucht.

Frau Sacca wundert sich, wie eifrig die zwei bei der Arbeit sind. Von dieser Seite kennt sie ihren Mann noch nicht. Drei Wochen schaffen sie an einem riesigen Korb, den mir der Vater schenken will. Dieses Geschenk ist zu wertvoll, als daß ich es annehmen könnte. Außerdem habe ich das Gefühl , den Kindern etwas wegzunehmen. Er ist genau passend für die vielen Plüschtiere von Maria. Für mich wird noch ein kleinerer Korb gefertigt, den ich gerne annehme.

Das Reflektieren
über das Geschehen mit den Eltern ist mühsam, nicht nur weil sie schlecht Deutsch sprechen. Ende Februar setze ich wieder ein Gespräch mit den Eltern an. Diesmal schlage ich Gesprächsregeln vor. Keiner darf über den anderen, sondern nur mit dem anderen sprechen. Ich will damit das neuerliche Lamentieren von Herrn Sacca über seine Frau verhindern.

Beide fangen gleich wieder zu streiten an. Sie benutzen mich als Klagemauer. Sie bekommt zu wenig Wirtschaftsgeld und er behauptet, sie sei eine Verschwenderin. Beide sind nicht in der Lage, in normalem Ton miteinander zu sprechen und sich dabei anzuschauen. Ich bitte die beiden, wenigstens nicht vor den Kindern zu streiten: „Die Kinder machen Ihnen nämlich alles nach. Wenn Sie, Herr Sacca, zu Ihrer Frau Hure sagen, sagen die Kinder das auch zu ihr." Ich erkläre ihnen, daß Frau Sacca den Kindern nur eine gute Mutter sein kann, wenn die Kinder die Mutter respektieren. Das leuchtet ihnen wohl ein: „Als Frau und Mann können Sie streiten, aber als Vater und Mutter sollten Sie zusammenhalten."

Frau Sacca erzählte mir einmal, daß sie ihren Mann liebt. Sie leidet zwar unter der schlechten Behandlung, aber das ist für sie kein Grund, sich scheiden zu lassen. In ihrem Dorf hätte sie als geschiedene Frau auch kein gutes Leben: „Frauen müssen sich unterordnen", erklärt sie mir. Ich kann den Druck gut nachvollziehen, dem die Frau ausgesetzt ist. Aber ich verstehe ebenso den bald sechzigjährigen Mann, der seine eigene Rolle als Patriarch aufgeben müßte, um seine Frau als gleichberechtigtes Wesen anzuerkennen. Eine andere Rolle hat er nicht gelernt. Es ist ein Teufelskreis, in dem sich das Ehepaar befindet.

Nach einem Gespräch mit einem italienischen Sozialarbeiter habe ich begriffen, wie identitätsbedrohend eine Veränderung für Herrn Sacca ist. Meine Hoffnung ist, daß die Frau Stärken entwickelt, die er als vollendete Tatsache akzeptieren wird müssen. Ich nehme mir vor, ihn in den Veränderungsprozeß stärker einzubeziehen, indem wir alles, was die Frau vorhat, gemeinsam mit ihm absprechen.

Nachdem das Ehepaar vom Streiten erschöpft ist, bestärke ich Vater und Mutter nochmals darin, daß schon gute Fortschritte zu sehen sind. Der Vater freut sich über mein Lob, daß er sich mit Antonio beschäftigt. Obwohl ich die Eltern wegen ihrer geringen deutschen Sprachkenntnisse nur schlecht verstehe, haben wir einen guten Draht zueinander. Wir setzen Mimik und Gestik ein und beobachten uns deshalb besonders genau. Ich mußte meinen Wortschatz reduzieren. Manchmal genügt nur ein Wort.

Herr Sacca ist bemüht, einen guten Eindruck auf mich zu machen. Ich unterhalte mich gerne mit ihm. Er weiß, daß mir sehr an der Verbesserung seiner schwierigen Lebensverhältnisse gelegen ist. Aber ich merke auch, daß er kaum in der Lage ist, aus seiner alten Haut herauszuschlüpfen. Ich werde weiterhin geduldig auf die Häutung warten.

Über das Geld
streitet das Ehepaar ständig: „Ich bekomme kein regelmäßiges Haushaltsgeld von ihm", beklagt sich die Frau. Der Mann verteidigt seinen Standpunkt: „Sie kauft nur unnötiges Plastikspielzeug, das gleich kaputt geht. Sie kann mit Geld nicht umgehen." Die Frau möchte gerne selbst die Lebensmittel einkaufen, aber der Mann besorgt alles im Großhandel. „Ich will diese Lyonerwurst nicht essen. Ich bin Italienerin und will italienische Wurst essen", jammert sie, wenn ich da bin. Langsam begreife ich, daß sie mich als Puffer benützt, um auf diese Weise mehr Geld zu bekommen. Der Mann bleibt hart.

Als wir einmal allein sind, erzählt mir der Mann, daß er seine Mutter in Sizilien unterstützt, für seine geschiedene Frau sorgt und für die Kinder in Sizilien einen Garten gekauft hat, für den er einen Kredit zurückzuzahlen hat. Dann erfahre ich von ihm, daß er seine Frau aus Mitleid geheiratet hat: „Sie war in einer Anstalt und mußte täglich acht Tabletten schlucken." Ich vermute, so ganz selbstlos wird das nicht gewesen sein. Die Frau ist um zwanzig Jahre jünger als er und wäre ausgesprochen hübsch, wenn sie sich nicht so hängen ließe. Außerdem haben ihre Eltern Besitztümer, die sie einmal erben wird.

Als die Eltern wieder einmal über das Geld streiten, fährt Marco dazwischen: „Hier bleibe ich nicht länger. Ich will zu Dir nach Hause, Frau Woog." Da wird die Mutter aufmerksam. Das geht ihr entschieden zu weit. Sie merkt, daß nicht nur sie, sondern auch ihre Kinder Bedürfnisse haben. Da die Kinder unter den Geldstreitereien leiden, lasse ich mich nicht mehr auf Geldgespräche ein. Diese Angelegenheit müssen die Eltern allein lösen. Als ich Mitte März in die Wohnung komme, erzählt mir die Frau: „Gestern gab es bei uns ein Erdbeben. Ich muß meinen Mann wegen des Geldes in Ruhe lassen." Die Frau fühlt sich mißachtet, wenn sie kein Geld bekommt. Es ist möglich, daß der Mann das Geld als Druckmittel benutzt, um sie klein zu halten. Sie ist aber nicht mehr so träge und stumpf wie früher und kämpft gegen den Mann an. Vielleicht gefällt dem Mann die für mich positive Entwicklung der Frau nicht. In Zukunft werde ich ihn in die Familienentwicklung voll einzubinden versuchen.

Vorerst empfehle ich dem Ehepaar, sich in Geldangelegenheiten an den ASD zu wenden, da ich ihnen nicht helfen kann. Frau Sacca versteht meinen Wink, denn sie benutzt mich nicht mehr als Geldeintreiberin. Da die Frau eine Ehescheidung nicht als Lösung ihrer Schwierigkeiten sieht, geht auch für mich kein Weg an Herrn Sacca vorbei. Er bleibt seiner Frau gegenüber sehr lange hart und abweisend. Immer wieder fängt er an, über sie zu lamentieren. Als ich das aber immer zum Anlaß nehme, ihm von der guten Familienentwicklung zu berichten, unterläßt er es schließlich. Manchmal ziehe ich ihn ein bißchen auf, dann lacht er. Ich denke, er entwickelt sich.

Die depressive Verstimmung
von Frau Sacca wurde bisher von mir nicht thematisiert. Ich hatte ihr angeboten, mit mir erst dann darüber zu sprechen, wenn ihr danach zumute ist. Auf die in meinen Augen lieblosen Bemerkungen ihres Vaters und ihres Ehemannes über ihre Krankheit bin ich nicht näher eingegangen.

Nach der heftigen Streiterei des Ehepaares Mitte März fragte mich Frau Sacca nach der Adresse eines Arztes, der durch Handauflegen mit suggestiven Kräften heilen könne. „Leider kenne ich keinen. Sie selbst haben schon soviel Kräfte entwickelt ganz ohne Arzt", und ich lobte sie wegen ihrer Aktivitäten. „Wenn Sie ihren Mann nicht verlassen wollen, sich Ihr Mann aber auch nicht ändern will, dann werden Sie lernen müssen, mit ihm zu leben."

Frau Sacca war mutiger geworden und hatte Selbstvertrauen entwickelt. Mit dieser Äußerung zeigte ich ihr, daß ich ihr zutraute, ihre Situation weiterhin zu verbessern. Der Spott und die scheinbare Verachtung ihres Ehemannes ließen sie zwar noch leiden, aber sie fand Antworten und wehrte sich. Langsam gewöhnte sie sich ihrem Ehemann gegenüber ein anderes Verhalten an. Sie hatte gelernt, daß sie im Streit bei ihm nichts erreichen konnte, also fing sie an, ihm zu schmeicheln.

In einer sehr ruhigen, entspannten Atmosphäre auf einem Waldspielplatz öffnete sich Frau Sacca mir gegenüber und begann von ihrer Krankheit zu erzählen: „Ich war wegen meiner Krankheit vier Jahre in einer Klinik. Es war dort schrecklich. Ich mußte viele Tabletten schlucken, das hat mir nicht gut getan. Alle Türen waren zu und die Menschen dort machten mir Angst. Ich will nie mehr dorthin zurück und nie wieder Tabletten nehmen." Sie sah mich dabei an, als wollte sie sich dafür entschuldigen, daß sie mir ihre Geschichte erzählt.

Dann berichtete sie mir auch von den Spannungen und zwanghaften Vorstellungen, die sie nach wie vor hätte. Da fragte ich: „Haben Sie diese Zwangsvorstellungen immer?" „Nein, beim Liebemachen und beim Schlafen sind sie weg." Ich fragte nach: „Haben Sie diese Spannungen jetzt im Moment auch?" Sie sah mich nachdenklich an: „Nein, ich fühle mich gut, wenn ich mit Ihnen spreche, fühle ich mich immer gut." „Es gibt also noch andere Situationen, wo sie keine Zwangsvorstellungen haben?" Sie nickte. Es war ihr offenbar erst jetzt bewußt geworden, daß es bestimmte Situationen sind, die zu ihren Zwangsvorstellungen führen.

Ich riskierte etwas: „Wir kennen uns jetzt schon sechs Monate, und ich halte Sie nicht für krank." Sie schaute mich entgeistert an, nachdem sie offenbar daran gewöhnt war, vor allem von ihrer Familie für krank gehalten zu werden. „Sie haben in den letzten Monaten viel über Kindererziehung gelernt. Sie sind auch imstande, eine gute Mutter zu sein. Was Sie aber ganz bestimmt noch brauchen, ist für Sie selbst mehr Freude und andere Menschen, mit denen Sie etwas unternehmen können." Frau Sacca freute sich über meine gute Meinung über sie. „Sie sind meine Droge", meinte sie schließlich. Da mußte ich lachen: „Sie haben recht, alle Menschen sind füreinander Drogen".

Es gibt nicht viele Menschen, die Frau Sacca Wertschätzung entgegenbringen. Sowohl ihr Vater als auch ihr Ehemann äußern sich geringschätzig über sie. Kein Wunder, daß sie das Zutrauen zu sich verloren hat und sich entmutigt ins Bett zurückgezogen hat. Über meine intensive Beschäftigung mit den Kindern habe ich Zugang zu ihr gefunden. Die Kinder sind ihre Brücke zur Normalität geworden. Ihre inneren Antriebskräfte sind aus ihrem starken Gefühl für die Kinder gewachsen. Jetzt erst fühlt sie sich für die Kinder voll verantwortlich und will diese Verantwortung auch übernehmen. Es wird Zeit, daß ich mich ganz langsam Schritt für Schritt zurückziehe und Frau Sacca beim Aufbau neuer Sozialkontakte unterstütze.

Soziale Beziehungen
im Stadtteil aufzubauen, ist für die Familie nicht einfach, also unterstütze ich sie dabei. Mitte März bringe ich Frau Sacca die Adresse von der Mütterschule mit. Sie meldet sich zu einer Mutter-Kindgruppe an. Gleichzeitig meldet sie Maria auch im Kindergarten an. Maria wird erst im September drei Jahre alt und hat kaum eine Chance, einen Platz zu bekommen, bevor sie fünf Jahre alt ist.

Maria ist ein aufgewecktes Kind. Sie spricht schon gut Deutsch. Die Spannungen in der Familie scheinen über sie hinweggegangen zu sein. Wenn der Vater laut mit der Mutter schreit, sagt sie: „Es ist nicht gut, wenn Du mit Ma schreist." Wenn die Mutter traurig ist, schmiegt sie sich an sie. Maria ist mit ihren zweieinhalb Jahren der Ruhepol in der Familie. Mit großen, ernsten Augen beobachtet sie das Geschehen. Solange ich in der Familie bin, kann ich vermutlich einiges abfangen. Ich halte es für sehr wichtig, daß durch den Kindergarten die soziale Kontrolle gesichert ist und neue Anregungen in die Familie kommen.

Mitte März geht Frau Sacca zum erstenmal mit den Kindern ins Hallenbad. Es ist ihre erste größere Unternehmung, an der ich nicht teilnehme. Sie hat sich das selbst überlegt und einfach ausprobiert. Die Hallenbadbesuche sind ab diesem Zeitpunkt zur regelmäßigen Einrichtung geworden. Über das Städtische Elternseminar bemühe ich mich, daß im Stadtteil eine regelmäßige Gesprächsgruppe für Eltern eingerichtet wird. Leider ergebnislos.

Anschließend bitte ich die Lehrerin von Marco, Elternabende zu machen und dort im Kreis von anderen Eltern bestimmte Themen anzusprechen. Ich habe Glück. Die Lehrerin greift meinen Vorschlag auf. Ich rate ihr, einige Eltern direkt anzusprechen und ein Vorbereitungsteam zu bilden. Diese Gruppe entsteht und sie entwickelt wunderbare Ideen, die auch realisiert werden. Es werden in regelmäßigen Abständen ernste Themen besprochen und Feste gefeiert. Als mir Frau Sacca erzählt, daß sie mit Marcos Klassenlehrerin sogar das Tanzbein geschwungen hat, weiß ich, daß sie auch ohne mich in der Lage ist, gute Beziehungen zu anderen Menschen aufzunehmen. Selten habe ich eine so engagierte Lehrerin getroffen.

Da die Buben nicht ins Jugendhaus gehen wollen, schlage ich Antonio vor, in eine Tischtennisgruppe zu gehen. Wir spielen öfter im Park miteinander und es macht ihm immer großen Spaß. Er geht vier Wochen hin. Dann wird ihm das Schreien der Lehrerin zuviel, behauptet er. Leider ist die Jugendfarm zu weit entfernt. Es gibt im Stadtteil keine Gruppe, der er sich anschließen könnte, also beginnt er das Wohngebiet auf eigene Faust zu erforschen. Meine Anregung, bei der Umgestaltung des im Stadtteil liegenden Industriegebietes einen Stadtteilbauernhof nach englischem Vorbild einzurichten, um gerade für die sogenannten 'Lückekinder' wie Antonio eine Anbindungsmöglichkeit zu schaffen, wurde leider nicht aufgegriffen.

Anfang April erleben wir eine Überraschung. Frau Sacca bekommt eine Einladung von der Mütterschule, sie hat einen Platz in der Mutter-Kindgruppe erhalten. Für Maria und die Mutter wird es eine wunderbare Zeit. Frau Sacca muß zwar schon früh aufstehen, weil der Kurs bereits um neun Uhr beginnt und die Schulbuben auch versorgt sein wollen, aber sie schafft die Umstrukturierung ihres Alltags. Diese Aktivitäten lassen sie immer sicherer werden. Maria und die Mutter erzählen mir viel über ihre Erlebnisse. Sie lernen Lieder, die sie mir vorsingen. Sie basteln schöne Kunstwerke, die ich bewundern kann. Ich rege an, die selbstgemalten Bilder in der Küche aufzuhängen. Das erhöht ihren Wert beträchtlich. Die Buben haben ihr Zimmer bereits mit eigenen Bildern geschmückt und ständig hängen sie neue Bilder dazu.

Durch das Erzählen reflektiert die Mutter nochmals das Geschehen, und sie erlebt, wie sich Erinnernswertes in ihr aufbaut. Sie beginnt, in die Zukunft zu denken und plant weitere Unternehmungen mit den Kindern. Die Mutter hat sich sehr stark an mich gebunden. Manchmal meint sie, ich wäre ihre Ersatzdroge. Sie weiß, daß ich ihr aus einer ziemlich gedrückten Lage herausgeholfen habe. Jetzt muß sie lernen, auf eigenen Beinen zu stehen. Dazu suche ich eine Frauengruppe. Da im Stadtteil nichts in der Richtung existiert, suche ich außerhalb des Stadtteiles. Ich werde fündig. Der Verein für internationale Jugendarbeit bietet Sprachkurse für Ausländerinnen an. Ab Herbst wird ein neuer Kurs angeboten. Frau Sacca verrate ich einstweilen noch nichts davon. Erst will ich in ihr den Wunsch zu dieser Unternehmung wecken und stärken.

Ich weiß, daß sie auch im Interesse der Kinder ein besseres Deutsch lernen möchte. Ich besorge ein Sprachbuch in Deutsch und Italienisch, und wir fangen gemeinsam zu lernen an. Frau Sacca lernt Deutsch und ich Italienisch. Dabei haben wir Spaß und müssen viel lachen. Meist stellt sich heraus, daß ich die Dümmere bin. Ich verstehe erst jetzt so richtig, welche große Leistung Migranten erbringen, um unsere Sprache zu erlernen. Frau Sacca wird nicht ungeduldig und erklärt mir alles ganz genau. Sie ist eine sehr gute Lehrerin. Die gleiche Geduld zeigt sie auch, wenn sie Marco bei den Hausaufgaben hilft.

Zu diesem Zeitpunkt etwa sagt sie mir, daß ihr mein Beruf gut gefällt: „Ich möchte sehr gerne andere italienische Mütter unterstützen, die in einer ähnlichen Lage sind, wie ich es gewesen bin." Diese Bemerkung sagt mir, daß sie vollen Durchblick in bezug auf ihre Situation gewonnen hat.

Als es Herbst wird, gebe ich ihr einmal einen Merkzettel vom Verein für internationale Jugendarbeit. Sie ist sehr daran interessiert, diesen Deutschkurs zu besuchen. Sie weiß, daß die Chancen der Kinder in Deutschland wachsen, je besser sie die Sprache sprechen. Wir haben uns oft darüber unterhalten. Es hat geklappt! Ab November wird sie in einer sehr netten Gruppe auf Dauer integriert sein und etwas später auch eine italienische Freundin finden. Die Geborgenheit in dieser Gruppe hilft ihr, sich persönlich weiterzuentwickeln, ihr Selbstwertgefühl zu stärken und neues Vertrauen zu anderen Menschen wiederzufinden. Diese Entwicklung ist für sie nur möglich, weil sie selbst den festen Wunsch hatte, ihre Verhältnisse so zu ändern, daß ihre Kinder ein richtiges Zuhause bekommen.

Prävention im Stadtteil
heißt eine Arbeitsgruppe der Stadtverwaltung, bestehend aus Mitarbeitern vom Jugendamt und Gesundheitsamt. Von der Hausaufgabenbetreuungsstelle erfahre ich von der Existenz dieser Gruppe und nehme Kontakt zu der Koordinatorin auf. Es sollen vorbeugende Maßnahmen getätigt werden, um den Alkohol- und Drogenkonsum im Stadtteil einzudämmen. Als vorbeugende Maßnahme ent-

scheidet man sich schließlich für die an medizinischen und nicht sozialen Aspekten orientierte gesundheitliche Aufklärung an der Schule.

Ich bin enttäuscht über diese Entscheidung und mit mir die Kinder, die Eltern und die Hausaufgabenbetreuungsstelle. Aus meiner Arbeit mit nur einer Familie im Stadtteil weiß ich trotzdem, was den Bewohnern fehlt. Es ist eine größere Freifläche, ein Tummelplatz für Alt und Jung, der zu Fuß gut erreichbar ist. Ebenso wäre eine Förderung der häuslichen Erziehung in Verbindung mit der Schule nötig. Ein Schulsozialarbeiter als Ansprechpartner für Kinder, Eltern und Lehrer könnte präventive Arbeit leisten und zu einer wichtigen Bezugsperson werden.

Die Koordinatorin nimmt meine Vorschläge entgegen. Ich schicke ihr Unterlagen über die City-Farmen in England. Ich konnte mich persönlich über diese Einrichtungen in England informieren. Sie sind etwa gleichzeitig mit den deutschen Jugendfarmen entstanden, stellen aber eine Erweiterung des Jugendfarmgedankens dar, indem sie auch Eltern und ältere Menschen einbeziehen. Eine Stadt wie Bristol mit etwa sechzigtausend Einwohnern besitzt vier City-Farmen. Sie schafft die im Stadtteil so nötigen Freiräume und ermöglicht die form- und zwanglose Kommunikation zwischen Alt und Jung, zwischen Inländern und Ausländern und den Kontakt zwischen Mensch und Natur. Einige dieser multifunktionalen, außerschulischen Begegnungs- und Lernorte haben auch den Bereich der Umweltbildung in ihr Programm aufgenommen. Für mich erfüllen sie alle Voraussetzungen, die ich an offene, soziale und natürliche Räume in urbanen Ballungsgebieten stelle.

Ich motiviere die Familie und die Hausaufgabenbetreuungsstelle, sich für einen Stadtteilbauernhof nach englischem Vorbild einzusetzen. Die Hausaufgabenbetreuungsstelle könnte als Keimzelle einer solchen Einrichtung fungieren. Unser Werbeslogan 'Jedem Stadtteil seinen Esel' ist auf die Zuneigung Frau Saccas für Esel zurückzuführen. Sie erinnern sie an ihre Heimat. Ein Grundstück ist vorhanden, aber - im Zentrum der Stadt gelegen - ist es viel Geld wert. Die späteren Verhandlungen der Initiative mit dem Bürgermeister zeigen, daß ein Interesse für den Stadtteilbauernhof geweckt werden konnte, aber die Prioritäten anders gesetzt werden. Leider hat unser Engagement nicht geklappt. Frau Sacca ist bei der Gelegenheit auf soziale Mißstände aufmerksam geworden. Sie erkennt nun auch die für die Bewohner ungünstigen Strukturen im Stadtteil.

Das Symptom
von Antonio, nämlich seine Vorstellung, ein Monster säße auf seinem Bett, tritt nicht mehr so häufig auf. Es ist Ende April geworden, und wir probieren neue Buntstifte aus. Der grüne Stift erinnert mich sehr an das grüne Monster, und wie von ungefähr beginne ich ein grünes Monster zu malen. Unbefangen frage ich Antonio, ob die Farbe stimmt. Sie stimmt. Dann will ich die Augenfarbe wissen. „Rot, das weißt Du doch!" Natürlich kenne ich die Farbe, aber ich will ihn einbeziehen. Ich zeichne also rote Augen. Dann frage ich: „Sieht es so

aus?" Er nickt. „Und was soll mit dem Monster geschehen?" Ohne nachzudenken, platzt es aus ihm heraus: „Töte es!" Es sagt sich so leicht, ein Monster zu töten. Antonio weiß von unseren Wanderungen durch Wald und Wiesen, daß ich etwas gegen Töten habe. Jeden Käfer mußten wir retten, der am Weg lag. Ich nehme diesen Zwiespalt auf mich, weil ich ihm helfen will.

Ich gehe davon aus, daß seine nächtliche Halluzination durch das Fernsehen ausgelöst wurde und nicht Vorläuferin einer Psychose ist. Aber ich gebe zu, es war riskant. „Was soll ich also tun?" „Töte es", sagt er nochmals. Da zeichne ich mich mit einem Messer in der Hand und stoße das Messer in das Herz des Monsters. Dann zeichne ich einen grünen Hügel. Es ist das tote Monster. Im Wald hatten wir darüber gesprochen, wie wichtig die Humusschichte ist und wie sie entsteht; nämlich durch Verwesung des organischen Materials wie Blätter, tote Käfer und Holz. An Monster habe ich damals nicht gedacht. Als Antonio den grünen Hügel betrachtet, meint er: „Du mußt noch Erde drübertun, damit es verwesen kann." Ich zeichne also eine Schicht brauner Erde darüber. Damit war für ihn die Sache erledigt. Bis heute ist das Monster nicht wieder aufgetaucht.

Dafür entwickelte sich bei ihm eine andere Angewohnheit, Spannung rauszulassen. Er verzog das Gesicht, formte ein 'u' und begann ein 'uu'-Geräusch rauszulassen. Am liebsten machte er es in der Straßenbahn und freute sich an den erschrockenen Blicken der Leute. Maria war sein liebstes Opfer. Als er im August aus Sizilien zurückkam, machte er das Geräusch nicht mehr. Als ich ihn fragte, wo er es gelassen hätte, meinte er mit einem schelmischen Lächeln: „Du glaubst, ich bin verrückt? Das habe ich doch absichtlich getan."

Auch bei Marco habe ich eine Verhaltensweise beobachtet, die aber bald wieder verschwunden ist. Als die Mutter morgens immer liegenblieb und den Kindern kein Frühstück machte, blieb auch Marco einige Tage liegen. Er behauptete, krank zu sein. Er schenkte mir ein Bild mit einer Mickymouse, in das er geschrieben hatte: Minnie ist müde. Wen er damit wohl meinte, sich oder seine Mutter? Sein Verhalten war jedenfalls erfolgreich. Die Mutter stand besorgt auf, kümmerte sich um ihn und brachte ihn zum Arzt, der jedoch nichts feststellen konnte.

Als klar war, daß ihm nichts fehlt, habe ich meine Vermutung mit ihr besprochen. Ich glaube, er wollte ihr damit aus dem Bett helfen. Leider blieb Marco auch liegen, als die Mutter längst aufgestanden war. Da begann sie, mit ihm zu schimpfen. Als das nichts nützte, hatte sie eine bessere Idee. Sie legte sich zu dem armen, kleinen, kranken Marco ins Bett und schmeichelte mit ihm ein bißchen. Und siehe da, das Wunder geschah, Marco sprang aus dem Bett und war gesund. Diese Erfahrung hat ihren weiteren Umgang mit den Kindern stark beeinflußt. Sie merkte, daß nicht nur sie, sondern auch ihre Kinder Bedürfnisse haben. Sie hörte auf zu strafen. Außerdem merkte sie, daß sich ihre innere Erregung und Spannung auf die Kinder überträgt. Heute wirkt ihre zunehmende freundliche Gelassenheit auf die Kinder und läßt sie ruhiger werden.

Geschlechtlichkeit

ist für die Buben etwas Schmutziges. Vom Vater finden sie Pornohefte, die sie mir zeigen. Ich frage die Mutter, wieweit die Söhne aufgeklärt sind, und sie druckst herum. Sie sagt mir, daß sie sich da auch nicht richtig auskennt, worüber ich etwas überrascht bin, weil sie immerhin drei Kinder hat. Anfang Mai nehmen wir den Cousin Pietro mit in den Park. Wir laufen zu Fuß. Die Buben feixen mich an, fassen sich an die Geschlechtsteile und führen allerlei Bewegungen aus. Da ich gleichmütig bleibe, werden sie massiver. Marco will mir an den Busen greifen, was ich mit einer blitzschnellen Handbewegung abwehre. Pietro trifft daraufhin mit seinem kleinen spitzen Fuß meinen Hintern genau in der Mitte und das tut weh. Er lacht und feixt dabei. Antonio schimpft mit Pietro, was ich in diesem Moment als sehr fair empfinde. Trotzdem darf ich mich nicht in diese kindlichen Spielereien verwickeln lassen, weshalb ich den Spaziergang beende. Ich erzähle der Mutter den Vorfall. Frau Sacca schickt Pietro nach Hause und sagt, daß er in Zukunft nicht mehr mit uns gehen darf. Ich selbst gehe auch nach Hause, weil mir mein Hintern wehtut.

Am nächsten Tag ist Marco erleichtert: „Ich habe schon geglaubt, Du kommst nicht mehr." Ich frage die Mutter, ob ich mit den Kindern ein Aufklärungsgespräch führen soll. Sie bittet mich darum. Ich frage die Buben, was sie über Geschlechtlichkeit wissen. Etwas verlegen kichernd fängt Marco an: „Ein türkischer Junge steckt seinen Pimmel immer in ein Loch an der Wand." Er will es mir vorzeigen, aber ich wehre ab, weil ich es mir gut vorstellen kann. „Und wozu hast Du Busen?" fragt Antonio. Die Mutter sitzt still dabei und lauscht. „Die Brust ist für Säuglinge wichtig. Da kommt Milch heraus, die sie trinken können." „Das weiß ich doch. Ma hat einmal etwas für Maria abgepumpt, da habe ich gekostet. Das hat komisch geschmeckt." Marco ist mit der Antwort zufrieden. Da fragt mich Antonio: „Wielange dauert es bei Dir, bis Du kommst?" Als ich ihn fragend anschaue, meint er: „Na, Du weißt schon. Wenn Du mit Deinem Mann schläfst." Also antworte ich ihm: „Das ist unterschiedlich. Die genaue Zeit kann ich Dir nicht sagen, weil ich nicht auf die Uhr schaue. Für mich ist es etwas sehr Schönes und überhaupt nichts Häßliches." Da schimpft Antonio: „Ich habe gewußt, daß der Junge ein Schwein ist. So etwas macht man doch nicht." Die beiden Buben feixen nicht mehr.

Wir unterhalten uns völlig normal über etwas sehr Wichtiges. „In Eurem Alter könnt ihr noch nichts versäumen. Aber in einigen Jahren wird es für Euch wichtig sein, und dann müßt Ihr gut Bescheid wissen, weil Ihr eine große Verantwortung haben werdet", beende ich unser Gespräch. Beide Buben nicken ernsthaft mit den Köpfen, als wären sie sich der Verantwortung bewußt. „Ich mache es so, wie Du gesagt hast", meint Marco noch. Die Mutter lächelt mich dankbar an. Offenbar habe ich ihr aus einer Verlegenheit geholfen.

Grenzverletzungen

werden zu einem wichtigen Thema in der Familie. Es ist Mai geworden, und ich bin nicht mehr täglich, sondern nur noch jeden zweiten Tag in der Familie.

Wie zu erwarten war, erlebe ich einige Rückschläge. Das Ehepaar streitet immer wieder sehr heftig. Ich merke es an der Unruhe der Kinder. Anfang Mai revoltiert Marco. Er schwänzt die Schule und macht keine Hausaufgaben. Zu Hause provoziert er mich und spuckt mir seinen Kaugummi ins Gesicht. Offenbar will er testen, wann meine Geduld zu Ende ist. Ich werde herausgefordert, darüber nachzudenken, wieweit ich bei mir selbst Grenzverletzungen zulassen kann. Ich entschließe mich, friedlich zu bleiben, und ich schaue ihm aufmerksam in die Augen. Er hält das aus, beginnt aber nach einer Weile zu lachen: „Das wollte ich nicht!" Ich nicke nur. Unsere Beziehung hat gehalten. Durch meine sichere Haltung lernte er, daß es auch anders geht als zurückzuspucken. Er respektiert meine Grenzen, versucht aber immer wieder Übertritte.

Die Gespräche mit den Eltern über Grenzverletzungen kreisen um das Thema Prügeln. Mit Frau Sacca hatte ich zu Beginn meiner Arbeit darüber reflektieren können. Ihr rutscht nur noch selten die Hand aus. Bei Herrn Sacca ist das anders. Wenn eine gewisse Schwelle überschritten ist, schlägt er die Buben mit seinem Gürtel, den er zuvor langsam von seiner Hose löst. Selbst wenn ich da bin, schreckt er vor körperlicher Züchtigung nicht zurück. Ich kann mich dann nur vor die Kinder stellen und hoffen, daß er mich nicht schlägt.

In langen Gesprächen erzählt er mir über seine Kindheit: „Ich mußte am Feld arbeiten und durfte nach der zweiten Klasse nicht mehr in die Schule. Die Schule hat mir gut gefallen. Ich habe sogar anderen Buchstaben beigebracht. Mein Vater war sehr streng und hat mich immer geprügelt." Anteilnehmend frage ich ihn: „Wie haben Sie sich damals gefühlt, als Ihr Vater Sie geprügelt hat?" Er denkt lange nach, dann meint er schließlich: „Es war schrecklich." Mehr sagt er nicht.

Von Frau Sacca weiß ich, daß sie zu Hause nicht geschlagen wurde. Aber ihr Mann schlägt sie: „Ich bekomme dann schreckliche Zustände und will mit dem Kopf durch die Fensterscheibe! Eine Scheibe habe ich schon kaputt gemacht", empört sie sich. Da wende ich mich Herrn Sacca zu: „Und wie, glauben Sie, fühlen sich Ihre Kinder, wenn sie verprügelt werden?" Herr Sacca antwortet nichts, ich sehe aber, wie er überlegt. Da spreche ich weiter: „Marco hat mich heute provoziert und meine Geduld auf die Probe gestellt. Er hat mich absichtlich gereizt. Soll ich ihn deshalb schlagen?" Frau Sacca wirft ein: „Schlagen nützt nichts. Es wird nur schlimmer. Das weiß ich jetzt. Ich möchte mich auch lieber mit meinem Mann vertragen." Sie gibt ein gutes Beispiel ab für ihren Mann, daß man sein Verhalten ändern kann.

Die Frau hat längst beobachtet, daß ihr Ehestreit für die Kinder nicht gut ist. Wir haben ausführlich darüber gesprochen. Antonio hat schon öfter für sie Partei ergriffen. Das fand sie ihrem Mann gegenüber nicht gut. Wir vereinbaren, daß sich beide in Zukunft um eine gemeinsame Haltung den Kinder gegenüber bemühen wollen. Bei unserem heutigen Gespräch hat er in Anwesenheit seiner Frau nicht über sie geschimpft, was ich als Fortschritt deute.

Eine Woche später spreche ich mit Herrn Sacca allein. Wir unterhalten uns über seine Rolle als Vater, über seine Liebe zu den Kindern und über das Vertrauen, das ihm die Kinder entgegenbringen. „Meine Frau kümmert sich zuwenig um die Kinder. Ich kann das Chaos nicht aushalten. Ich muß mich zu Hause ausruhen können. Meine Frau muß die Kinder besser erziehen" , beginnt er wieder zu lamentieren. Ich lasse mich mit ihm in Abwesenheit seiner Frau in kein Gespräch über sie verwickeln. Dafür lobe ich ihn für das gute Essen, das er den Kindern mitbringt, und anerkenne seine Sorge um die Kinder: „Sie nehmen viel Anteil an Ihren Kindern, das war früher nicht so. Mir gefällt das ganz toll." Da wiegt er lächelnd seinen Kopf hin und her, wie er das öfter macht, wenn er sich freut, antwortet aber nichts. „Das mit dem Prügeln werden Sie auch noch hinkriegen", ermutige ich ihn ebenfalls lächelnd. Ich merke, daß er sich in meiner Gegenwart wohlfühlt. Sollte er die Kinder mir zuliebe nicht mehr schlagen, damit ich mich wohlfühle, wäre mir das auch recht.

Das Tagebuch

legen wir im Sommer an, um unsere schönsten Erlebnisse festzuhalten. Die Kinder hatten bisher bei unseren Unternehmungen große Freude. Das brachte mich auf die Idee, Erinnernswertes mit den Kindern gemeinsam aufzuschreiben. Die Sommerzeit voll schöner Erlebnisse soll in die Zukunft wirken. Beim Aufschreiben der Erlebnisse darf jeder, auch ich, einen Satz diktieren. Diese Technik kennen die Kinder bereits von unserem 'Geschichtenvervollständigungsspiel'. Wir schreiben abwechselnd. Ich bespreche mit den Kindern, daß sie das Tagebuch als Geschenk erhalten, wenn ich weggehe. Diese Zeit wird unweigerlich kommen, und ich halte es für richtig, den Kindern bei passender Gelegenheit zu vermitteln, daß ich nur eine begrenzte Zeit bei ihnen bin. Einige dieser Tagebuchgeschichten habe ich als Beispiele ausgewählt. Sie sind etwas holprig, dafür im Originaltext der Kinder.

18. Mai: Wir sitzen am Teich im Park. Wir sehen ein Nest. Ein großer Vogel sitzt drin. „Ein Bläßhuhn", sagt Frau Woog. Antonio sieht ein Junges im Nest. Der Bläßhuhnvater bringt mit dem Schnabel Gras zum Nest. Die Mutter ißt es. Ein Gewitter kommt auf. Es donnert ganz nah. Wir fahren schnell nach Hause. Dort wartet ein schön gedeckter Tisch mit Kerzenlicht auf uns. Wir essen Salat und Käse. Ma hat es schön gemacht.

29. Mai: Auf der Jugendfarm fahren Antonio und Marco sich gegenseitig in einer Schubkarre spazieren. Mit Ma klettern wir auf ein Baumhaus. Maria haben wir hochgehoben. Es war schwierig. Als alle oben sind, teilen wir uns einen Müsliriegel gerecht in fünf Teile. Es hat zu regnen begonnen. Wir gehen durch den Wald zur Straßenbahn. Am Grillplatz im Wald brennt Feuer. Wir machen ein großes Feuer und wärmen uns. Im Regen sind wir naß geworden. Zu Hause ziehen wir uns um, weil uns kalt ist.

5. Juni: Wir wollten eine Schiffahrt am Neckar machen. Leider waren nicht genug Leute da. Mit wenig Leuten machen sie keine Rundfahrt. Plötzlich

fängt es zum Regnen an. Mit Ma und Maria sind wir unter einen dichten Baum gekrochen. Wir fanden alle unter dem Regenmantel von Frau Woog Platz. Marco und Antonio fühlten sich wie in einem gemütlichen Zelt. Es war sehr interessant. Schnell liefen wir zur Straßenbahn, um nach Hause zu fahren.

11. Juni: Heute waren wir im Park. Antonio hat eine kleine Ente gefangen. Vorsichtig hat er sie wieder ins Gras gesetzt. Sie ist schnell zu ihrer Mutter gelaufen. Marco wollte Frau Woog mit dem Fahrrad überholen. Es ist ihm aber nicht gelungen. Dafür durfte er mit ihrem Rad fahren. Zu Hause gab es ein Essen wie im Restaurant.

29. Juni: Ma hat eine gute Idee. Wir machen einen Ausflug auf den Killesberg. Im Park fährt ein kleiner Zug. Wir möchten mit ihm fahren. Zuerst bleiben wir am Spielplatz. Der Zug macht hier eine Schleife und wir laufen hin, wenn er vorbeifährt. Leider verpassen wir das Zugfahren. Als wir zur Haltestelle kommen, ist der letzte Zug abgefahren. Wir laufen wieder zum Spielplatz. Ma und Frau Woog setzen sich auch auf eine Wackelkutsche. Wir müssen viel lachen und schreien, weil es so wackelt. Die anderen Erwachsenen benutzen plötzlich auch die Spielgeräte. Das ist lustig: Ein Spielplatz für Erwachsene!

30. August: Antonio zeigt uns sein Lager. Niemand kennt es. Maria fährt auf dem Fahrrad von Frau Woog mit. Wir überklettern einen Zaun und kriechen durch einen schmalen Spalt in das Innere eines uralten Reparaturwagens der Bundesbahn. Er ist total hinter Büschen versteckt. Drin ist alles voll mit altem Gerümpel. Wir zünden Kerzen an, weil es drinnen so finster ist. Ein bißchen fürchten wir uns schon. Wir kriechen erleichtert ins Freie. Es ist wirklich ein tolles Versteck. Wir fahren mit den Rädern wieder nach Hause.

9.4 Veränderungen, Stabilisierungen, Ergebnisse

Ein Jahr später: Rückblick-Situation-Ziele

Ich bin nur noch zweimal in der Woche bei der Familie Sacca. Rückblickend auf das vergangene Jahr kann ich in einigen Bereichen positive Entwicklungen feststellen. Die für Außenstehende zunächst hilflos anmutende Familie hat sich emanzipiert. Den Eheleuten ist bewußt geworden, daß sie durch ihr Verhalten den Kindern ein schlechtes Vorbild geben. Mit unseren Gesprächen über Prügeln und Geprügeltwerden, über Macht und Ohnmacht und über Abwertung wurden bei den Eltern Lernprozesse angestoßen, die besonders bei der Mutter zu mehr Wissen und Bewußtheit führten. Aus ihrem Alltagstrott und einer depressiven Stimmung hat sie zu einem bewußten Erleben gefunden. Das Familienleben wird von ihr aktiv gestaltet. Sie ist in der Lage, das Verhalten der Kinder durch Änderung des eigenen Verhaltens zu lenken. Durch das Einüben neuer Verhaltensweisen sind die Veränderungen stabil geblieben. Die Mutter hat erzieherische Kompetenz erworben, die den Kinder zugute kommt.

Für die Kinder hat sich das Leben gegenüber früher grundlegend geändert. Die schlecht geordneten und gestalteten Wohnverhältnisse konnten verbessert werden. Durch die Schaffung eigener Bereiche im multifunktionalen Eß-, Wohn-, Schlaf- und Kinderzimmer lernten sie, die Grenzen der Geschwister zu respektieren und legen heute Wert darauf, daß ihre eigenen Grenzen ebenfalls respektiert werden. Auf dieser Grundlage waren Grenzziehungen möglich, die zur Ausbildung ihrer Identität nötig sind.

Durch den Aufbau von Erinnernswertem konnte der Selbstfindungsprozeß intensiviert werden. Unternehmungen und Spiele sind wichtiger als das Fernsehen geworden. Eigene Betätigungen und daraus resultierende Erfahrungen schafften ein Wissen über Lebenszusammenhänge. Sie haben die Fähigkeit erworben, angemessen miteinander umzugehen. In der Gruppe verhalten sie sich konstruktiv. Die Buben sind selbstsicher geworden und beanspruchen von den Eltern eine faire und gerechte Behandlung. Sie sind in der Lage, mit den Eltern ihre Wünsche auszuhandeln.

Antonio fühlt sich in der Förderschule wohl. Die Eltern haben verstanden, daß er mehr Zeit zur Entwicklung braucht. Seine Angstträume sind verschwunden. Marco strengt sich in der Schule an. Die Mutter hilft ihm bei den Hausaufgaben. Es ist ihr Verdienst, daß er die Klasse nicht wiederholen mußte. Noch vor einem Jahr wäre dieses Engagement der Mutter nicht denkbar gewesen. Beide Buben haben ein gutes Verhältnis zur Mutter gewonnen.

Maria hat sich gut entwickelt. Sie lernt in der Mutter-Kindgruppe sehr viel. Mit drei Jahren kann sie sich die Schnürsenkel allein binden, bis Zehn zählen und die Grundfarben erkennen. Auch das von der Mutter ausgehende Anregungspotential hat ihr gut getan.

Die derzeitige Situation ist für die Mutter und die Kinder erfreulich. Es hat sich herausgestellt, daß die Isolation der Familie durch die Buben durchbrochen und der natürliche und soziale Erfahrungsraum genutzt werden kann. Die Neugierde und das Interesse an Unternehmungen ist der Mutter durch die Kinder vermittelt worden. Damit wurde ihre soziale Vernetzung eingeleitet. Derzeit besucht Frau Sacca einen Nähkurs.

Die Buben spielen auf der Straße nicht mehr allein, sondern haben sich anderen Kindern angeschlossen. Marco ist der friedliche Anführer der 'Knochenbande'. Für jeden Samstag hat die Mutter ein Programm vorbereitet. Sie besuchen unter anderem den Flohmarkt, wo die Mutter Spiele günstig kauft, Gemeindefeste, wo sie in einer schönen Umgebung Kaffee trinken und Kuchen essen, und das Schwimmbad. Herr Sacca will an diesen Unternehmungen nicht teilnehmen.

Für Herrn Sacca ist die Situation weniger günstig. Er ist durch die Veränderungen irritiert worden. Er weiß jetzt zwar, daß die Kinder eigene Bedürfnisse und Lebensrechte haben, ist aber noch nicht soweit, sein gewohntes Verhalten wie Prügeln und Schimpfen abzuändern. Er hat große Schwierigkeiten, die wachsende Eigenständigkeit seiner Frau zuzulassen.

Die Ziele bis April werden mit den Eltern und Kindern gemeinsam abgesprochen. Frau Sacca glaubt, sie braucht mich weiterhin zur Unterstützung ihres Verselbständigungsprozesses. Ebenso sind ihr noch meine Anregungen zur Förderung der Kinder in der Schule und in der Freizeit wichtig. Sie braucht noch Ermutigung und Bestätigung und fürchtet einen Rückfall in frühere Zustände. Ab November wird sie in die Frauengruppe des Vereins für ausländische Jugendarbeit gehen, um Deutsch zu lernen.

Herr Sacca möchte gerne weitere Gespräche mit mir führen. Er anerkennt die positiven Veränderungen, hat aber unbestimmte Ängste, die ihn blockieren. Ein behutsames Vorgehen wird in den Gesprächen nötig sein. Ein Gelingen der SPFH wird davon abhängen, ob Herr Sacca in der Lage ist, die negative Einstellung seiner Frau gegenüber zu verändern.

Eineinhalb Jahre später: Rückblick-Situation-Ziele

Die letzten sechs Monate haben weitere Fortschritte gebracht. Herr Sacca kümmert sich mehr um die Kinder. Für Maria hat er einen kleinen Tisch mit einem Stuhl gebaut. Sie ist über den eigenen Tisch sehr glücklich. Niemand kann sie mehr vertreiben. Die Beziehung des Vaters zu den Kindern hat sich verbessert. Die Buben gehen öfter mit dem Vater zum Einkaufen. Sie holen ihn auch abends von der Straßenbahn ab, wenn er von der Arbeit kommt. Darüber freut er sich. Worüber ich am meisten glücklich bin? Er hat aufgehört, die Kinder zu schlagen! Vielleicht ist es meine Freude über seine Verhaltensänderung, daß er bis heute durchgehalten hat.

Die intensiven Gespräche mit dem Ehepaar über ihre Beziehung brachten Teilklärungen. Sie halten sich an die von mir aufgestellten Gesprächsregeln und sprechen nicht mehr übereinander, sondern miteinander. Beide sind im Gespräch ruhiger und emotionsloser geworden. Sie bemühen sich, die Sichtweise des anderen zu verstehen. Wir haben das lange geübt. Herr Sacca anerkennt mittlerweile, daß seine Frau den Kindern besser helfen kann, wenn sie Deutsch lernt und mit den Kindern Unternehmungen macht. Er fürchtet aber, daß seine Frau , wenn sie fort ist, mit anderen Männern zusammen ist. Frau Sacca sieht ihren Mann mit anderen Augen, seit sie von seiner Eifersucht weiß. An seiner Liebe zu ihr muß sie nicht mehr zweifeln. Sie beruhigt ihren Mann, daß es sich um eine Frauengruppe handelt und keine Männer anwesend sind. Außerdem liebt sie nur ihn, wie sie ihm versichert.

Seit der Teilnahme von Frau Sacca am Deutschkurs ist sie sozial nicht mehr isoliert. Sie sucht bewußt nach Außenkontakten. Ihr Ehemann kann sie davon durch nichts mehr abhalten. Marcos Klassenlehrerin fragte sie, ob sie Elternvertreterin werden möchte, was sie aber ablehnte, weil sie es sich noch nicht zutraute. In der Frauengruppe ist sie mit allen per Du, auch mit der Lehrerin. Von ihr erhielt sie als 'Beste' der Gruppe großes Lob. Frau Sacca wirkt locker und selbstbewußt. Sie hat die schmutzige 'Kittelschürze' endgültig gegen 'Leggins' eingetauscht, ob es dem Mann gefällt oder nicht.

Mit der neuen Beweglichkeit der Frau hat ihre Fähigkeit zugenommen, den Alltag besser zu strukturieren. Die Familie frühstückt gemeinsam, wobei die Kinder spezielle Wünsche äußern dürfen. Früher sind sie ohne Frühstück zur Schule gegangen. Über die Mutter haben die Kinder Selbstverantwortung gelernt. Sie müssen selbst auf die Uhrzeit achten, damit sie nicht zu spät zur Schule kommen. Hausaufgaben kontrolliert sie noch, doch muß sie die Buben nicht mehr motivieren, mit ihnen anzufangen. Unordnung müssen die Kinder weitgehend selbst aufräumen. Durch die Schaffung eigener Bereiche für jedes Kind ist das möglich geworden. Zeit hat für Frau Sacca eine neue Dimension erhalten, seit sie aktiv geworden ist.

Den Kindern gefällt die mütterliche Autorität. Besonders Marco bespricht seinen Kummer mit der Mutter. Sie kann sich gut in die Kinder hineinversetzen und hat für kindliche Nöte ein gutes Gespür bekommen. Mit der Teilbewältigung ihrer eigenen Schwierigkeiten kann sie sich den Kindern voll zuwenden. Unvorhersehbare Ereignisse machen sie nicht mehr kopf- und hilflos, sondern sie sucht gelassen nach Lösungen.

Antonio ist ihre ewige Quelle von Liebe und Sorge. Zu ihm hat sie die stärkste Bindung. Seine manchmal ziellose Unruhe und seine Überaktivität sind mit dem Wachsen ihrer erzieherischen Kompetenzen schwächer geworden. Sie setzt Konsequenzen und läßt sich nicht mehr provozieren. Sie lobt die Kinder, wenn sie etwas gut gemacht haben, und ignoriert ihr Verhalten, wenn ihr etwas nicht gefällt. Bestraft werden die Kinder nur noch selten. Die Mutter hat gelernt, daß sie mit Beachtung und Zuwendung mehr erreicht. Das Verhalten der Mutter ist für die Kinder einschätzbar geworden und dient ihrer Orientierung.

Die derzeitige Situation ist nur noch teilweise als kritisch zu bezeichnen. Die Kinder sind durch den immer wieder stattfindenden Streit der Eltern verunsichert. Sie dienen aber nicht mehr als Blitzableiter. Meist halten die Kinder zur Mutter, wenn der Vater ihr das Wirtschaftsgeld verweigert. Dann bleiben nämlich auch sie ohne Taschengeld. Neuerdings verweigert ihr der Mann auch die Straßenbahnfahrkarte für den Deutschkurs. Die Frauengruppe ist ihr aber so wichtig geworden, daß sie den weiten Weg dorthin zu Fuß geht. Im Streit fordert er von ihr, daß sie arbeiten gehen soll, entweder ins Kaufhaus oder als Hure. Sie ist über diese Äußerung sehr verletzt. Zu mir meinte Herr Sacca, sie wäre besser so wie früher im Bett geblieben. Mit dieser Bemerkung bestätigt mir Herr Sacca, was ich längst vermutete: Die depressive Verstimmung und die Spannungsgefühle seiner Ehefrau haben sehr viel mit seinen eigenen Ängsten und Wünschen zu tun.

Die Ziele für die letzten sechs Monate meiner Arbeit in der Familie werden wieder gemeinsam besprochen. Der Ablösungsprozeß erfordert eine Reduzierung der Stundenzahl. Ab sofort werde ich nur noch einmal in der Woche für vier Stunden kommen. Diese Zeit dient nicht nur zur Stabilisierung des Erreichten, sondern soll noch für notwendige Klärungen genutzt werden. Wir vereinbaren weitere Klärungen der Partnerschaftsbeziehungen. Frau Sacca möchte sich keinesfalls scheiden lassen. Dann schlage ich Frau Sacca vor, einen Kurs über autogenes Training zu besuchen, was vom Ehemann befürwortet wird. Es paßt offenbar in sein Krankheitsbild, das er von seiner Frau noch immer hat. Ebenso greife ich die beleidigenden Äußerungen des Ehemanns über seine Frau auf und bitte sie, darüber nachzudenken, ob sie eine berufliche Tätigkeit aufnehmen möchte. Sie weist das verblüfft zurück, da sie als Hausfrau und Mutter genug ausgelastet wäre.

Zwei Jahre später: Rückblick-Situation

In diesem Monat beende ich meine Tätigkeit bei Familie Sacca. Im Rückblick kann ich feststellen, daß bei der Familie weitreichende Veränderungen möglich waren. Durch Bildungsarbeit konnten Umorientierungen erfolgen. Ausschlaggebend dafür war der feste und unerschütterliche Wille von Frau Sacca, ihre Familiensituation um der Kinder willen zu verbessern. Die sogenannte 'hilflose' Familie, wie sie mir zu Beginn meiner Arbeit beschrieben wurde, hat sich keinesfalls als hilflos erwiesen.

In den letzten sechs Monaten haben wir intensiv an der Partnerschaftsbeziehung weitergearbeitet. Ein Zufall kam uns zu Hilfe. Herr Sacca erkrankte an den Gelenken und die Frau entwickelte sich zu einer perfekten Heilgymnastin. Herr Sacca hatte große Schmerzen und fühlte sich hilflos. Er war seiner Frau für ihren pflegerischen Einsatz sehr dankbar. Jetzt ist er weitgehend wieder gesund, doch seine positive Haltung der Frau gegenüber ist geblieben. Frau Sacca ist sehr vom Wohlwollen ihres Mannes abhängig und fühlt sich unglücklich, wenn er sich von ihr abwendet. Deshalb führten wir ein Gespräch über das Glück. Dabei wurde ihr klar, daß es klüger ist, ihr persönliches Glück nicht von anderen Menschen abhängig zu machen.

Die derzeitige Situation ist für das Ehepaar und die Kinder erfreulich. Die Frau reizt ihren Mann nicht mehr, und der Mann hat keinen Grund mehr, die Frau zu demütigen. Sie fühlt sich ihm gegenüber nicht mehr ohnmächtig, sondern weiß, daß er von ihr zu beeinflussen ist. Sie hat eine Putzstelle bei einem italienischen Arzt angenommen, den ihr Mann persönlich kennt, und ist vom Geld ihres Mannes dadurch etwas weniger abhängig. Wenn sie fort ist, hütet der Mann die Kinder. Viel Spannung wurde dadurch aus der Familie genommen. Ich habe den Eindruck, daß jetzt beide imstande sind, Konflikte ohne dramatische Streitszenen auszuhandeln und Entscheidungen gemeinsam zu treffen. Die Frauengruppe ist für Frau Sacca eine große Unterstützung. Zeitweise übernimmt sie sogar die Betreuung der Kinder der anderen Frauen während des Deutschkurses.

Herr Sacca zeigt sich mir gegenüber sehr dankbar. Wenn es nach ihm ginge, sollte ich immer in der Familie bleiben. Frau Sacca ist traurig, daß ich gehe. Sie hat Bedenken, ob es ohne mich so günstig weiterlaufen wird. Ich selbst sehe das Ende meiner Tätigkeit mit gemischten Gefühlen. Zum einen ist mir die Familie ans Herz gewachsen, zum anderen bin ich in Sorge, ob die Veränderungen schon soweit stabilisiert sind, daß sie in die Zukunft wirken können. Die Familie hat eine große Leistung erbracht.

Das Abschlußgespräch

findet mit dem fallverantwortlichen Kollegen vom ASD, der die Familie nicht kennt, in der Wohnung der Familie statt. Die vorherige Mitarbeiterin hat einen anderen Arbeitsbereich übernommen. Meine Begleitung und Unterstützung im Entwicklungsprozeß hat die Familie gerne angenommen. Der Auftrag vom ASD, Antonio aus der Sündenbockrolle herauszuholen, das Selbstwertgefühl der Frau zu stärken, den Vater für die Familie positiv zu motivieren und den Alltag besser zu strukturieren, konnte erfüllt werden.

Mit der Familie wird die gemeinsame Arbeit nochmals reflektiert und die Ergebnisse festgehalten. Die Eltern wirken im erzieherischen Bereich kompetent. Ihre Partnerschaft scheint auf dem Wege zu sein, eine gleichberechtigte zu werden. Die Mutter und die Kinder leben nicht mehr isoliert, sondern sind in ein soziales Netzwerk eingebunden. Den Kindern sind Unternehmungen und Spiele wichtiger als das Fernsehen geworden. Sie sind in der Lage, ihre Ansprüche bei den Eltern anzumelden, und die Eltern sind bereit, ihre Bedürfnisse zu beachten.

Antonio gilt im Stadtteil nicht mehr als Sündenbock, allerdings ist er weniger als Marco in die Gruppe der Gleichaltrigen integriert. Im Stadtteil gibt es für ihn keine Anbindungsmöglichkeit. Er gehört zu den 'Lückekindern'. Die Familie hat bewiesen, daß sie in der Lage ist, ihre Angelegenheiten selbständig wahrzunehmen. Um sicher zu sein, daß die Ablösung nicht zu früh erfolgt und die Veränderungen stabil bleiben, vereinbaren wir mit der Familie noch vier lockere Besuche, die im monatlichen Abstand für je vier Stunden festgelegt werden.

Die letzten Besuche

sind für die völlige Ablösung der Familie sehr wichtig, da sie eine langsame Entwöhnung ermöglichen. Beim ersten Mal sind wir noch sehr vertraut, aber von Monat zu Monat werden wir distanzierter. Ich gebe mich freundlich, greife aber in den Alltag der Familie nicht mehr ein. Mit meinen Äußerungen bin ich sehr zurückhaltend. Ich bin ein Gast, den die Familie gerne eingeladen hat. Herr Sacca ist bei den Besuchen immer anwesend. Das Ehepaar bespricht vorher, was sie mir zum Essen anbieten wollen.

Zum vorläufig letzten Mal sehen wir uns bei der Kommunion von Marco, zu der mich die Familie eingeladen hat. Ich bringe Geschenke für die Kinder mit. Im Restaurant geht alles sehr gesittet zu. Frau Müller ist auch eingeladen worden. Ihr Verhältnis zu Frau Sacca hat sich gebessert. Sie hat Respekt vor Frau Sacca bekommen. Eine Neuigkeit hat mir Frau Sacca noch mitzuteilen: Seit drei Wochen besucht sie einen Kurs über autogenes Training. Sie kommt gut mit den Übungen zurecht.

Marco, der sich mir am stärksten angeschlossen hatte, will unbedingt, daß ich neben ihm sitze. Maria sitzt an meiner anderen Seite. Sie greift öfter nach meiner Hand und lächelt dabei. Antonio ist voll auf das Essen konzentriert. Er spricht leise und freundlich. Ich fühle mich sehr wohl inmitten dieser Familie. Plötzlich fällt mir etwas auf: Alle sind zufrieden und können so richtig herzhaft lachen und sich freuen. Ich werte es als Indikator einer erfolgreichen Zusammenarbeit.

Nach dem offiziellen Ende
besuche ich sechs Monate später die Familie Sacca noch eimal. Ich möchte wissen, wie es bei ihnen weitergegangen ist. Ich schicke eine schöne Ansichtskarte mit der Anfrage, ob mich die Familie ebenfalls sehen möchte. Frau Sacca gibt mir telefonisch Bescheid, daß sie sich über meinen Besuch freuen.

Frau Sacca erwartet mich bereits an der Haltestelle und strahlt über das ganze Gesicht. Sie sieht gut aus und ist mit einer leichten, modischen Bluse und Shorts bekleidet. Wir setzen uns auf eine Bank an der Spielstraße und sie beginnt zu erzählen: „Marco ist beim Training. Er spielt in einem Verein als Mittelfeldspieler und ist ein richtiger Torjäger." Marco hat sich immer gewünscht, in einen Fußballverein zu gehen. Jetzt hat es endlich geklappt! Da kommt Maria angelaufen. Sie ist jetzt fünf Jahre alt und hat sich gut entwickelt. Auch sie strahlt, als sie mich sieht und setzt sich neben mich. Ich frage sie, ob sie Freundinnen hat. „Im Kindergarten habe ich zwei Freundinnen, Friederike und Antonella, die ist noch klein." Friederike war schon ihre Freundin, als ich noch bei der Familie war. Sie flüstert mir ins Ohr, daß zu Hause eine Überraschung auf mich wartet. Dann erzählt mir Frau Sacca, daß sie jetzt zwei Putzstellen hat. Eine bei einem Arzt und die andere bei einer älteren Frau, der sie auch einkauft. Das Geld, das sie für ihre Arbeit erhält, spart sie bei der Bank.

Nach einer Weile machen wir uns auf den Weg zur Wohnung. Auf der Straße kommt uns Herr Sacca entgegen, der von der Arbeit kommt. Maria steht mit einem Strauß rosafarbener Rosen an der Türschwelle. Das ist also die Überraschung, die sie für mich ausgesucht hat. Ich bin überwältigt, wäre es doch an mir gewesen, Frau Sacca Blumen mitzubringen. Dafür habe ich für die Kinder Schokolade dabei. Die Wohnung ist noch fast chaotischer, als ich sie verlassen habe. Merkwürdiger Weise stört mich das nicht im geringsten.

Ich setze mich zu den Eltern in die Küche und Maria weicht nicht von meiner Seite. Frau Sacca bereitet ein Abendessen vor und lädt mich dazu ein. Es klingelt an der Tür und Marco kommt herein. Sein Gesicht ist etwas schlanker geworden, aber er ist immer noch der Junge mit den blitzenden Augen, den ich kenne. Er eröffnet mir auch sogleich, daß er der beste in seiner Klasse ist. Antonio ist mit Freunden unterwegs, erzählt mir die Mutter. Sie vermutet, daß ihn die Großen zum Stehlen animieren. In die Tagesgruppe geht er nicht mehr. Das war ihm zuviel Streß, da ihn die älteren Buben dort immer angegriffen haben. Er würde am liebsten in Sizilien zur Schule gehen und nicht mehr in die Förderschule. Er hat keine Lust dort etwas zu lernen.

Ich weiß, daß Antonios Herz in Sizilien ist. Ich kann mir gut vorstellen, daß er in Sizilien mehr motiviert wäre, etwas zu lernen. Deshalb frage ich die Eltern, ob das für sie eine Lösung wäre. Beide eröffnen mir, daß sie schon einige Zeit über eine eventuelle Rückkehr nach Italien nachdenken, nachdem Herr Sacca im nächsten Jahr in Rente gehen wird.

Zum Essen wird Antonio nicht erwartet, also fangen wir ohne ihn an. Es gibt drei Gänge: Als Vorspeise einen Salat, dann ein Nudelgericht und als Nachtisch Erdbeereis. Die Eltern scheinen im besten Einvernehmen zu stehen. Ich fühle mich sehr wohl. Nach dem Essen gehen wir wieder zu der Bank im Freien und Marco zeigt uns mit dem Fußball einige Kunststücke. Maria fährt sehr sicher mit einem kleinen Fahrrad umher.

Schließlich kommt Antonio doch noch. Wir geben uns die Hand und mustern uns kritisch. Antonio ist gut angezogen und seine Haare sind etwas länger als früher. Seine Stimme ist etwas tiefer, als ich sie kenne. Viel sprechen wir nicht miteinander, aber er würdigt meinen Besuch, indem er fast eine Stunde bei uns bleibt. Langsam heißt es Abschied nehmen. Frau Sacca hat die Telefonnummer der SPFH und kann jederzeit Kontakt aufnehmen, wenn es nötig wird. Ich bleibe also ein roter Faden für die Familie. Ich habe einen guten Eindruck gewonnen und hoffe, daß alles gut weitergeht. Ich würde mich sehr freuen, wenn der Traum von Antonio und Marco in Erfüllung ginge: In Sizilien im Haus des Großvaters zu leben.

10. Die zögerliche, sogenannte isolierte Familie

10.1 Die Lebenswelt der Familie Burger[*]

Das Wohngebiet
liegt in einem Stadtteil mit hoher Bevölkerungsdichte und ist sowohl durch seine abwechslungsreiche Bebauung als auch durch seine heterogene Bevölkerungsstruktur geprägt. Größere zusammenhängende Siedlungskomplexe aus den Fünfziger Jahren grenzen an eine Zone lockerer Bebauung, in der kleinere Mehrfamilienhäuser mit Vorgärten überwiegen. Die kleineren Häuser werden meist von den mittlerweile alt gewordenen Eigentümern bewohnt. Die Zahl der Senioren im Stadtteil nimmt zu, die Geburtenrate ist dagegen rückläufig.

Die großen Wohnanlagen mit zum Teil Substandardwohnungen werden besonders von Erwerbslosen, Sozialhilfeempfängern, älteren Menschen und Ausländern bewohnt, da die Mieten günstig sind. Zwischen den bis zu fünf Stockwerken hohen Häusern befinden sich neben flachen auch steilere Wiesenstücke, auf

---

[*] Die Namen der Familie wurden von mir aus Datenschutzgründen geändert.

95

denen die Kinder im Winter rodeln. Das mit hohen Bäumen, Hecken und Haselnußsträuchern abwechslungsreich strukturierte Gelände bietet Kindern viel Spielmöglichkeiten direkt vor der Haustür. Den Eltern ist es möglich, die Flächen von den Wohnungsfenstern aus einzusehen, um ihre Kinder zu beaufsichtigen. Zwischen den deutschen und nichtdeutschen Kindern bilden sich schnell wie von selbst Spielgemeinschaften. Die Erwachsenen im Quartier verhalten sich meist freundlich zu den Kindern. Es herrscht eine angenehme und gut nachbarschaftliche Atmosphäre. Einzelne Bewohner kennen sich und grüßen einander, andere bevorzugen die Anonymität.

Die evangelische und die katholische Kirchengemeinde sind im Stadtteil sehr aktiv. Sie bieten ausreichend Kindergartenplätze an sowie ein reichhaltiges Veranstaltungsprogramm für Erwachsene, das vorwiegend von den Gemeindemitgliedern genutzt wird. Ein Aktivspielplatz wird von zahlreichen Kindern gern besucht, die dort auf Dauer integriert sind. Wegen einer vierspurigen Autostraße ist er allerdings für manche Kinder schwer erreichbar.

Ein traditioneller Turnverein bemüht sich um eine gute Kinder- und Jugendarbeit. Das am Rand des Stadtteils gelegene Jugendhaus wird wegen der großen Entfernung von den Jugendlichen aus den zentralen Bereichen wenig genutzt. Auffallend ist das Fehlen von Räumen und Plätzen, die vor allem Frauen Möglichkeiten zur Begegnung und zum Austausch bieten, die wegen der Versorgung und Erziehung ihrer kleinen Kinder noch an den Haushalt gebunden sind. Ein stärkerer Einsatz des Städtischen Elternseminars ist zur Zeit wegen Personalmangels nicht möglich.

In diesem Stadtteil werde ich die nächsten zwei Jahre mit einer deutschen Familie arbeiten, die nach meinen bisherigen Informationen kaum in das Wohnumfeld integriert ist.

Informationen über die Familie
gibt mir der Allgemeine Sozialdienst (ASD) als Vermittler für Sozialpädagogische Familienhilfe (SPFH), noch bevor ich die Familie persönlich kennenlerne. Der Mann ist 45 Jahre alt und arbeitet als Facharbeiter in einem großen Industriebetrieb in Schichtarbeit. Er hat ein sehr gutes Einkommen. Die Frau ist um zwölf Jahre jünger und nicht berufstätig. Sie hat den Hauptschulabschluß gemacht, aber die Abschlußprüfung bei einer anschließenden hauswirtschaftlichen Ausbildung nicht bestanden. Das Ehepaar ist vor dreizehn Jahren aus einem Dorf im süddeutschen Raum zugezogen und lebt seit dieser Zeit weitgehend isoliert im Stadtteil mit den drei Kindern, der zwölfjährigen Michaela, dem zehnjährigen Robert und dem fünfjährigen Sebastian. Michaela und Robert besuchen die Realschule, Sebastian ist ganztägig im Kindergarten.

Die Familie ist dem ASD seit etwa drei Monaten bekannt, als Michaela im Kaufhaus Spielsachen mitnahm, ohne sie zu bezahlen. Die Verhältnisse spitzten sich zu, als sich Michaela nach einer Mädchenfreizeit weigerte, nach Hause zurückzukehren. Bei einer Untersuchung im Krankenhaus zur Behandlung einer

Hauterkrankung stellte eine Ärztin eine überaus starke Abwehrhaltung des Mädchens bei jeglicher Berührung ihres Körpers fest. Eine hinzugezogene Psychologin äußerte den Verdacht auf körperliche Züchtigung sowie Grenzüberschreitungen im sexuellen Bereich. Michaela befindet sich zur Zeit noch im Krankenhaus und weigert sich aus Angst vor Schlägen des Vaters, zur Familie zurückzukehren.

Die Mitarbeiterin des ASD beschreibt die Familie als äußerlich vernachlässigt und ungepflegt. Nach ihrer Schilderung ist die Mutter der Versorgung, Erziehung und Förderung der Kinder nicht gewachsen. Sebastian könne nicht altersgemäß sprechen und nässe noch ein. Die Schwierigkeiten seien durch die Schichtarbeit des Vaters und die beengten Wohnverhältnisse mitbedingt. Der Vater habe ein rigides Erziehungssystem eingeführt, das den Kindern keinen Entwicklungsspielraum zu eigenständigen Persönlichkeiten lasse. Der Vorschlag des ASD, zur Klärung der akuten Krisensituation SPFH unterstützend beizuziehen, wird von den Eltern angenommen. Herr Burger bittet, eine Frau zu schicken, die Erfahrung mit eigenen Kindern hat.

Der vorläufige Auftrag des ASD lautet, die Mutter bei der Erziehung, Versorgung und Förderung der in der Familie verbliebenen Söhne zu unterstützen und das Strafverhalten des Vaters zu beeinflussen. Um die Belange Michaelas soll ich mich ausdrücklich nicht kümmern. Die vermutete Grenzüberschreitung im sexuellen Bereich muß ein Verdacht bleiben, mit dem ich nicht offen umgehen darf. Trotz meiner geäußerter Bedenken, ein mögliches 'Familiengeheimnis' in meine Arbeit nicht einbeziehen zu dürfen, vereinbaren wir einen gemeinsamen Besuch bei der Familie Burger.

Das Erstgespräch
in der Wohnung der Familie findet an einem kalten und regnerischen Novembertag statt. Das Ehepaar Burger empfängt uns freundlich. Auf dem Couchtisch im Wohnzimmer brennt eine dicke rote Kerze und aus dem Radio ertönt eine volkstümliche Musik. Es ist gemessen an der Kälte draußen angenehm warm in der Wohnung. Die ausladende Sitzgarnitur ist etwas verschlissen. Auf einem Einbauschrank stehen allerlei Ziergegenstände. An den Wänden hängen mehrere gestickte Bilder und ein Heiligenbild. In einer Zimmerecke hängt ein Kreuz und unter dem Kreuz steht auf einem Sims die Skulptur eines Heiligen. Einige Grünpflanzen schmücken das Wohnzimmerfenster. Am Boden steht eine Holzkiste mit Spielzeug. Ein übergroßer Fernseher ist Mittelpunkt des Raumes. Bei unserem Besuch ist er nicht eingeschaltet, was ich erfreut registriere. Insgesamt wirkt das Zimmer auf mich beengend.

Frau Burger ist etwas kleiner als ihr Mann und kräftig gebaut. Ihre Bewegungen wirken auf mich plump und schwerfällig. Die braunen, langen Haare sind sehr fein und am Hinterkopf zusammengebunden. Sie mustert mich interessiert mit ihren braunen Augen, beteiligt sich aber kaum am Gespräch und hat ein verlegenes, aber liebes Lächeln.

Robert, der ältere Junge, hat große, dunkelblaue Augen und blonde Haare. Seine Gesichtszüge sind fein gezeichnet. Er ist wie der kleinere Bruder sauber angezogen und wirkt nicht ungepflegt. Robert mustert uns aufmerksam, antwortet auf Fragen überlegt und ist ansonsten zurückhaltend wie die Mutter.

Sebastian ist körperlich überaus zart. Er hat weißblonde Haare, eine bleiche Hautfarbe und wasserblaue Augen wie der Vater. Mit seinen fünf Jahren wirkt er auf mich eher wie ein Dreijähriger. Er setzt sich still neben mich und schaut mich aufmerksam an.

Herr Burger hat einen kleinen Bauchansatz, sodaß die nur bis zu den Knöcheln reichende Hose sehr stramm sitzt. Die blonden, etwas schütteren Haare beginnen grau zu werden und die wasserblauen Augen quellen leicht hervor. Sein Gesicht ist stark gerötet. Er übernimmt sofort die Führung im Gespräch und sprudelt gleich drauflos.

Die Familie hat sich auf unseren Besuch vorbereitet. Herr Burger zeigt uns die aufgeräumte Wohnung: Das kleine Bad mit Badewanne und Waschmaschine, eine winzige Küche mit guter technischer Ausstattung aber ohne Sitzmöglichkeit, ein etwa acht Quadratmeter kleines Zimmer mit einer Eckbank und einem großen, runden Tisch, an dem die Familie ihre Mahlzeiten einnimmt. In einer Ecke steht ein kleines Gitterbettchen, in dem Sebastian schläft. In einer kleinen Lücke zwischen Gitterbett und Eßtisch steht ein ausziehbarer Sessel. Es ist die gemeinsame, etwa achtzig Zentimeter breite Schlafstelle von Michaela und Robert. Eine Fläche von maximal vier Quadratmetern ist also das Reich der drei Kinder und für sie zum Schlafen ausgespart. Ich kann mir nicht vorstellen, daß die beiden großen Kinder gemeinsam auf dem ausziehbaren Sessel Platz haben.

Zuletzt dürfen wir einen Blick in das Elternschlafzimmer werfen. Ich bin sprachlos. Es ist ein großer, heller, freundlicher Raum mit einem riesigen Fenster und direktem Blick ins Grüne. Die Einrichtung des Schlafzimmers der Eltern hebt sich deutlich von den abgenutzten Möbeln der Restwohnung ab. Ich denke, es muß für die Kinder schön sein, wenn sie sich auch in diesem Raum aufhalten dürfen. Die Vermutung sexueller Grenzüberschreitungen vor Augen und die Anweisung, mich aus dieser Angelegenheit rauszuhalten, verkneife ich mir die Frage danach. Ein eigener Bereich für die Kinder, wo sie ungestört spielen und arbeiten können, ist in der Wohnung jedenfalls nicht vorhanden. Die Eltern sind allgegenwärtig. Eine Rückzugsmöglichkeit für die Kinder gibt es nicht.

Anschließend setzen wir uns alle um den großen Couchtisch im Wohnzimmer. Ich spreche die Frau wegen der gestickten Bilder an, da ich auch gerne sticke. „Die habe ich alle selbstgestickt, teilweise schon vor meiner Heirat", meint sie stolz. Ihre Sprechweise ist stockend. Ich habe Mühe sie zu verstehen und halte ihre Sprechweise für einen Dialekt. „Sie hat ja sonst nichts zu tun", wendet sich der Ehemann zu mir. „Ich will nicht, daß sie wie andere Frauen arbeiten geht. Ich will, daß sie zu Hause bleibt."

Die Mitarbeiterin des ASD bringt das Gespräch auf die derzeit schwierigen Familienverhältnisse. Das Ziel der Eltern ist die baldige Rückführung der Tochter Michaela in die Familie. „Sebastian weint die ganze Nacht um seine Schwester", meint Herr Burger theatralisch. Sebastian sitzt vergnügt neben mir und lächelt mich an. Ich kann nicht glauben, was der Vater sagt. Sollten wirklich Grenzüberschreitungen vorliegen, strebt meines Erachtens vor allem Herr Burger die Rückführung Michaelas in die Familie an. So akzeptiert er, vermutlich nicht ganz freiwillig, eine Förderung und Begleitung seiner Frau durch die SPFH: „Sie kennt sich bei der Erziehung überhaupt nicht aus. Auch zum Einkaufen muß ich immer mitgehen", meint er. Er tritt selbstsicher auf und stellt seine Rolle als Familienernährer in den Vordergrund. Für sich sieht er keinen Bedarf, seine erzieherischen Fähigkeiten zu entwickeln, wäre aber über eine Entlastung und Verbesserung seiner eigenen Situation durch mich sehr froh. Was er sich darunter im Einzelnen vorstellt, sagt er nicht. Auf meinen Einwand, daß eine Entlastung für ihn ohne sein Zutun kaum möglich ist, geht er nicht ein.

„An der ganzen Sache sind die Eltern meiner Frau schuld", meint Herr Burger, „Michaela und Robert waren in den Ferien immer bei ihnen und sind von den Großeltern verzogen worden. Selbst die Füße durften die Kinder auf den Tisch legen. Solche Sitten will ich bei mir nicht dulden. Die Großeltern sind viel zu weich und lassen sich von den beiden Kindern um den Finger wickeln. Sonst wäre das mit Michaela auch nicht passiert." Robert verläßt das Zimmer. Vermutlich behagen ihm die Angriffe gegen die Großeltern nicht. Die Mutter hat die Augen niedergeschlagen und widerspricht ihrem Mann nicht.

Herr Burger fährt fort: „Mein Schwiegervater ist ein Waschlappen. Seine Frau hat die Hosen an." Ich entnehme seiner Äußerung, daß ihm das nicht gefällt. Er schildert weiter, wie sehr ihn die Kinder beim Schlafen stören, wenn er wegen der Schichtarbeit tagsüber schlafen muß. Ich kann dies gut nachvollziehen: „Ich denke, Sie brauchen eine etwas größere Wohnung", werfe ich ein. Eine größere Wohnung, wo die Kinder mehr Platz haben, lehnt er aber ab, da die Kinder ohnedies bald groß sind und aus dem Haus gehen. „Was soll ich dann mit der großen Wohnung anfangen?" fragt er. Es sieht nicht so aus, als wäre Herr Burger bereit, seinen Teil der Verantwortung für die derzeitige Familiensituation zu übernehmen.

Das in mir aufkommende Unbehagen läßt mich das Thema wechseln, und ich versuche, mit den Eltern ein weitgefaßtes Ziel unserer gemeinsamen Arbeit zu formulieren. Schließlich einigen wir uns auf folgende Formulierung, die wir schriftlich festhalten: Die Familie will durch Verhaltensänderungen eine Umstrukturierung der jetzigen Verhältnisse erreichen, die von allen Familienmitgliedern getragen werden kann, also auch von Michaela. Als Nahziel faßt die Familie eine Umstellung der Möbel sowie die Anschaffung von Betten ins Auge, damit jedes Kind zumindest seine eigene Schlafstelle hat. Weiter besprechen wir mit der Mitarbeiterin des ASD, daß ich nur für die Belange von Robert und Sebastian zuständig bin und nicht für Michaela.

Dieses Vorgehen bedeutet für mich eine Einschränkung und widerspricht meiner ganzheitlichen Sichtweise. Ich melde nochmals diesbezügliche Bedenken beim ASD an. Michaela aus dem Lebenszusammenhang der Familie auszuklammern, ist in meinen Augen unmöglich, besonders dann, wenn eine Familienrückführung geplant ist. Auch wenn sie von den Familienmitgliedern körperlich getrennt lebt, wird sie in ihren Köpfen immer mit dabeisein. Außerdem verhindern unausgesprochene Vermutungen über die Verletzung von Kommunikationregeln im sexuellen Bereich zwischen Vater und Tochter die für einen Veränderungsprozeß notwendige Transparenz. Erst das von den Eltern selbst gewonnene Verständnis über Zusammenhänge durch eigene Reflexion ihres Handelns ermöglicht ihnen Einstellungs- und Verhaltensänderungen. Leider gelingt es mir nicht, den ASD umzustimmen.

Trotz meiner Bedenken siegt bei mir das Interesse, wieweit unter dieser Vorgabe, nämlich der Ausklammerung Michaelas, Veränderungen in solchen Begleitungen stattfinden. Ich finde es von der Familie mutig, mir in ihr in meinen Augen sehr geschlossenes Familiensystem Einblick zu gewähren. Diese Herausforderung einerseits und der Mut der Familie andererseits veranlassen mich, die Arbeit mit Familie Burger aufzunehmen. Ich beginne meine Arbeit mit der Familie im November. Wir vereinbaren Termine bis Weihnachten. Herr Burger möchte zu Hause sein, wenn ich zu seiner Frau komme. Vielleicht will er kontrollieren, was wir sprechen? Mir kann das nur recht sein, da ich ihn ohnedies in den Veränderungsprozeß einbinden werde. Zur Eingewöhnung werde ich in Absprache mit den Eltern am Anfang einmal in der Woche vier Stunden am Nachmittag zwischen fünfzehn und neunzehn Uhr kommen und zwar zu einer Zeit, in der Herr Burger nicht schläft.

Als ich mich von Robert in dem kleinen Zimmer, in dem sein Schlafsessel steht, verabschieden möchte, starrt er aus dem Fenster. „Was hältst Du davon, wenn ich jetzt öfter zu Euch komme?" frage ich ihn. Da senkt der große Bub den Kopf und beginnt zu weinen: „Ich hätte das mit Michaela verhindern können. Es ist alles meine Schuld." Ich schaue ihn fragend an, aber er schlägt die Augen sofort nieder, also frage ich: „Willst Du mit mir darüber reden?" Er schüttelt den Kopf. Als die Eltern hinter mir ins Zimmer drängen, habe ich keine Gelegenheit mehr, mit Robert die Sache weiter zu besprechen. Dieser spontane Gefühlsausbruch und die Selbstbezichtigung erwecken in mir den Eindruck, daß Robert unter Druck steht und seine innere Not vor den Eltern verbirgt. Sein Verhalten könnte ein Zeichen dafür sein, daß die den Eltern gegenüber nicht ausgesprochene Vermutung einer inzestuösen Beziehung stimmt.

Herr Burger will noch meinen Vornamen wissen, mit dem sie mich ansprechen wollen. Ich lege aber Wert darauf, daß mich die ganze Familie mit Frau Woog anspricht, nur die Kinder dürfen Du zu mir sagen. Gerade in dieser Familie mit offenbar merkwürdigen Kommunikationsregeln brauche ich diese Form, um der Familie und mir Distanz zu ermöglichen. Ich verabschiede mich von allen mit einem freundlichen Händedruck und werde das auch in Zukunft so halten.

Die folgenden drei Monate dienen der Familie Burger und mir herauszufinden, ob wir gemeinsam an den von uns gesetzten Zielen arbeiten können. In dieser Zeit wird sich zeigen, welche Ressourcen für eine Weiterentwicklung vorhanden sind und welche Schwerpunkte sich für die gemeinsame Arbeit herausbilden. Es wird nicht leicht werden, in dieses überaus geschlossene Familiensystem Bewegung zu bringen, damit Veränderungen möglich werden.

10.2 Die Erfassung des Alltagsgeschehens

Die ersten Besuche

dienen dazu, einen Zugang zueinander zu finden und die Bereitschaft und Fähigkeit der Familie abzuklären, sich auf den Familienentwicklungsprozeß einzulassen. Ich werde bei der Erfassung des Alltagsgeschehens darauf achten, was das Zusammenleben der Familie erschwert, und wo die Stärken der einzelnen Familienmitglieder liegen. Die Besuche bei der Familie Burger sind sehr aufschlußreich. Ich beobachte vor allem, wie die Eltern mit ihren Kindern umgehen und wie die Kinder auf das elterliche Verhalten reagieren. Mein erster Eindruck von den Eltern war, daß sie ihre eigenen Bedürfnisse bei der Wohnungseinrichtung in den Vordergrund stellen und die Bedürfnisse der Kinder mit einer Schlafecke abdecken. Ich möchte herausfinden, wieweit die Eltern die Bedürfnisse ihrer Kinder in anderen Bereichen achten.

Wenn ich da bin, spricht meist der Vater, und die Mutter sitzt stumm daneben. Auch Robert spricht nur, wenn er dazu aufgefordert wird. Sebastian versucht immer wieder, sich in das Gespräch einzumischen, allerdings ohne Erfolg. Sobald er den Mund aufmacht und unverständliche Laute heraussprudelt, sagt der Vater: „Sei still!" Der Tonfall des Vaters ist dann sehr erregt, was Sebastian veranlaßt, sich weinend zurückzuziehen. Damit er zu weinen aufhört, bekommt er abwechselnd von der Mutter und vom Vater trotz meiner Anwesenheit Ohrfeigen.

Es befremdet mich, daß sie den Jungen so wenig beachten und ich frage mich, ob es den Eltern gleichgültig ist, wie sich ihre Kinder fühlen, und welche Bedürfnisse sie haben. Das Verhalten der Eltern erscheint mir umso unverständlicher und paradoxer, als sie mir erklären, alle drei Kinder seien Wunschkinder. Vor allem Herr Burger wünschte sich immer eine richtige Familie, nachdem er diese als Kind nie hatte. Es ist für mich noch nicht erkennbar, welchen Sinn sie im Zusammenleben mit ihren Kindern sehen. Bisher habe ich den Eindruck, sie brauchen die Kinder hauptsächlich für ihr eigenes Wohlbefinden. Ich will versuchen, allparteilich zu bleiben und das elterliche Verhalten in seinen Zusammenhängen zu erkennen.

Als ich zum vereinbarten Termin an der Tür klingle, öffnet mir Frau Burger. Ihr Mann sitzt wie bei unserer ersten Begegnung bei Kerzenschein im Wohnzimmer und hört volkstümliche Musik. Einige Mandarinen liegen in einer Holzschale und er fordert mich auf, zuzugreifen. Gerne nehme ich mir eine. Als ich

Frau Burger frage, wo Robert ist, antwortet sie mir: „Robert ist noch in der Schule. Er muß gleich da sein." Sie wirkt entspannt und genießt offenbar die gemütliche Atmosphäre. Sebastian hüpft ununterbrochen vor mir in die Höhe. Er freut sich sichtlich, daß ich da bin. „Komm her zu mir, Sebastian; nimm Dir auch eine Mandarine", fordert ihn der Vater sanft auf. Sebastian setzt sich zum Vater und ißt schnell drei der leckeren Früchte auf einen Sitz. Der Vater wendet nichts dagegen ein. „Heute gefällt es mir bei Ihnen sehr gut", äußere ich mich und ich fühle mich tatsächlich wohl. „So ist es immer bei uns," meint Herr Burger nur. Sein heutiges Verhalten steht im krassen Widerspruch zum Verhalten bei unserer ersten Begegnung. Ich vermute, die Familie hat sich eine Strategie zurecht gelegt, wie sie sich mir gegenüber verhalten will.

Seine Frau hat sich zu uns gesetzt, bleibt aber in Anwesenheit ihres Mannes stumm. Sehr emanzipiert scheint sie mir nicht zu sein. Wir unterhalten uns über das Dorf, aus dem sie stammen. Beide sind katholisch. Herr Burger erzählt mir von den schönen Kirchen, die sie in der Gegend haben. Ich selbst bin evangelisch, bin aber in einer katholischen Großstadt aufgewachsen. Wir sind schnell in ein interessantes Gespräch vertieft: „Ich würde gerne in einem Dorf leben und habe doch immer in der Großstadt gelebt", werfe ich ein. „Ich lebe lieber in der Stadt", meint er. „Im Dorf kontrolliert jeder jeden. Das gefällt mir nicht. Hier habe ich meine Freiheit."

Ich will Frau Burger in das Gespräch einbeziehen und frage sie, ob das auch ihre Meinung ist. Da zuckt sie mit den Schultern und antwortet: „Ja, schon." Sonst nichts. Als ich Interesse für ihr Heimatdorf zeige und frage, ob sie Bilder haben, holt Frau Burger auf Aufforderung ihres Mannes ein Fotoalbum herbei. Wir blättern Seite um Seite um. Dabei erfahre ich viel aus dem Leben von Herrn und Frau Burger. Er lebte als Kind bei der Oma, da seine Mutter früh verstorben ist. Über seinen Vater erzählt er nichts. Erst viel später erzählt er mir, daß sein Vater sehr streng war und ihn außerdem immer verprügelt hat, wenn er betrunken war. Den Kontakt zu seinen acht Geschwistern hat er abgebrochen. Warum, erzählt er mir nicht, und ich frage auch nicht danach. Ich bin erstaunt, wieviel er mir von sich erzählt. Herr Burger ist heute ausgesprochen aufgeschlossen und konstruktiv.

Frau Burger lebt sichtlich auf, als ich sie bei verschiedenen Bildern um Kommentare bitte. Ich schließe aus ihren Worten, daß sie gerne in ihrem Dorf gelebt hat. Ihre Eltern haben dort ein Haus und viel Platz, wenn sie zu Besuch hinfahren. Mit etwas vorwurfsvoller Stimme sagt sie: „Ich habe einen um zehn Jahre älteren Bruder. Er war immer der Liebling meiner Eltern. Er lebt jetzt mit seiner Frau in Augsburg und ist Patenonkel von Robert." Frau Burger leidet unter dem Streit zwischen ihrem Mann und ihren Eltern, der mit der Heimunterbringung Michaelas zusammenhängt. Ich möchte die Situation nicht ausnutzen und als sie schweigt, erscheint es mir in dieser entspannten Atmosphäre nicht ratsam, nach den näheren Umständen zu fragen. Erst möchte ich das Vertrauen des Ehepaares gewinnen.

Wir sind alle etwas müde geworden. Ich bedanke mich bei Herrn und Frau Burger für die gute Mandarine. In der Zwischenzeit ist Robert nach Hause gekommen und gleich in das kleine Zimmer verschwunden, wo er am Eßtisch Hausaufgaben macht. Sebastian ist neben uns eingeschlafen. Ich verabschiede mich und bin sehr neugierig, wie sich mein nächster Besuch gestalten wird.

Zu Hause

ist es meist sehr still. Wenn der Vater schläft, flüstert der Rest der Familie. Diese Situation erscheint mir grotesk. Die Mutter sagt ständig 'Pst', wenn ich zu flüstern vergesse. Mir ist es daher lieber, wenn der Vater wach ist.

Als ich zum vereinbarten Termin komme, fällt mir schon im Treppenhaus der angenehme Geruch auf: Eine Mischung zwischen Fichtennadel- und Orangenöl. Herr Burger erklärt mir, daß heute ihr Badetag ist. Hätte ich das gewußt, wäre ich nicht gekommen. Prompt verschwindet Frau Burger mit Robert und Sebastian im Badezimmer. Ich höre sie in der Wanne planschen. Ich kenne keine Familie, in der die Mutter zusammen mit ihrem zehnjährigen Sohn nackt in der Badewanne badet. Wieso schämt sich der Junge nicht und grenzt sich so wenig ab? Dieses Verhalten erscheint mir ungewöhnlich. Ich habe vor, die Eltern bei Gelegenheit darauf anzusprechen. Irgendwie scheinen die gesellschaftlich tolerierten Kommunikationsregeln in dieser Familie durcheinander geraten zu sein.

Herr Burger stolziert vor mir in einer löchrigen, leicht angeschmutzten Unterhose auf und ab. Er bückt sich, um in einer Schublade nach Fotos zu suchen, spricht ununterbrochen mit abgewandtem Kopf etwas zu mir und bringt schließlich eine Schachtel zum Tisch, wo ich sitze. Ich fühle mich neben dem halbnackten und unangenehm riechenden Mann unbehaglich, versuche aber, mir nichts anmerken zu lassen. Ich habe das Gefühl, daß es ihm Spaß macht, mich in diese Situation zu bringen. Also frage ich ihn einfach: „Sind Sie sicher, daß ich Sie nicht störe?" „Aber nein, Sie stören überhaupt nicht! Wir gehen oft nackt in der Wohnung rum", antwortet er mir unangenehm grinsend.

Da habe ich offensichtlich Glück gehabt, daß er wenigstens seine Unterhose anbehalten hat. Ich lächle zurück und übersehe kühl seine mangelhafte Bekleidung, obwohl ich mich sehr wundere, daß er sich vor mir diese Blöße gibt. Der Schweißgeruch und das grenzverletzende Benehmen des Mannes ohne ausweichen zu können, schaffen mich und ich merke, wie Ekel in mir aufsteigt. Schließlich verschwindet auch er im Bad.

Ich sitze etwa eine halbe Stunde allein im Wohnzimmer. Als erster kommt Robert in ein Badetuch gehüllt aus dem Badezimmer, geht an mir vorbei, ohne rechts und links zu schauen und verschwindet im kleinen Zimmer. Nach weiteren fünfzehn Minuten erscheint Frau Burger, mit einem abgetragenen Schlafanzug bekleidet, obwohl es erst siebzehn Uhr ist und keineswegs Schlafenszeit. Auch sie beachtet mich nicht und verschwindet in der Küche, wo ich sie mit Geschirr klappern höre.

Später kommt sie zu mir, setzt sich neben mich und fragt mich mit weinerlicher Stimme in ihrer ruckartigen Sprechweise: „Wir haben keine Nachricht von Michaela. Bald ist Weihnachten. Ich will sie besuchen." Da ich mich aus allem, das Michaela betrifft, heraushalten soll, bitte ich sie, sich direkt an den ASD zu wenden. Später erfahre ich von ihr, daß Michaela in einem Jugendschutzheim lebt. Die Familie wird sie knapp vor Weihnachten besuchen und bittet mich, mitzukommen. Es wird deutlich, daß Frau Burger die Trennung von ihrer Tochter nicht leicht fällt. Als ich ihr anbiete, daß sie jederzeit mit mir darüber sprechen kann, schüttelt sie den Kopf: „Wissen Sie, bei mir geht halt alles nach innen." Danach verschwindet sie wieder in der Küche. Offenbar läßt sich die Familie durch mich in ihrem gewohnten Tagesablauf nicht stören. Jedenfalls beachtet mich niemand. Mir soll es recht sein. Ich lehne mich im Sessel zurück und warte ab, was weiter geschieht. Sebastian befindet sich noch beim Vater in der Wanne.

Als ich aus dem kleinen Zimmer ein Geräusch höre, stehe ich auf und klopfe an die Tür, obwohl sie offensteht und frage, ob ich hereinkommen darf. Robert hat seinen Trainingsanzug angezogen und hält seinen Kopf über ein Schulheft gebeugt. Ich frage ihn, was er gerade lernt. „Wir haben Morgen eine Englischarbeit. Ich muß noch Vokabeln lernen." Robert schaut mich nicht an, als er antwortet. Vielleicht schämt er sich für seinen Gefühlsausbruch bei meinem letzten Besuch? Ich merke, daß er mich auf Distanz halten will und respektiere seine Haltung. Nach Michaela und seiner Mutter ist er schon das dritte Familienmitglied, das mir im Gefühlsbereich sehr verunsichert erscheint.

Da kommt Sebastian splitternackt und tropfnaß in das Zimmer gesprungen und fragt mich mit undeutlich nuschelnder Stimme: „Und wann kommst Du in die Wanne?" Darauf war ich nicht gefaßt und schaue wohl dementsprechend entgeistert drein. Robert kommt mir zu Hilfe: „Frau Woog ist doch nicht zum Baden da, was glaubst Du denn?" Sebastian verschwindet kichernd im Badezimmer. Als ich mich verabschiede, sitzt der Vater schon seit zwei Stunden bei geöffneter Badezimmertür in der Badewanne. Um die Wohnung zu verlassen, muß ich am Badezimmer vorbei. Herr Burger ruft mir Abschiedsworte zu, die ich beim Hinausgehen mit abgewandtem Kopf freundlich erwidere.

Es ist eine merkwürdige Situation, in der ich mich befinde. Gegen meinen Willen werde ich in die mir merkwürdig erscheinenden Kommunikationsregeln der Familie einbezogen. Vielleicht will mir die Familie mit dem 'Baderitual' demonstrieren, wie sauber sie ist, nachdem die Mitarbeiterin vom ASD die Unsauberkeit der Familie bei unserem Gespräch erwähnte. Möglicherweise verletzt die Familie aber auch absichtlich Intimitätsregeln, um mich als vetrauten Kumpel zu gewinnen und damit außer Gefecht zu setzen. Meinem Empfinden nach besteht in dieser Familie weder ein Unrechtsbewußtsein noch ein Schamgefühl.

Als ich wegen einer Terminverschiebung meinen Besuch zweimal auf einen anderen Tag verlegen muß, badet die Familie ebenfalls. Vielleicht hängt ihr

Badeeifer wirklich mit meinem Kommen zusammen. Ob bei meinem letzten Besuch das friedliche Beisammensein der Familie ebenso inszeniert war? Ich finde das alles sehr spannend und habe den Eindruck, die Familie bemüht sich, mir zu gefallen und mich für sich zu gewinnen. Damit wäre eine gewisse Verunsicherung in bezug auf ihr bisheriges Verhalten eingetreten, die ich für die weitere Arbeit nutzen kann. Es wundert mich, daß Robert kein Bedürfnis nach einer eigenen Intimsphäre zu haben scheint. Das von mir als Verletzung von Intimitätsregeln empfundene Verhalten des Vaters mir gegenüber gibt mir ebenfalls Anknüpfungspunkte, um bei passender Gelegenheit über Grenzen, Intimität, Scham und Beschämung mit der Familie zu sprechen.

Die Schule

ist für Robert offensichtlich ein wichtiger Lebensinhalt. Wenn ich ihn zu Hause antreffe, sitzt er meist am Eßtisch und lernt oder spielt mit seinem 'Game-Boy'. Sein Stammplatz ist auf der Eckbank. Ich darf mich nur mit seiner Erlaubnis auf diesen Platz setzen. Er erzählt mir, daß er sich an freiwilligen Arbeitsgemeinschaften der Schule beteiligt, zur Zeit am 'Zeichnen' und 'Boote bauen'. Weder Vater noch Mutter halten zur Schule Kontakt. Eine Aufforderung des Schularztes zum Zahnarztbesuch zerreißt der Vater vor meinen Augen. „Die wollen doch nur Geld verdienen", meint er. Wenn es etwas zum Unterschreiben gibt, erledigt es die Mutter. Die Eltern können sich nicht beklagen: Robert und Michaela sind sehr gute Schüler. Als ich Robert frage, ob ich die Eltern motivieren soll, zum bevorstehenden Elternsprechtag zu gehen, winkt er ab: „Die blicken es doch eh nicht. Bei uns gibt es viele Eltern, die nicht zum Elternsprechtag kommen." So einfach ist das. Sein resignierter Unterton verrät mir aber, daß er es vielleicht doch ganz gerne hätte, wenn sich die Eltern mehr für sein Schulleben interessieren würden. Irgendwie, so scheint es, hat sich der Zehnjährige damit abgefunden.

Seit Robert Englisch lernt, wertet der Vater dieses Fach ab: „Wozu braucht man diese Affensprache?", und erwähnt dabei die farbige Bevölkerung Amerikas. „Er soll lieber deutsche Rechtschreibung lernen. Seine Briefe an die Großeltern sind immer voller Fehler." So ganz nebenbei erfahre ich, daß er die Briefe der Kinder an die Großeltern kontrolliert. Erst dann erhalten die Kinder eine Briefmarke und dürfen sie abschicken. Da Robert viele Vokabeln lernen muß, biete ich ihm an, ihn abzufragen, was er aber nur ein einziges Mal annimmt. Er hat sich seine eigenen Lernstrategien gemacht, die offenbar gut funktionieren. Die Mutter besitzt Englischkenntnisse und manchmal nutzt er diese und läßt sich von ihr etwas diktieren.

Als Michaela noch in der Familie lebte, besuchte sie die gleiche Realschule wie Robert. Sie haben sich in der Pause oft gesehen. Das fällt nun weg. Als ich ihn frage, ob ihm die Schwester fehlt, sagt er: „Ja, schon." Er bemerkt jedoch ehrlicherweise: „Ich habe auch Vorteile davon, weil ich jetzt mehr Platz zu Hause habe." Beide Buben bekommen wenig später auch jeder ein eigenes Bett. Robert verbrachte die Schulferien immer mit seiner Schwester bei den Großeltern, während die Eltern allein und später mit Sebastian im Urlaub waren. Bei den Großeltern bekamen die Kinder viel Anregungen zum Spielen und Lernen. Beide sprechen hochdeutsch und nicht im Dialekt wie ihre Eltern. Roberts Vorbild ist sein Patenonkel, ein Bruder der Mutter, der Informatik studiert hat. Manchmal darf Robert einige Tage zu ihm fahren: „Bei ihm habe ich ein eigenes Zimmer und darf mit dem Computer spielen", erzählt mir Robert erfreut. Ihm scheint der Onkel wichtig zu sein.

Da Robert in diesem Schuljahr von der Grundschule in die Realschule gewechselt hat, besitzt er noch keine neuen Freunde, wie er mir erklärt: „Außer Andreas, den kenne ich schon seit dem Kindergarten. Der hat ein tolles Mountain-Bike geschenkt bekommen!" Er selbst hat ein altes Fahrrad, das früher seinem Onkel gehörte. Leider ist es ganz kaputt. Auf meine Bitte hin gehen wir in den Keller, um das Fahrrad anzuschauen. Ich bin begeisterte Radlerin und gerade alte Fahrräder interessieren mich, weil sie meist qualitativ besser gebaut sind als neue Räder. Tatsächlich handelt es sich um ein sehr stabil gebautes, gutes Fahrrad, das mit wenig Geld wieder zu reparieren ist. Robert würde gerne mit dem Fahrrad in die Schule fahren. Er wäre damit auch viel unabhängiger. Später sehe ich ihn öfter an dem Fahrrad rumbasteln, und er schafft es, das Fahrrad fahrtüchtig zu machen. Ab diesem Zeitpunkt fährt er nur noch mit dem Rad zur Schule. Wir haben ein gemeinsames Interesse entdeckt und fachsimpeln über alles, das mit Fahrrädern zusammenhängt. Robert besorgt sich Prospekte und zeigt mir sein Traumrad, auf das er ab jetzt sparen will. Später machen wir sogar eine gemeinsame Fahrradtour zu Michaela.

Robert ist in einem Alter, wo man gerne auch für sich ist. Ich möchte ihn in seinen Bestrebungen unterstützen, sich deutlich abzugrenzen und seine eigene Identität zu entwickeln, um die in dieser Familie üblichen distanzlosen Umgangsweisen zu überwinden. Ich habe beobachtet, daß er sehr gerne allein sein Fahrrad repariert und gern ungestört auf seinem Platz am Eßtisch sitzt. Ich muß also aufpassen, ihm nicht zu nahe 'auf die Pelle' zu rücken. Seine Zurückhaltung mir gegenüber hat er in wechselnder Intensität bis zum Schluß beibehalten und ich habe ihn davon nicht abgebracht. Andererseits hat er bei unserer ersten Begegnung gezeigt, daß er nicht alles, was auf ihn einstürmt, schon allein bewältigen kann. Ich habe mir daher angewöhnt, ihn bei unserer Begrüßung kurz zu fragen: „Alles klar?" Wenn er dann nickt, hoffe ich, daß er mit den an ihn gestellten Anforderungen zurecht kommt.

Der Kindergarten
ist zu Fuß in etwa zwanzig Minuten erreichbar. Sebastian besucht ihn vormittags und nachmittags. Das ist ungewöhnlich, da es meist nur Kinder berufstätiger Mütter sind, die nachmittags kommen. Sebastian hat in der jungen Erzieherin Anne eine ihm zugeneigte Bezugsperson gefunden. Sie gibt sich große Mühe, ihn zum Spielen anzuregen. Sebastian mag Anne sehr, deshalb will er auch am Nachmittag in den Kindergarten. Die Mutter sitzt in der Zwischenzeit zu

Hause vor dem Fernsehgerät, und Fernsehen interessiert Sebastian nicht, wie mir Herr Burger erzählt.

Wenn ich um die Mittagszeit komme, hole ich Sebastian mit der Mutter vom Kindergarten ab. Frau Burger bleibt in einiger Entfernung von den anderen Müttern stehen. Dadurch ergibt sich auch keine Gelegenheit zum Gespräch mit ihnen. Von Mal zu Mal stelle ich mich näher zu den anderen Frauen und beginne schließlich ein Gespräch mit ihnen. Frau Burger bleibt stumm. Eines Tages kommt die Leiterin des Kindergartens zu uns. Sie übergibt Frau Burger einen Zettel, auf dem die Adresse der Sprachheilschule steht: „Sie sollten Sebastian einmal dort testen lassen. Ich denke er braucht eine Sprachförderung. Das sollte unbedingt vor der Schule sein, sonst wird es schwer für ihn." Frau Burger knüllt den Zettel in der Hand und sagt: „Ich werde es meinem Mann sagen." Nach dem kurzen Gespräch nimmt Frau Burger Sebastian fest an der Hand und zieht ihn eilig mit sich weg. Ich kann mich gerade noch bei der Kindergartenleiterin kurz vorstellen, bevor ich ihr nachlaufe. Frau Burger hat die Schultern etwas eingezogen und schaut stur auf den Gehsteig. Ich habe sie zum ersten Mal im Kontakt mit jemandem außerhalb der Wohnung gesehen. Sehr kommunikativ scheint sie nicht zu sein.

Sebastian freut sich immer, wenn ich zum Abholen mitkomme. Dann läuft er auf mich und nicht die Mutter zu und will, daß ich ihn mit den Armen hochnehme. Er ist ein lieber Kerl und ich kann gar nicht anders, als ihn spontan hochzunehmen. Aber warum macht es die Mutter nicht? Diese kleine Begebenheit läßt mich vermuten, daß sie entweder nicht in der Lage ist, spontan auf ein Bedürfnis ihres Sohnes zu reagieren oder ein schlechtes Kreuz hat. Ohrfeigen dagegen gibt sie ihm fast schon automatisch. Später sage ich Sebastian einfach, daß er mir schon zu schwer ist, um ihn nicht zu sehr an mich und meine Verhaltensweisen zu gewöhnen.

Am Nachhauseweg denken wir uns immer neue Spiele aus. Sebastian ist sehr phantasiebegabt. Manchmal müssen wir beide so lachen, daß auch die Mutter von uns angesteckt wird, die sonst ohne rechts und links zu schauen, immer nur stur geradeaus läuft. Wir hüpfen, schließen die Augen, gehen rückwärts und machen Wettrennen. Sebastian ist körperlich noch ziemlich unsicher. Kinderturnen im Turnverein wäre für ihn gut. Als er einmal müde ist und nicht mehr gehen will, ziehe ich ihn auf, wie man eine Uhr aufzieht. Danach läuft er eine Strecke, bis ich ihn wieder aufziehen muß. Er kann nicht genug davon bekommen.

Ich habe den Eindruck, der Mutter ist das peinlich vor den anderen Leuten. Ihr stereotypes „Geh ordentlich, Sebastian", sagt sie aber immer weniger oft. Schließlich kann sie gar nicht mehr anders als mitlachen. Sebastian tobt, lacht und macht am Heimweg Unsinn, was er zu Hause nicht darf. Meine Versuche, die Mutter einzubeziehen, sind selten erfolgreich. Nach meiner Anschauung ist sie nicht in der Lage, sich spontan auf die kindliche Welt einzulassen. Vielleicht fehlen ihr hier entsprechende Erfahrungen aus der eigenen Kindheit?

Als wir zu Hause anlangen, bückt sich die Mutter sofort, um Sebastian die Schuhe auszuziehen. Sie hilft ihm auch aus der Jacke und hängt sie auf. Sebastian muß sich weder selbst anziehen noch ausziehen. Er sagt nur: „Mama!" und Mama macht. Sie hilft ihm automatisch, ohne mit ihm zu sprechen, oder sonstwie auf ihn einzugehen. Sie scheint so unbeteiligt zu bleiben wie beim Kartoffelschälen. Als ich Sebastian necke und meine: „Du bist doch kein Baby mehr!", schaut er mich traurig an und und erwidert darauf: „Warum sagst Du das. Du siehst doch, daß ich kein Baby mehr bin." Er weiß offenbar nicht, daß sich Kinder in seinem Alter schon selbständig an- und ausziehen.

Im Stillen frage ich mich, ob die Mutter ihn noch als Baby braucht, und er sich ihr zuliebe babyhaft benimmt. Hindert sie etwas daran, ihn loszulassen? Das Einnässen stört sie auch nicht weiter: „Die beiden Großen haben noch bis zum siebenten Jahr eingenäßt", rechtfertigt sie diese Tatsache. Wenn Sebastian ins Bett macht, trocknet sie das Leintuch und den Schlafanzug am Balkon, ohne sie vorher auszuwaschen. Der Uringeruch in der Wohnung stört sie offenbar nicht. Unangenehm wird es allerdings für Sebastian, weil er tagsüber im Kindergarten als 'Großer' noch in die Hose macht und stinkt. Keines der anderen Kinder will dann neben ihm sitzen.

Das Fernsehen
ist für Frau Burger ein seit ihrer Kindheit vertrautes Medium. Sie war als Kind viel allein und gewöhnte sich an das Fernsehen. Sobald die Kinder aus dem Haus sind, schaltet sie das Gerät an. Manche Leute unterhalten sich bei laufendem Fernseher, manche brauchen ihn nur als Geräuschkulisse und andere schauen gebannt zu. Frau Burger gehört zu den letzteren. Sie saugt das Geschehen förmlich in sich hinein und achtet nicht darauf, was um sie herum geschieht. Sie bekommt ein rotes Gesicht, wenn es spannend ist und lebt mit jeder Szene mit. Herr Burger erzählt mir, daß seine Frau vormittags und nachmittags täglich einige Stunden vor dem Fernsehgerät verbringt: „Sie hat ihre Freude daran." Sie selbst erzählt mir, daß sie am liebsten zu Hause ist und fernsieht. Ich habe auch festgestellt, daß sie über Sendungen in verschiedenen Programmen gut Bescheid weiß und gezielt auswählt.

Robert hat den Auftrag, Sebastian in den Kindergarten zu bringen und ihn abzuholen, während die Mutter fernsieht. Sebastian besucht nachmittags den Kindergarten, weil er beim Fernsehen nichts mitbekommt, wie mir Robert erzählt: „Der ist zu dumm und fürchtet sich dauernd." Er selbst setzt sich manchmal zur Mutter, wenn ein spannender Film läuft. Er informiert sich in der Programmzeitschrift über die Sendungen, die er sehen möchte: „Ich schaue mir nicht alles an wie die Mutter", meint er ein wenig abfällig. Allerdings hat er wenig Zeit, da er entweder Nachmittagsschule hat oder Aufgaben macht. Langeweile habe ich bei ihm nie beobachtet. Er kann sich seine Zeit gut einteilen.

Herr Burger sieht nur abends fern, wenn er keine Schichtarbeit hat. Auch er sucht sich gezielt Sendungen aus: Übertragungen mit volkstümlicher Musik und alte Heimatfilme. Moderne Filme mag er nicht. Wenn nichts für ihn im Programm ist, bleibt nach seiner Bestimmung der Fernseher am Abend aus und die Familie hört im Radio Volksmusik, die dann sehr laut in der ganzen Wohnung zu hören ist. Robert mag diese Musik nicht. Seit kurzem hat er Kopfhörer und hört seine eigene Musik.

Wenn ich zu den vereinbarten Terminen komme, läuft der Fernseher meist nicht. Frau Burger stellt ihn sofort ab, wenn ich an der Tür läute, ohne daß ich diesen Wunsch speziell geäußert habe. Mir gefällt diese offensichtliche Rücksichtnahme von ihr, die ein gewisses Maß an Einfühlungsvermögen voraussetzt. Mein anfänglicher Eindruck, daß sie stumpf und gefühllos ist, kann also nicht stimmen. Ich habe lange nicht gewußt, daß Frau Burger soviel fernsieht. Erst langsam kam mir die Vermutung, da sie nie an etwas arbeitete, als ich kam. Wenn ich da bin, sitzen wir gemeinsam auf den Stühlen vor dem ausgeschalteten Fernsehgerät. Ich habe Mühe, mit ihr ins Gespräch zu kommen. Von sich aus erzählt sie mir nichts. Meine Fragen beantwortet sie mit einem „Ich weiß nicht", oder sie zuckt nur mit den Achseln, schüttelt den Kopf oder reagiert überhaupt nicht und schaut unbeteiligt aus dem Fenster. Alle meine Motivationskünste versagen kläglich. Nach drei Wochen äußerst unbefriedigender Kontaktversuche meinerseits höre ich auf zu fragen, oder ihr von mir aus etwas zu erzählen. Zuhören kann sie prima. Ich möchte sie zum Sprechen bringen und beschließe, ebenfalls zu schweigen und mich somit ihr anzupassen.

Das Schweigen erweist sich als sehr fruchtbar. Bis zu zwei Stunden sitzen wir schweigend beieinander, bevor wir Sebastian gemeinsam vom Kindergarten abholen, worum ich sie gebeten habe. Manchmal greift sie zum Nähkorb und beginnt zu flicken. Da flicke ich ebenfalls. Als sie Zeitung liest, lese ich ebenfalls. Als sie einfach vor sich hinstarrt, starre ich ebenso. Ich fühle mich in der stillen Wohnung sehr wohl und vermisse nichts. Vielleicht vermißt Frau Burger das Fernsehen. Wenn ich etwas geflickt habe, lasse ich mein Werk von ihr bewundern. Ich stelle keine Fragen mehr und erzähle auch nichts. Nach einer längeren Zeit gemeinsamen Schweigens geschieht etwas Merkwürdiges: Frau Burger beginnt zu seufzen und legt die Flickarbeit zur Seite. Ich seufze ebenfalls, höre auf zu flicken und lächle ihr zu. Da steht sie auf und fragt mich: „Wollen Sie ein Stück Schokolade?" Ich nehme ihr Angebot gerne an. Sie geht an den Schrank mit den Süßigkeiten und bricht mir von einer ganzen Tafel ein kleines Stück ab. Den Rest ißt sie mit großer Schnelligkeit genußvoll auf. Als wir anschließend zum Kindergarten gehen, um Sebastian abzuholen, erzählt sie mir innerhalb von zehn Minuten ohne Unterbrechung alles Wissenswerte, wonach ich sie schon seit Wochen fragte.

Dauerhaften Zugang zu ihr bekomme ich durch unsere gemeinsame Vorliebe für Zimmerpflanzen. Direkt hinter dem Fernsehgerät stehen auf der Fensterbank kräftige und gesunde Pflanzen, um die sie sich mit Hingabe kümmert. Wir tauschen Ableger aus und freuen uns, wenn eine Pflanze zum Blühen kommt. Als es im Februar sehr kalt ist, baut Frau Burger ein kleines Glashaus. Sie sagt mir allerdings nicht, was sie damit vorhat. Einige Tage später erzählt sie mir enttäuscht, daß alle Kakteen, für die sie das Glashaus baute, am Balkon erfroren sind.

Sie ist nicht in der Lage abzuschätzen, daß in dem unbeheizten, kleinen Glashaus auf ihrem Balkon bei fünfzehn Grad unter Null die Kakteen erfrieren. Meinem bisherigen Eindruck nach sind die geistigen Fähigkeiten bei Frau Burger sehr beschränkt. Ich ärgere mich, daß sie ihre Situation so wenig zu durchschauen scheint und sich vom Ehemann soviel gefallen läßt.

Den Fernseher schaltet Frau Burger nie ein, wenn ich da bin. Ich merke aber, daß ihr Gespräche mit mir keine Freude machen. Warum sie so ungern spricht, weiß ich zu diesem Zeitpunkt noch nicht. Erst viel später erzählt mir Robert, daß seine Mutter ähnlich wie Sebastian als Kind einen Sprachfehler hatte und in Behandlung war. Ihre abgehackte Sprechweise ist also kein Dialekt, wie ich zunächst vermutete. „Wenn sie mit mir nicht sprechen wollen, möchten Sie vielleicht mit mir spielen?" frage ich sie. Da lächelt sie in ihrer lieben, etwas verlegenen Art und holt einen ledernen Becher mit sechs Würfeln hervor. Sie würfelt öfter mit ihrem Mann, wenn sie es sich abends bei einer Flasche Wein gemütlich machen und die Kinder im Bett sind. Ich habe noch nie ein Würfelspiel mit dem Becher gespielt. Es dauert einige Zeit, bis ich alle Regeln verstanden habe. Sie ist mir überlegen. Ich muß mich anstrengen, um so schnell wie sie die Würfelwerte im Kopf zusammen zu rechnen. Obwohl es ein Glücksspiel ist, gewinnt sie ständig und freut sich darüber unbändig. Ich ärgere mich über mein Verlieren und wir geraten beide in eine Spannung. Wer wird als nächstes gewinnen? Zum ersten Mal erlebe ich, wie sie so richtig loslachen kann: „Sie bringen mich zum Lachen", äußert sie sich in dieser Situation.

Ich möchte sie gerne noch oft zum Lachen bringen, um ihre große Zurückhaltung etwas zu lockern. Insgeheim freue ich mich, daß sie durch mein Verlieren ein Erfolgserlebnis hat. Ich denke, Frau Burger erlebt in dieser Zeit mit mir, daß es nicht nur mit dem Fernseher sondern auch im mitmenschlichen Kontakt ganz erfreulich zugehen kann. Vielleicht ist es für sie eine neue Erfahrung.

Zum Spielen
gibt es für die größeren Kinder allerhand in der Wohnung. Sie haben im Lauf der Zeit viele interessante Spiele von den Großeltern geschenkt bekommen. Ein ganzer Schrank im Wohnzimmer ist mit Spielen vollgeräumt. Robert zeigt mir alle Tricks beim Mühlespielen, die er von seinem Großvater gelernt hat. Gegen ihn verliere ich regelmäßig. Dafür ärgert es ihn, daß ich beim Schachspielen besser bin als er. Zum Geburtstag bekommt er vom Großvater einen Schachcomputer geschenkt, an dem ich ihn oft üben sehe. Seine Eltern spielen kein Schach.

Im Spiel messen Robert und ich unsere Kräfte. Aus der Art und Weise seines Spiels kann ich ein wenig von seinem Wesen erkennen. Ich halte ihn für sachlich, sehr ehrgeizig und äußerst diszipliniert. Es fehlt ihm meiner Meinung nach etwas an Toleranz und außerdem beharrt er stur auf seinen Rechten. In seiner Art scheint er dem Vater recht ähnlich zu sein. Ich kann mir vorstellen, daß er für manche Menschen unbequem ist. Für mich ist seine wenig nachgiebige Art auch manchmal unbequem, besonders wenn ich gerade am Verlieren bin, und das äußere ich dann auch deutlich.

Im Spielen kann ich mich nicht verstellen. Ich bin sicher, daß er mich in seiner gelassenen Art ebenso einzuschätzen lernt wie ich ihn. Möglicherweise gefällt ihm einiges an mir nicht: Ich bin spontan, versuche tolerant zu sein und beharre nicht auf meinen Rechten. Für mich müssen situationsbezogene Dinge unter den Teilnehmern aushandelbar bleiben.

Oft bitten wir die Mutter, mit uns 'Mensch ärgere Dich nicht' zu spielen. Auch Sebastian spielt dann mit und würfelt. Da er noch nicht zählen kann, zieht die Mutter seine Steinchen mit. Sebastian kann sich nur kurz auf ein Spiel dieser Art konzentrieren. Zum Spielen hat er einige Plüschtiere, Reste von ange-schmutzten Plastikbausteinen und ein Bilderbuch über einen Bauernhof. Am liebsten spielen wir Phantasiespiele. Sebastian schlüpft in die Rolle des großen Zauberers und zaubert Sachen weg, die gar nicht da sind.

Gerne mimt er den Filmvorführer. Es wird unser Lieblingsspiel. Sebastian setzt sich aus Bausteinen einen 'Vorführapparat' zusammen und sein Lieblingsteddy und ich dürfen uns einen Film wünschen. Ich schlüpfe in die Rolle des Teddy und wünsche mir meist einen Tierfilm, den Sebastian imaginär vorführt. Wenn Teddy und ich an bestimmten Stellen in die Hände klatschen, freut er sich. In der anschließenden Vorführpause macht er zwei Plastikbausteine zum Saftglas, wobei wir zwischen unsichtbarem Himbeer- und Orangensaft wählen können. Sowohl Teddy und ich werden vorzüglich von ihm bedient: „Willst Du auch einen Kuchen?" fragt er mich. Auch Teddy erhält ein Stück. Sebastian geht auf Anregungen ein und führt das Spiel selbständig weiter. 'Filme vorführen' wird ein Standardspiel, das wir lange Zeit immer neu gestaltend spielen.

Beim Kartenspielen mit den Spielkarten der Eltern geht es mir zu phantastisch zu. Ich gerate in Schwierigkeiten, da er selbst die Spielregeln bestimmt und sie nicht einhält. Ich muß Karten von ihm ziehen und andere ablegen. Nach seiner Meinung sind es immer die falschen Karten, die ich ablege. Ich kann in dem Spiel kein System erkennen. Er macht die Spielbewegungen von Erwachsenen nach und ich muß es ebenso machen. Er läßt keine Abweichung von dem zu, was er mir aufträgt. Ich muß mich ausschließlich nach seinen Vorstellungen richten, auch wenn es mir als reiner Unsinn vorkommt.

Sobald ich aufmucke, und eine Änderung des Spiels einbringen möchte, werde ich von ihm zurechtgewiesen. Ich fühle mich als eine Marionette, die sich nach seinen Vorgaben verhalten muß. Wenn ich mich nicht zurechtweisen lasse und seinen Forderungen nicht entspreche, fängt er zu weinen an. Dazu kommt, daß er ununterbrochen spricht, ohne daß ich ihn verstehe. Ich entnehme aus seinen Gesten, seinem Tonfall und seinen 'Hm, 'Ha' und 'Da', was er mir mitteilen will. Diese Art zu spielen, ist anstrengend für mich. Kein Wunder, wenn die Erzieherin im Kindergarten sagt, daß andere Kindern nicht mit ihm spielen möchten. Ich gewinne den Eindruck, daß er das rigide Verhalten des Vaters einfach nachmacht, ohne daß er die Bedeutung kennt.

Frau Burger zeigt mir ein Spiel für Sebastian, womit er Sprechen üben kann. Sie hat es im Spieleschrank gefunden. Wir fangen gleich damit an. Es sind Wörter zu finden, die sich jeweils nur um einen Buchstaben unterscheiden wie zum Beispiel Mond und Mund oder Taube und Traube. Sebastian spielt das Spiel gerne und manchmal auch mit der Mutter, wenn ich nicht da bin. Zum ersten Mal bemerke ich, daß sich die Mutter für die Bedürfnisse Sebastians interessiert und mitdenkt.

Sebastian ist ein ausnehmend phantasiebegabtes Kind, aber in seiner körperlichen, geistigen und emotionalen Entwicklung entspricht der Fünfjährige eher einem Dreijährigen. Mir fällt der Unterschied zu seinen älteren Geschwistern auf, die weitgehend bei den Großeltern aufgewachsen sind und dort offenbar gut gefördert wurden, während Sebastian ausschließlich bei seiner Mutter war. Anders kann ich mir den Unterschied zwischen den Geschwistern nicht erklären. Oft bedrängt Sebastian die Mutter, mit ihm zu spielen, aber bisher weiß sie mit ihm nichts anzufangen. Sie geht weder mit ihm spazieren noch auf einen Spielplatz. Die nicht kindgerechte Wohnung bietet wenig Anregungen für Sebastian und hinaus ins Freie darf er nicht allein.

Merkwürdig ist das schon: Die Eltern scheinen, wenn es um die Befriedigung von Bedürfnissen geht, in Konkurrenz zu den eigenen Kindern zu stehen, die immer den Kürzeren ziehen. Ob die Eltern hier etwas nachzuholen haben?

Das Essen
ist für Herrn Burger sehr wichtig. Er legt großen Wert darauf, daß die Familie nur gemeinsam mit ihm ißt. Gegessen wird also nicht, wenn die Kinder hungrig sind, sondern die Schichtarbeit des Vaters regelt die Essenszeiten. Wenn der Vater am Nachmittag gegen fünfzehn Uhr ausgeschlafen hat, wird von allen erst einmal gefrühstückt. Die ganze Familie benutzt das Wort 'Frühstück' ganz selbstverständlich für eine Mahlzeit am Nachmittag. Ich finde das seltsam. Herr Burger macht sich auch hier seine eigenen Regeln und dehnt sie auf seine Familie aus. Auf meine erstaunte Anfrage, hat er eine Erklärung bereit: „Sehen Sie, alle Leute frühstücken, nachdem sie geschlafen haben. Warum soll das bei uns anders sein?" Dabei grinst er. Ich bin nicht seiner Meinung und sage ihm das auch: „Ihre Kinder sind seit morgens um Sieben auf den Beinen. Für sie ist das kein Frühstück mehr. Warum sagen Sie es dann?" Darauf antwortet er mir nicht. Robert schaut mich aufmerksam an und lächelt etwas befangen. Ich habe nicht gehört, daß er jemals wieder zu einem Imbiß am Nachmittag 'Frühstück' gesagt hat. Ich darf mich zum Eßtisch dazusetzen. Erst als die Familie Vetrauen zu mir gefaßt hat, bietet mir Frau Burger eine Tasse Kaffee an, die ich auch dankend annehme.

Nach und nach erfahre ich, daß dieses 'Frühstück' am Nachmittag für die Kinder die erste Mahlzeit am Tag ist. Ihren Hunger stillen sie mit Müsliriegel und Schokolade, die von der Mutter vor allem für sich selbst eingekauft werden. Manchmal kauft die Mutter mittags auch drei Brötchen ein. Statt mit den Kindern zu teilen, die Brötchen sehr gerne essen, ißt sie alle drei mit großer Schnelligkeit allein auf. Meine Anwesenheit gibt Sebastian später offensichtlich die Sicherheit, mit der Mutter das Thema 'Brötchen' anzusprechen und fordert auch für sich ein Brötchen. Ebenso beobachte ich, wie sich die Mutter für einundzwanzig Pfennige eine einzelne Tomate kauft, die sie auf dem Nachhauseweg, wo sie weder Kinder noch Ehemann sehen, hungrig verspeist. Auch Wurstbrote macht sie sich manchmal. Den Kindern jedoch gibt sie jeweils ein Schokoladenei, sobald sie mittags nach Hause kommen, die sie jeden Tag frisch einkauft.

Gegen zwanzig Uhr wird warm gegessen. An den beiden Tagen, an denen ich nunmehr da bin, wird Woche für Woche dasselbe gegessen. Den einen Tag Rotkraut mit Knödel und Hasenbraten, den anderen Tag Suppenhuhn mit Gemüse und Reis. Den Hasen und das Huhn kauft Frau Burger auf einem nahegelegenen Bauernmarkt ein. Diese starre Regelmäßigkeit von Abläufen fällt mir auf. Vielleicht ißt das Ehepaar schon seit seiner Eheschließung - also seit vierzehn Jahren - an diesen Tagen Hasenbraten und Suppenhuhn?

Noch etwas fällt mir auf: Seit ihrer Eheschließung liegt auf dem Eßtisch ein mittlerweile arg abgenutztes, mit braunen Blättern und lila Blumen gemustertes Wachstuch, dessen Ränder eingerollt sind, sodaß eine total verschmutzte Unterdecke sichtbar wird. Herr Burger erwähnt es voll Stolz, daß bei ihnen die Sachen so lange halten. Vielleicht braucht er einen absolut präzise geregelten Tagesablauf und eine unveränderte Häuslichkeit. Diese besteht aus mittlerweile verschlissenen und abgeschmierten Möbeln, total verschmutzten und zerkratzten ehemals weißen Türen und schmutzigen Wänden, allerdings mit Ausnahme des Schlafzimmers.

Mir fällt eine Parallelität zu Herrn Burgers Arbeit auf. Er hat einen verantwortungsvollen Arbeitsplatz, der ständig gleiche und präzise auszuführende, vorgegebene Handgriffe erfordert. Jedes Abweichen hätte schwerwiegende Folgen. Möglich ist es, daß diese Arbeitshaltung in das Familienleben hineinwirkt und zu einer gewissen Starrheit führt. Es ist aber auch möglich, daß er nur sparsam ist, weil er das Geld für die schönen Reisen mit seiner Frau braucht. Für mich besteht hier ein Widerspruch zwischen dem guten Einkommen Herrn Burgers und der ärmlichen, häuslichen Lebenswelt, in der die Familie lebt. Mir scheint, die Familie lebt in zwei Welten. Auf Bildern von ihren weiten Reisen sind die Eheleute immer sehr gut gekleidet, und sie logieren in guten Hotels. Zu Hause aber leben sie so ärmlich und bescheiden, daß sie sogar vom Kindergarten Kleiderspenden erhalten.

Nach dem 'Frühstück am Nachmittag' und dem 'Baderitual' erlebe ich nun das 'Abendessenritual'. Die Familie steht vor dem Eßtisch im Halbrund und betet etwa fünf Minuten. Ich stehe natürlich auch dabei. Die Eheleute murmeln nicht einfach nur, sondern sie sprechen auswendig in leierndem Tonfall einen Text fast wie in der Kirche. Auf mich macht diese Fertigkeit einen großen Eindruck, und das soll es wohl auch. Trotzdem fühle ich mich äußerst unbehaglich.

Anschließend darf nicht mehr gesprochen, sondern nur noch gegessen werden. Ständig reizt es mich, dieses Ritual zu durchbrechen. Für mich ist Essen eine erfreuliche Sache und ich halte es kaum aus, in dieser 'Trauergemeinde' zu sitzen. Die Kinder rutschen nicht herum, stützen den Ellenbogen beim Essen nicht auf, verschwinden nicht unterm Tisch und sagen jedesmal, wenn sie Nachschub wollen Bitte und Danke. Ich selbst wage es nicht, den Ellenbogen aufzustützen, um den Kindern kein schlechtes Beispiel zu geben. Wenn sich Sebastian aufstützt, hebt der Vater den Ellenbogen leicht an und stößt ihn fest auf den Tisch, sodaß Sebastian heftig zu weinen beginnt. Jetzt setze ich mich immer zwischen den Vater und Sebastian, damit er ihn nicht mehr erreicht. Mir fällt auf, daß Robert die vom Vater aufgestellten Regeln nicht nur genau einhält, sondern Sebastian sogar öfter zurechtweist.

Das Benehmen der Mutter fällt nach meiner Meinung aus dem Rahmen: Manchmal neigt sie sich etwas zur Seite, bekommt einen konzentrierten Gesichtsausdruck, entläßt Winde und lehnt sich entspannt zurück. Ebenso unbefangen rülpst sie auch und zwar ziemlich laut. Weder der Ehemann noch die Kinder verziehen die Miene. Ich nehme also an, daß es sich um eine von ihnen akzeptierte Tischsitte handelt.

Als ich mit Sebastian zu flüstern beginne, werde ich sofort von Herrn Burger mit einem ärgerlichen 'Pst' zum Schweigen gemahnt. Irgendwie schaffe ich es, meine Heiterkeit nicht zu verlieren, schaue fröhlich und interessiert in die Runde, um zu allen wenigstens einen freundlichen Augenkontakt herzustellen. Nach einer Weile merke ich, daß auch die anderen Gesichter heiterer werden, und wie die Verkrampfung bei allen nachläßt. Nach einigen Tagen wird nur noch ein kurzes Tischgebet gesprochen und Herr Burger bricht seine eigenen Regeln, indem er anregende Gespräche mit mir führt. Es gefällt mir, mich mit ihm zu unterhalten. Das Ehepaar hat schon weite Reisen unternommen. Wenn Herr Burger erzählt, wirkt er sehr weltoffen und erfahren. Mir macht es Freude, ihm zuzuhören. Immer wieder bemühe ich mich, auch Frau Burger in die Gespräche einzubeziehen, aber sie bleibt in Anwesenheit des Ehemannes die große Schweigerin. Wenn sich Herr Burger allerdings über mich ärgert, weil ich ihm manchmal widerspreche, setzt er sofort wieder die von ihm aufgestellten Regeln in Kraft. Immer öfter habe ich das Gefühl, Zuschauerin in einer Inszenierung zu sein. Ob mir die Eltern etwas vorspielen?

Als Sebastian sich einmal, durch meine Anwesenheit vielleicht leichtsinnig geworden, ein Stück Brot nimmt, ohne den Vater zu fragen, schlägt ihm dieser mit dem Handrücken voll ins Gesicht. Sebastian brüllt laut auf. Die Mutter schaut nur kurz vom Teller hoch und ißt dann unbeteiligt weiter. Auch Robert widmet sich intensiv seinem Essen. Ich erschrecke und stoße ein entsetztes:

„Oh, Nein!" hervor. Da beugt sich der Vater liebevoll über den Sohn und will ihn am Kopf streicheln. Dabei murmelt er vor sich hin: „Mein lieber Sebastian." Sebastian wehrt das Streicheln des Vaters durch Zurückziehen seines Kopfes ab. Er sitzt schluchzend auf seinem Platz. Niemand tröstet ihn. Mich verblüfft diese Kombination von Ohrfeige und die unmittelbar folgende Sanftmut. Ich beobachte dieses Verhalten bei Herrn Burger noch öfters. Wenn er den Kindern eine Ohrfeige gibt, ist er danach in meinen Augen übertrieben sanftmütig. Später bemerke ich, daß sich Sebastian dem Streicheln des Vaters auch dann entzieht, wenn der Vater ihn zuvor nicht geschlagen hat. Diese Gefühlssprünge des Vaters verwirren Sebastian offenbar ebenso wie mich. Es liegt nahe, anzunehmen, daß der Mann seine Gefühle nicht kontrollieren kann oder will.

Abenteuer erleben

die Kinder zu Hause vermutlich genug mit den Eltern. Diese spannungsgeladenen Situationen, von denen ich bereits einige miterlebte, meine ich nicht. Ich meine 'Abenteuer erleben' vom Kinde aus, wo sich die Kräfte im freien Spiel und in der Auseinandersetzung mit der Umwelt so richtig entfalten können. Was Sebastian meiner Ansicht nach fehlt, ist ein Platz, wo er nicht flüstern und ständig stillsitzen muß. Der auf Disziplin und Einhaltung von Regeln bedachte Kindergarten ist kein Ausgleich für die Disziplin und die Einhaltung von Regeln, die ihm zu Hause abverlangt werden. Der in der Nähe gelegene Aktivspielplatz bietet sich als Freiraum für Kinder an.

Ich will Sebastian nicht die Mutter ersetzen, sondern versuchen, sie für die Bedürfnisse ihres Sohnes zu sensibilisieren. Es ist mühsam, die Mutter soweit zu motivieren, daß sie die Wohnung verläßt und mit Sebastian spazieren geht. Auf der Straße nimmt Sebastian sofort meine Hand und nicht die der Mutter. Da bitte ich ihn, der Mutter die andere Hand zu geben. So ziehen wir Hand in Hand dahin. Wir kommen an eine große Wiese, wo die ersten Frühjahrsblüher hervorkommen. Die Mutter hat für Wildpflanzen nichts übrig. Ihre Eltern haben einen Garten, wie sie mir erzählt, sie selbst hat darin nicht gearbeitet. „Das ist Sache von Mutti", meint sie. Sebastian läuft sofort zu den Blumen, wie es die meisten Kinder spontan machen. Sein erstes Wort, das er fehlerfrei aussprechen kann, ist der Pflanzenname 'Hahnenfuß'. Überall wo Sebastian die Pflanze entdeckt, läuft er hin und ruft voll Freude: „Hahnenfuß, Hahnenfuß!" Zu Hause schauen wir in seinem Bilderbuch vom Bauernhof nach, ob wir einen echten Hahnenfuß finden. Sebastian hat flinke Augen und zeigt schnell auf den Fuß des Hahns. Ein Blatt zum Vergleichen haben wir mitgenommen und er sieht die Ähnlichkeit des Blattes mit dem Fuß des Hahns im Bilderbuch. Im Lauf der Zeit lernt er die Namen einiger Wildblumen. Allmählich lernt Sebastian zu benennen, was er in seiner Umgebung sieht und nimmt begierig meine Geschichten auf, die ich ihm erzähle. Er lernt rasch und hat die Fähigkeit, erfundene Geschichten weiterzuspinnen. Eine dieser endlosen Geschichten, die wir jedesmal weiterspinnen, handelt von der Mäusefrau Mathilda und ihren zwölf Schützlingen. Die kleinen Mäusekinder haben einen ungeheuren Erlebnisdrang und dies bringt Frau Mathilda öfter in Bedrängnis. Ständig sind irgendwelche Abenteuer zu bewältigen. Mit der langsamen Vergrößerung seines Wortschatzes verstehe ich zunehmend besser, was Sebastian über die Mäusekinder erzählt.

Nach dem Spaziergang frage ich Frau Burger, ob sie sich den Aktivspielplatz einmal anschauen will. Ich habe mir vorgenommen, ohne sie nichts mit Sebastian zu unternehmen. Als wir zum Aktivspielplatz kommen, läuft Sebastian gleich zum Baumhaus und klettert hoch. Ich sehe, wie die Mutter erschrickt und ihn davon abhalten möchte, aber er ist schneller. Er möchte, daß wir auch hochkommen. Von der eher schwerfälligen Mutter ist das nicht zu erwarten, also bleibe ich auch unten. Ich setze mich mit Frau Burger auf eine Bank in der Nähe und wir beobachten, was Sebastian weitermacht. Er steht wie angewachsen oben und schaut runter. Als andere Kinder in seine Nähe kommen, klettert er schnell herunter und kommt zu uns. Angeschmiegt an seine Mutter beobachtet er aus für ihn sicherer Entfernung die anderen Kinder. Ein Mädchen ist dabei, das er aus dem Kindergarten kennt. Er wendet sich ab und zieht die Mutter zum Ausgang, die dagegen nicht protestiert, und wir verlassen nach kurzer Zeit den Aktivspielplatz wieder.

Die nächsten Besuche am Aktivspielplatz erfolgen in langen Abständen. Sebastian verlangt nicht danach und von sich aus ergreift Frau Burger nicht die Initiative. Nur auf meine Aufforderung hin, ist sie bereit, Sebastian hinzubringen. Er weiß dort offenbar nicht viel anzufangen. Wie mir die Betreuerin des Platzes erzählt, hält er sich von den anderen Kindern fern, ergreift kaum Eigeninitiative und möchte eher mit ihr als mit den Kindern spielen. Manchmal bleibt er einige Stunden allein dort, bis wir ihn wieder abholen. Die Geschlossenheit dieses beschützten Raumes ist für Sebastian offensichtlich keine Alternative zum Kindergarten oder zur elterlichen Wohnung.

Wichtiger aber als der Aktivspielplatz wird ihm die unmittelbare Wiesenfläche direkt vor der Haustür. Hier kann er spontan nach Lust und Laune, frei seinen Willen entfaltend, ohne die Beeinflussung durch Erwachsene agieren oder nicht agieren. Niemand sagt ihm, ob, wie, oder was er machen soll. Durch seine Selbständigkeit, die er im Lauf der Zeit erlangt, erreicht er bei der Mutter, daß sie ihn allein draußen spielen läßt. Er gewinnt Spielgefährten, mit denen er später durch das Gelände zieht. Sie schlagen Haselnüsse vom Baum und knacken sie mit großen Steinen; stecken emsig die Köpfe zusammen, ohne daß die Mutter und ich erfahren, was sie aushecken. Oft schauen sie lachend und winkend zum Fenster hoch, wo wir manchmal stehen, um sie zu beobachten. Ich lache und winke zurück, während die Mutter nicht in dieser Weise reagiert. Die spontane Spielmöglichkeit in einem Sebastian vertrauten Raum ist für ihn offenbar günstiger, als der weiter entfernte und von ihm allein nicht erreichbare Aktivspielplatz. Sebastian ist unabhängig von der Mutter und braucht sie nicht mehr zum 'Abenteuer erleben'.

10.3 Förderung und Begleitung der Familie im Alltag

Beziehungsklärungen

zwischen Michaela und den Eltern sowie ihren Brüdern sind in der kurzen Zeit des Besuchs zu Weihnachten im Heim nur bedingt möglich. Mich interessiert die Art und Weise ihres Umgangs miteinander. Das Mädchen ist ausgesprochen hübsch. Sie hat dunkelblaue Augen wie Robert und schulterlanges hellblondes Haar. Mit ihrer geschmackvollen Kleidung wirkt sie wie eine 'Tochter aus gutem Hause'. Ich bin verblüfft, weil sie meinem ersten Eindruck nach überhaupt nicht zu diesen Eltern paßt. Michaela umarmt die Mutter leicht, gibt dem Vater kurz die Hand und drückt dann Robert ganz fest an sich. Meine Hand umfaßt sie mit beiden Händen und schaut mich länger an, sodaß ich aufmerksam werde. Michaela spricht kein Wort, aber ihre Geste teilt mir etwas mit. Ich glaube sie will mir sagen: „Ich bin froh, daß Sie bei Robert und Sebastian sind." Macht sie sich Sorgen wegen der Brüder?

Dann schultert das kräftige Mädchen Sebastian und marschiert in den Aufenthaltsraum, wo sie ihn solange nudelt, bis er vor Vergnügen quietscht. Sie stellt ihn wieder auf die Beine und fragt: „Soll ich Dir Spaghetti kochen?" Zugleich mit Robert nimmt er das Angebot freudig an. Die drei Geschwister ziehen ab in die Küche. In der Zwischenzeit unterhält sich der Vater mit dem Erzieher. Die Mutter und ich hören zu. Michaela widmet die Zeit ihren Brüdern. Mit den Eltern spricht sie nicht. Erst beim Abschied erscheinen die Kinder. Sie sind gut gelaunt und satt.

Ungewöhnlich erscheint mir die Abschiedsszene zwischen Michaela und ihrem Vater: Sie geben sich die Hand, wobei sie der Vater mit den Augen fixiert. Michaela fixiert den Vater ebenfalls und zwar mit erhobenem, leicht zurückgelegtem Kopf und schaut ihn herausfordernd an. Auf mich wirkt die Gebärde so, als fühle sie sich dem Vater überlegen. Dann drückt sie ihm einen festen Kuß mitten auf den Mund. Ich spüre einen Zwang, der von beiden Seiten ausgeht. Dieses kurze Duell zwischen Kampf und Liebe macht mich nachdenklich: Will sie mit dieser Geste etwas ausdrücken? Mir scheint als handelt sie reflexartig. Diese Ambivalenz zwischen ihrer herausfordernden Haltung und dem provokativen Kuß passen irgendwie nicht zu der vermuteten sexuellen Gewalt des Vaters als Täter gegenüber der Tochter als Opfer. Ich kann diese Szene nicht abschließend deuten, aber ich denke, daß die Kommunikation zwischen Tochter und Vater eine merkwürdige ist und auf schnellstem Wege geklärt werden muß. Schade, daß ich mich nicht einklinken darf.

Die Familie sieht Michaela erst zu Ostern wieder. Die Eltern holen sie vom Heim ab und bringen sie zusammen mit Robert zu den Großeltern, bevor sie mit Sebastian ins Gebirge fahren. Herr Burger berichtet mir erfreut: „Die ganze Bahnfahrt ist Michaela auf meinem Schoß gesessen. Sie hat gar nichts gegen mich!" Wieder muß ich eine Gelegenheit verstreichen lassen, das mir ungewöhnlich erscheinende Verhalten anzusprechen. Im Stillen wundere ich mich, daß ein bald dreizehnjähriges Mädchen eine zweistündige Bahnfahrt am Schoß ihres Vaters verbringt. Mir erscheint das ebenso unüblich, wie das gemeinsame Bad in der Wanne von der Mutter mit ihrem großen Sohn. Herr Burger macht dem ASD Vorwürfe, daß Michaela im Heim ist und bestreitet, daß sie das wollte. „Dazu kann ich mich leider nicht äußern", informiere ich ihn. Ich bitte ihn, sich mit seinem Anliegen absprachegemäß an den für Michaela zuständigen Mitarbeiter des Aufgabengebietes Heimplatzvermittlung und Heimkinderbetreuung zu wenden.

Michaela und Robert haben meinem Empfinden nach eine starke Bindung zueinander. Ob das immer so war oder erst in der Not entstand, weiß ich nicht. Ich sehe ihn, wie er öfter von der Telefonzelle vorm Haus mit ihr telefoniert und bitte ihn, sie von mir zu grüßen. Die Eltern wissen von seinem Telefonkontakt, aber Robert erzählt ihnen nichts: „Ruft sie doch selbst an", meint er. Die Heimunterbringung Michaelas ist ein tiefer Einschnitt im Leben beider Kinder. Sebastian verkraftet die Trennung von Michaela gut. Als es einmal um die Entscheidung geht: 'Kindergartenfest' oder 'Michaela besuchen', weint er, als er mit der Mutter Michaela im Heim besuchen muß.

Es ist Mai geworden. Herr Burger regt sich über die angeblichen Intrigen seiner Schwiegereltern auf: „Sie wollen uns Michaela wegnehmen. Ich habe das Sorgerecht für sie und lasse nicht zu, daß sie uns von denen weggenommen wird. Meiner Frau haben sie nichts beigebracht und jetzt intrigieren sie hinter unserem Rücken!" Da weint die Mutter in seinen ungeordneten Redeschwall hinein und schluchzt: „Ich will nicht, daß Michaela zu den Großeltern geht, wenn sie nicht bei uns sein will." Über den Mitarbeiter der Heimplatzvermittlung schimpft er: „Der hat einen Brief geschickt. Bis Anfang Juni dürfen wir Michaela nicht besuchen. Ich möchte wissen, wo sich Michaela aufhält. Sie ist ohne mein Wissen bei den Großeltern zu Besuch, aber zu uns darf sie nicht. Das dulde ich nicht. Ihren Reisepaß gebe ich nicht her. Als Vater habe ich das Recht zu bestimmen, was mit ihr geschieht!" So steigert er sich weiter in seine Wut hinein.

Da ich mich um die Belange Michaelas nicht kümmern soll, geht mich die Sache im Grunde nichts an. Michaela ist seit sieben Monaten im Heim und es gibt noch keine Besuchsregelung. Ich sehe aber die Not der Eltern und ihr Unvermögen, eine Klärung herbeizuführen. In diesem Dilemma suche ich einen Ausweg und mir kommt eine Idee: „Bitten Sie doch einfach die Großeltern um einen Besuch. Ich möchte sie außerdem auch gerne kennenlernen. Ich bin sicher, daß wir im gemeinsamen Gespräch vieles klären können." Damit ist das Ehepaar einverstanden. Familie Burger besitzt kein Telefon, aber sie wollen den Großeltern eine Karte schicken.

Anfang Juni kommen die Großeltern zu Besuch. Herr Burger ist nicht wiederzuerkennen als er aus dem Bad kommt, so schön ist er angezogen. Er hat seine Alltagskleidung gegen ein rosa Hemd und eine graue Flanellhose ausgetauscht. Er sieht gut darin aus. Offenbar hat er trotz seiner Wut auf seine Schwiegereltern entweder Respekt vor ihnen, oder er will mit der guten Kleidung angeben. Der Streit zwischen den Eltern und Großeltern geht um die Heimunterbringung Michaelas. Die Großeltern haben eine sehr ernste Miene, als sie eintreten. Es steht ihnen ins Gesicht geschrieben, daß ihnen das Schicksal der Kinder wichtig ist. Beide sind Mitte Sechzig. Der Großvater ist groß und kräftig gebaut und eine stattliche Erscheinung. Er war Werkmeister in einem großen Industrieunternehmen. Die Großmutter ist klein und zierlich. Sie geht etwas nach vorne gebeugt. Sie war nicht berufstätig und versorgt den Haushalt.

Der Vater macht seiner Tochter heftige Vorwürfe: „Du hättest Dich mehr um Michaela kümmern müssen. Jetzt darfst Du Dich nicht wundern, daß sie Dich nicht mehr mag!" Das ist hart für Frau Burger und sie weint heftig: „Was kann ich denn dafür, daß sie im Heim ist. Ihr wollt sie mir wegnehmen!" Herr Burger hält sich raus, was mich wundert. Bei seinem Schwiegervater, scheint ihm Zurückhaltung geboten zu sein. Er wird seinerseits von den Schwiegereltern auch nicht angesprochen.

Später erfahre ich von Frau Burger, daß ihre Eltern ihn als Schwiegersohn nicht akzeptieren. Den Grund dafür erfahre ich nicht. Ich versuche neutral zu bleiben und lenke ein: „Ich sehe, wie Sie sich beide um eine Klärung bemühen. Was müßte geschehen, damit sie alle zufrieden sind?" Da antwortet Frau Burger leise: „Ich will Michaela sehen." Ihr Vater hat eine prächtige Idee: „Wir fahren alle zusammen zu Michaela ins Heim, jetzt sofort!"

Zum Abschied besprechen wir noch das künftige Vorgehen: Es soll nichts geschehen, was Michaela nicht will! Außerdem soll sich Herr Burger um eine klare Besuchsregelung bemühen. Er nickt ernst mit dem Kopf. Heute scheint er mir verständiger und umgänglicher als sonst zu sein. Bei ihm weiß ich aber nie, ob es ihm mit einer Sache ernst ist, oder ob er mir nur etwas vorspielt. Ich bin froh, daß sich Frau Burger mit ihren Eltern wieder verträgt.

Für Michaela und Robert sind die Großeltern wichtig. Sebastian hat anders als seine Geschwister kaum Kontakt zu den Großeltern, da ihn die Eltern meist in den Urlaub mitnehmen. Für Sebastian sind sie wenig vertraut. Als die Eltern einmal allein in den Urlaub fahren, und Sebastian eine Woche zusammen mit Michaela und Robert bei den Großeltern verbringt, kommt er nicht gut zurecht. In der Nacht weint er nach den Eltern.

Aus dem Gespräch mit den Großeltern leite ich ab, daß einerseits die Eltern der Frau gegenüber dem Schwiegersohn Vorbehalte haben, andererseits Herr Burger den offenen Konflikt mit ihnen scheut. Als ungeliebter Schwiegersohn hat er möglicherweise Angst vor ihnen. Frau Burger hat in ihren Eltern verläßliche Helfer. Die Beziehung ihres Ehemanns zu den Schwiegereltern schätze ich als eher gepannt ein. Es ist wahrscheinlich, daß Frau Burger bei offener Konfrontation zwischen Eltern und Ehemann in eine Zwickmühle gerät. Diese sich abzeichnende Struktur könnte Bewegung in das Geschehen bringen.

Zwischen den Eltern und Robert besteht so gut wie kein Vertrauensverhältnis. Zu Hause ist er schweigsam und zieht sich gleich in das kleine Zimmer zurück, wenn er aus der Schule kommt. Er liest, hört Musik, spielt mit seinem 'Game-Boy' oder macht Schulaufgaben. Er bezieht sowohl den Vater als auch seine Mutter in seine Angelegenheiten nur ein, wenn er etwas von ihnen braucht. Als Michaela im Heim fünfzig Mark Taschengeld erhält, erreicht er beim Vater, daß er ihm das Taschengeld auf den gleichen Betrag aufstockt. Mir drängt sich die Vermutung auf, daß es sich um 'Schweigegeld' handeln könnte.

Sein Benehmen den Eltern gegenüber ist korrekt. Er ist höflich zu ihnen, hat eine ruhige Sprechweise und paßt sich den Regeln des Vaters an. Meine Anwesenheit ermöglicht ihm teilweise dieses Verhalten, nachdem die strenge Kontrolle des Vaters durch meinen Einfluß zunehmend geringer wird. Ich unterstütze Robert, einen Freiraum zu gewinnen und sich von manchem Geschehen in der Familie abzugrenzen. Seit neuestem darf er an der Wand über seinem Bett Bilder vom Vater abhängen und eigene Bilder aufhängen. Einige Wochen, nachdem ich in der Familie bin, verblüfft er mich durch seine Mitteilung, daß er ab nun zu mir 'Sie' sagen wird. Auf meine Frage, warum er das möchte, meint er: „Ich sage zu allen Erwachsenen 'Sie'." Ich selbst darf zu ihm aber weiter 'Du' sagen. Mir gefällt seine sachliche Feststellung und ich bin sicher, er hat begriffen, daß er ein Recht auf Abgrenzung und ein Eigenleben hat.

Das Verhältnis zwischen den Eheleuten kann ich nur schwer einschätzen. Oberflächlich betrachtet, verstehen sich die beiden gut: Der Ehemann bringt der Frau mindestens einmal in der Woche frische Schnittblumen mit; er hat keinen Anlaß an ihrer Treue zu zweifeln, da sie nie allein fortgeht; wenn er sich im Schlafzimmer regt, springt sie auf, ihm das 'Frühstück am Nachmittag' zu bereiten. Die Ehefrau ist ihrem Mann gegenüber hilfsbereit; sie scheint immer einer Meinung mit ihrem Mann zu sein und spricht in seiner Gegenwart nur, wenn sie von ihm gefragt wird. Frau Burger verhält sich, wie er es nach seinen traditionellen Wertvorstellungen von einer braven Ehefrau erwartet: „Eine Frau darf nicht berufstätig sein. Sie muß ihren Ehemann und die Kinder versorgen", äußert er sich mir gegenüber.

Immer wieder suche ich nach dem Widerspruch in dieser Beziehung und stolpere über Fragen: Warum hat sich Frau Burger nicht schützend zwischen ihren Ehemann und die von ihm gezüchtigten Kinder gestellt? Liebt sie ihn mehr als die Kinder? Gehen die Eltern gemeinsam gegen die Kinder vor? Ich finde noch keine Antworten.

Nach meinen Beobachtungen im alltäglichen Miteinander stelle ich fest, daß Frau Burger sich durchwegs passiv in Anwesenheit ihres Mannes verhält. Sie liebt ihn und vertraut ihm. Sie scheint an das Leben mit dem Ehemann völlig angepaßt zu sein und die Verletzung allgemeiner Kommunikationsregeln nicht wahrzunehmen. Vielleicht hat sie keine Vorstellung davon, wie es anders sein könnte und müßte. Ihre geistig eher eingeschränkten Fähigkeiten mögen ihren Teil dazu beitragen und vom Ehemann auch ausgenutzt werden. Herr Burger wollte immer eine Familie mit Vater, Mutter und Kindern, da er allein bei seiner Großmutter aufwuchs. Nun hat er eine Familie und weiß offensichtlich nicht, mit ihr in einer für alle erträglichen Weise umzugehen.

Außer den genannten Familienbeziehungen gibt es nur wenige Menschen, zu denen das Ehepaar Verbindungen hat. Herr Burger pflegt den Kontakt zu drei Arbeitskollegen. Die vier Männer machen ohne ihre Frauen gemeinsame Ausflüge. Kontakt zwischen den Ehefrauen besteht nicht. Private Kontakte zu anderen Menschen hat das Ehepaar nicht. Frau Burgers offizielle Kontakte beschränken sich auf Ärzte in der Umgebung, auf die Kindergartenleiterin, die ihr immer freundlich gegenübertritt, aber für ihren Mann kein Verständnis aufbringt, auf die Erzieherin Anne und auf den Einkaufsladen um die Ecke. Zur Schule hält das Ehepaar keinen Kontakt.

Zur Sprachheilschule
geht Frau Burger erst nach mehrmaliger Aufforderung der Kindergartenleiterin. Sebastians verzögerte Sprachentwicklung soll getestet werden. Frau Burger bittet mich, mit ihrem Mann darüber zu sprechen. Als ich Herrn Burger darauf anspreche, ist er sehr ungehalten und meint: „Ich kann mir deshalb von der Arbeit nicht freinehmen. Sebastian wird das Sprechen schon noch lernen." Seiner Ansicht nach kann seine Frau ohne ihn nicht in die Sprachheilschule fahren. Ich biete ihm an, an seiner Stelle mitzufahren. Er übergeht mein Angebot und bittet mich stattdessen, dafür zu sorgen, daß er keine Schichtarbeit mehr machen muß: „Dann kann ich öfter solche Termine wahrnehmen. Solange ich in Schicht arbeite, kann meine Frau nicht weggehen. Zunächst muß sie mich versorgen. Außerdem lege ich wert darauf, daß wir gemeinsam essen." Nachdem ich verständnisvoll nicke, fährt er fort: „Schichtarbeit mache ich, weil ich dann mehr verdiene." Wie sich im weiteren Gespräch herausstellt, will er auf das Geld nicht verzichten.

Herr Burger kann sich nicht vorstellen, daß sich sein Tagesablauf verändert. Er ist daran gewöhnt, daß seine Frau zu Hause ist, auch wenn er tagsüber schläft, und ihm das 'Frühstück am Nachmittag' bereitet, sobald er aufwacht. Ich beobachte, daß Frau Burger in seiner Aufwachphase hellhörig ist und sofort, wenn er sich regt, mit den Worten aufspringt: „Jetzt ist er wach", und in die Küche läuft. Sogesehen kontrolliert der Ehemann alle Abläufe der Alltagsorganisation. Diese Situation bietet mir die Gelegenheit, mit dem Ehepaar über Zuständigkeiten zu sprechen. Die Selbstverpflichtung des Ehemannes zur 'Allzuständigkeit' scheint ein Streßfaktor für die Familie zu sein. Bevor Sebastian also in die Sprachheilschule zum Testen kann, muß ich die Sache der 'Allzuständigkeit' mit dem Ehepaar abklären.

Herr Burger kümmert sich um die meisten Dinge des alltäglichen Lebens selbst: Er kauft im Supermarkt ein, bestimmt, was gekocht wird, wann die Wäsche gewaschen wird, wann die Betten abgezogen werden, und wieviel Waschpulver nötig ist; er läßt sich von den Kindern Rechenschaft über die Verwendung des Taschengeldes geben, kontrolliert die Briefe der Kinder, überwacht den Badevorgang der Familienmitglieder und vieles andere mehr. Langsam beginne ich den Druck zu verstehen, unter dem der Mann augenscheinlich steht. Seine Frau muß sich um fast nichts kümmern, hat aber seine Anweisungen auszuführen, was ich für nicht weniger anstrengend halte. Mit Frau Burger spreche ich manchmal über ihre Situation, wenn wir Sebastian vom Kindergarten abholen. Sie kann sich gut vorstellen, ohne ihren Mann zur Sprachheilschule zu fahren, wenn ich sie begleite.

In einer ruhigen Stunde nach dem gemeinsamen Abendessen der Familie spreche ich das Thema der 'Allzuständigkeit' mit dem Ehepaar an: „Ihre Frau hat sicher mehr Fähigkeiten, als sie ihr zutrauen", beginne ich das Gespräch und fahre zu Frau Burger gewendet fort: „Trauen sie sich zu, Sebastian zum Testen zur Sprachheilschule zu bringen, wenn ich Sie begleite?" Sie antwortet in ihrer kurzen Art: „Ja, schon." Herr Burger lehnt sich zurück und schweigt. Ich frage weiter: „Was könnte Ihnen Ihre Frau zur Entlastung denn außerdem noch abnehmen?" Als er nicht antwortet, ermuntere ich Frau Burger, einen Vorschlag zu machen, nachdem wir zuvor ausführlich darüber gesprochen haben. Sie schaut ihren Mann aufmerksam an und sagt: „Das mit dem Taschengeld kann ich schon übernehmen." Als er noch immer nicht reagiert, frage ich provozierend. „Trauen Sie ihrer Frau nicht?" Endlich äußert er sich dazu: „Natürlich traue ich meiner Frau. Wenn Sie glauben, daß das gut ist, soll sie es machen." „Glauben Sie nicht, daß es gut ist?" frage ich ihn zurück. Nach einigem Zögern meint er: „Das ist gar nicht schlecht. Sie können ihr dabei helfen." Im Stillen denke ich, daß die Frau meine Hilfe sicher nicht braucht. Beim Würfelspielen war sie im Kopfrechnen schneller als ich. Ich traue ihr zu, mit Geld gut umgehen zu können. Mit diesem Gespräch sind wir der Sprachheilschule einen Schritt näher gekommen.

Mittlerweile ist es Mai geworden. Vier Monate hat es gedauert, bis Herr Burger endlich einverstanden war, daß seine Frau ohne ihn zur Sprachheilschule geht. Wir treffen uns am Bahnhof. Frau Burger trägt ein hübsches Kleid, ist gut frisiert, ihre Wangen sind leicht gerötet. Sie schaut unternehmungslustig aus. Ich spreche ihr meine Anerkennung über ihr gutes Aussehen aus, was sie mit einem lieben Lächeln quittiert. Bisher habe ich sie nur in ihrer abgetragenen Hauskleidung gesehen. Sebastian hat eine neue Hose an, die ihm der Vater neu gekauft hat. Er sieht nett aus und freut sich wie immer, wenn wir uns begegnen. Frau Burger hat im Fahrplan zu Hause nachgesehen: Sie weiß besser als ich, welche Linie wir benutzen, und wo wir aussteigen müssen.

In der Schule empfängt uns die Lehrerin freundlich. Bald ist sie mit Frau Burger in ein Gespräch vertieft. Ich habe mich kurz vorgestellt, beteilige mich am Gespräch aber nicht, sondern höre zu. Frau Burger gibt bei allen Fragen genau Auskunft. So erfahre ich ganz nebenbei, daß Sebastian erst mit drei Jahren laufen lernte und mit vier Jahren das erste Wort sagte. Auch das Einnässen erwähnt sie. Ich erlebe sie als auskunftsfreudig und um ihren Sohn bemüht. Die freundliche Lehrerin und die gute Atmosphäre der Schule tragen sicher dazu bei, daß sich Frau Burger so locker zeigt. Ich freue mich über ihr kompetentes Auftreten und zeige ihr das auch. Der Test bestätigt, daß Sebastian phantasiebegabt ist und begonnene Geschichten vervollständigen kann. Sein Wortschatz ist aber zu gering und seine Sprache verzögert entwickelt. Die Testerin empfiehlt der Mutter, Sebastian vor der Schule unbedingt in einen Kurs zur Sprachförderung zu schicken.

Im September ist es soweit: Frau Burger erhält die Einladung der Schule zu einem Sprachförderungskurs für Sebastian. Nach unserer letzten gemeinsamen Fahrt zur Schule ziehe ich nicht in Zweifel, daß sie fähig ist, mit Sebastian allein zur Schule zu fahren. Ich traue ihr auch zu, weitere Anforderungen gut bewältigen zu können. Sie ist damit einverstanden, daß ich nicht mitfahre.

Bei meinem nächsten Besuch muß ich nicht erst fragen, wie es gewesen ist. Spontan und freudig gestimmt erzählt sie mir, wie die Stunde abgelaufen ist. Sie hat einige Blätter zum Üben mitbekommen und ruft Sebastian: „Wir zeigen Frau Woog, was Du üben sollst." Auf einem Blatt ist eine Spirale gezeichnet. Die Mutter reicht Sebastian einen Bleistift. Mit der Spitze des Bleistifts soll er in den Mittelpunkt der Spirale stoßen und dabei vom Bauch heraus jeweils Ka, Ke, Ki, Ko, Ku ausstoßen. Die Mutter macht es ihm vor, und Sebastian macht es ihr willig nach. „Es soll mit Kraft aus seinem Inneren kommen, hat die Lehrerin gesagt", erklärt mir die Mutter. Bisher konnte Sebastian nur Dönig statt König sagen. Jetzt klappt das K auf Anhieb. Die Mutter nimmt ihre unterstützende Aufgabe ernst. Über jeden Erfolg freuen wir uns gemeinsam. Sebastian lernt schnell. Die Fortschritte beflügeln sie. Zu keinem Zeitpunkt mische ich mich in ihre Arbeit ein. Sie erzählt mir, ohne daß ich danach fragen muß, was Sebastian in den Förderstunden lernt und ich bestätige ihr, wie toll sich der Bub mit ihrer Hilfe entwickelt.

Vermutlich spornt sie dieses Erfolgserlebnis zu weiteren Aktivitäten an: Sie erlernte in ihrer Kindheit das Spielen der Blockflöte und berichtet mir eines Tages stolz, daß sie Sebastian zur Früherziehung in die Musikschule angemeldet hat. Am Kindergarteneingang hing ein Plakat, und sie hat den Vater dafür gewonnen, daß er den nicht geringen Beitrag zahlt. Schaden kann es Sebastian nicht, obwohl ich der Meinung bin, daß ihm für die musikalische Früherziehung noch die Grundlagen fehlen. Das sage ich ihr natürlich nicht, sondern freue mich über ihre Aktivität.

Bis zum Januar dauert die Sprachförderung. Die Lehrerin ist sehr zufrieden. Im April will sie Sebastian zur Kontrolle wiedersehen. Sie spricht auch Frau Burger ein großes Lob aus. Ab Herbst besucht Sebastian die Vorschule, nachdem er von der Schule zurückgestellt wurde. Dort wird sich weiter klären, wie die schulische Förderung für Sebastian in Zukunft aussehen soll.

Die Mutter hat Engagement bewiesen. Sie ist nicht mehr die unbewegliche, geistig abwesende, stumme Frau, die ich zu Beginn meiner Tätigkeit kennenlernte.

Ein Indikator für die Bereitschaft von Frau Burger zu Aktivität und Veränderung ist das Wachstuch, das unverändert seit ihrem Zuzug vor dreizehn Jahren auf dem Eßtisch liegt. Als eines Tages ein helles, freundliches Tuch auf dem Tisch lag, wußte ich, daß ihre Bereitschaft zur Veränderung da war. Einige Male bin ich drauf und dran, meine Arbeit mit der Familie zu beenden, weil ich die scheinbare Veränderungsresistenz der Familie kaum aushalte. Bei Herrn und Frau Burger liegen Annahme und Abwehr sowie Offenheit und Verschlossenheit dicht nebeneinander. Meine Harnäckigkeit über fast ein Jahr lohnte sich. Jetzt habe ich das Gefühl, etwas angestoßen zu haben, das sich weiterentwickeln wird: Die Emanzipation von Frau Burger.

Grenzverletzungen

werden zu einem wichtigen Thema in der Familie. Ich bin bereits zweimal in der Woche bei Familie Burger. Sebastian ist allein mit der Mutter in der Wohnung. Als ich dringend zur Toilette muß, merke ich, daß an der Tür der Schlüssel zum Zusperren fehlt. Sebastian steht neben mir. Frau Burger weiß nicht, wo der Schlüssel ist. Die Familienmitglieder sind es gewohnt, ihr Geschäft bei offener Türe zu verrichten. Ob ich will oder nicht, höre ich die dabei entstehenden Geräusche. Mir ist das unangenehm, gesagt habe ich aber bisher nicht, daß es mich stört. Ich bin zum erstenmal in der Situation, die ziemlich unsaubere Toilette benutzen zu müssen. Sebastian weigert sich, den Raum zu verlassen. Da ich es unpassend finde, ihn bei meiner Verrichtung zuschauen zu lassen, bitte ich die Mutter, ihn herauszuführen. Er schreit, als ihn die Mutter festhält. Schnell stelle ich einen schweren Staubsauger an die Tür und stemme meinen Fuß dagegen. Schon ist Sebastian wieder an der Tür und rüttelt, aber ich bin schon fertig.

Bei meinem nächsten Besuch bitte ich Herrn Burger um einen Schlüssel. Er ist dagegen, daß die Kinder die Toilette absperren: „Das ist viel zu gefährlich, wenn sie nicht mehr aufsperren können." Robert ist im kleinen Zimmer und ich bin sicher, daß er unser Gespräch hören kann. Ich gebe Herrn Burger recht, bestehe aber auf meinem Wunsch: „Ich brauche den Schlüssel nicht für die Kinder sondern für mich, wenn ich einmal bei Ihnen auf die Toilette gehen muß." Beim nächsten Mal hängt hoch oben an einem Nagel der Schlüssel. „Hängen sie ihn zurück. Der ist nur für Sie bestimmt", bittet mich Herr Burger. Da frage ich verwundert: „Darf auch Robert die Toilette nicht abschließen?" „Wir sind gewöhnt nackt zu sein. Wir sind nicht prüde. Auch vor den Kindern nicht. Im Urlaub sind wir am Nacktbadestrand. Früher waren wir oft in der Familiensauna. Jetzt habe ich dafür keine Zeit mehr." Mit diesen Worten beschreibt er mir ihre freizügige Lebensweise.

Da es mich wundert, daß Robert seinen Intimbereich von dem der Eltern nicht abgrenzt, frage ich den Vater: „Denkt Robert auch so? Hat er nie den Wunsch nach einer eigenen Intimsphäre geäußert?" Herr Burger zuckt mit den Achseln. Da spreche ich weiter: „Ich klopfe bei Robert immer an die Zimmertüre, bevor ich eintrete. Ohne sein Einverständnis dringe ich nicht in seine Privatsphäre ein.

Ich glaube, ihm gefällt das." Der Vater überlegt eine Weile, dann räumt er ein: „Das ist schon möglich." Kurze Zeit nach diesem Gespräch bemerke ich, daß Robert die Toilette absperrt. Er badet auch nicht mehr zusammen mit der Mutter, sondern darf als erster allein in die Badewanne. Die Badezimmertüre ist bei ihm geschlossen. Nach ihm badet die Mutter mit Sebastian und zum Schluß der Vater. Alle im gleichen Badewasser. Robert genießt die neugewonnenen Freiräume.

An einem schönen Sommerabend sitzen wir nach dem Abendessen noch eine Weile zusammen um den Eßtisch. Die Sonne steht schon tief am Himmel. Herr Burger ist gut gelaunt und erzählt von seiner Reise mit den Arbeitskollegen an die See. In dieser angenehm entspannten Atmosphäre nimmt Sebastian meine Hand und zieht sie runter zu seinem Geschlechtsteil. Ich ziehe meine Hand sofort zurück mit den Worten: „Ich will das nicht." Mit seinem hellen Stimmchen fragt er mich verwundert: „Warum nicht?" Da antworte ich ihm spontan „Weil es Dir und nicht mir gehört." Die Eltern und Robert beobachten die Szene, kommentieren sie aber nicht. Als wir aufstehen und den Tisch abräumen, versucht Sebastian, mir zwischen die Beine zu greifen. Ich wehre ihn blitzschnell ab, halte seine Hand fest und sage ärgerlich: „Was ist denn heute los mit Dir?" Mit einem ganz lieben Lächeln eröffnet er mir: „Ich möchte gerne in Deine Muschi kriechen." Mir ist es unangenehm, in die für seine Entwicklung sicher notwendigen kindlichen 'Doktorspiele' als Erwachsene einbezogen zu werden.

Der Vater steht mit teilnahmslosem Gesicht daneben, was mich wundert, da er sonst Situationen gerne kommentiert. Die Mutter hat unseren Wortwechsel wohl gehört, kommt aus der Küche und schlägt Sebastian auf die Finger mit der Bemerkung: „Laß das." Sebastian fängt laut zu weinen an. Vermutlich hat er in dieser Familie die bei uns üblichen Grenzen zwischen Kindern und Erwachsenen im sexuellen Bereich noch nicht kennengelernt.

Als ich am nächsten Tag komme, zeigt mir Herr Burger in großer Erregung einen Zeitungsartikel aus der Bildzeitung, seinem Stammblatt: 'Tagesvater mißbraucht Pflegetochter'. Er teilt mir seine Sorgen um Michaela mit, da im Heim auch männliche Erzieher sind: „Wissen Sie, ob Sven verheiratet ist?", fragt mich. Da ich es nicht weiß, fährt er fort: „Vielleicht macht Sven mit Michaela das Gleiche?" Da beruhige ich ihn mit den Worten: „Ich kann mir das nicht vorstellen, auszuschließen ist es nicht. Die Kontrolle im Heim durch die Mitbewohner ist aber so groß, daß es praktisch unmöglich ist." Ich greife den Gesprächsfaden nicht weiter auf, obwohl ich merke, daß Herr Burger weiter mit mir sprechen will, und wende mich ab. Das Thema abschließend sagt er noch: „Wenn man verheiratet ist, braucht man das nicht. Ich habe meine Frau."

Er verteidigt sich, ohne angegriffen worden zu sein, denke ich bei mir. Er provoziert mich und ich denke, es ist ein Hilferuf. In dieser Gesprächssituation mit diesem von ihm beigesteuerten Aufhänger wäre es für ihn und mich einfach gewesen, das Thema Sexualität und Gewalt zu vertiefen. Ich habe sehr bedauert, es meinem Auftrag gemäß, nicht zu dürfen. Ich bin mir sicher, Herr Burger wollte mir mehr erzählen, als ich zugelassen habe.

Etwas Schreckliches totzuschweigen, hilft keinem der Beteiligten. Im Gegenteil: Es wird umso schlimmer, je länger das Schweigen dauert. Inzest ist in meinen Augen ein Konflikt, ein Dilemma, in dem sich alle Familienmitglieder befinden und daran beteiligt sind. Dieser Konflikt ist nur wie alle Konflikte gemeinsam mit der ganzen Familie zu lösen, wenn Einstellungs- und Verhaltensänderungen nötig sind. Offenheit und Transparenz sind auch hier das Gebot, wenn die Familie bei der Lösung des Konflikts Unterstützung will und braucht. Jede Emotionalisierung ist fehl am Platz. Mittlerweile kenne ich die Familie gut genug und sie vertraut mir, um zusammen mit einem zweiten Helfer die Sache anzugehen. Ich bin nahe daran, meine Arbeit in der Familie aufzugeben, da ich es nicht schaffe, die Verantwortlichen zu einem Umdenken zu bewegen.

Frau Burger schlägt Robert in meiner Anwesenheit nie. Sebastian dagegen bekommt öfter von ihr einen Klaps, den sie ihm in bestimmten Situationen fast schon automatisch gibt. Meist ist er auf die Ohrfeige nicht vorbereitet. So zum Beispiel, wenn er ihrer Meinung nach zu laut ist, wenn der Vater schläft. Herr Burger schlägt kräftiger zu. Besonders wenn er wütend ist und die Kontrolle über sich verliert. Er schlägt sowohl Robert als auch den sehr zarten Sebastian ziemlich fest. Als ich ihn darauf anspreche, zitiert er mir einen Spruch aus der Bibel, die er als aufrechter Katholik, als den er sich immer bezeichnet, sehr ernst nimmt: 'Wer seine Kinder liebt, züchtigt sie.' Ich denke lange nach, wie ich hier vorgehen kann. Ich muß einen Spruch in der Bibel finden, der die Gewißheit von Herrn Burger, nämlich mit Gottes Einverständnis züchtigen zu dürfen, erschüttert. Ein befreundeter Pfarrer hilft mir suchen, und tatsächlich findet er in der Bibel einen passenden Spruch. Ich schreibe diesen Spruch auf ein schönes Papier in der schönsten mir möglichen Schrift auf und bringe ihn Herrn Burger.

Herr Burger gerät völlig außer sich, als er den Spruch liest: 'Ihr Väter macht Eure Kinder nicht scheu, daß sie nicht mutlos werden!' Er versteht den Spruch auf Anhieb und reagiert geradezu panisch. Ich verstehe sein Aufgewühltsein zunächst nicht. Offensichtlich gerät sein bisheriges Selbstkonzept ins Wanken. Er erzählt mir mit hochrotem Kopf und völlig konfus, daß er an die Bibel nicht mehr glauben kann. Er begründet seinen plötzlichen Unglauben mit einer Beobachtung, die er neulich gemacht hat: „Stellen Sie sich vor, in der Bibel steht, daß der Mond erst aufgeht, wenn die Sonne untergegangen ist. Das stimmt nicht. Ich selbst habe gesehen, daß Sonne und Mond am Himmel zugleich sichtbar waren." Es handelt sich um eine korrekte Beobachtung, die ich auch schon machte, allerdings ohne sie mit der Bibel in Verbindung zu bringen. Fast bekomme ich Angst vor dem fassungslosen Mann. Welche Lawine habe ich ins Rollen gebracht! Um den von mir gebrachten Bibelspruch abzuwehren, wertet er die Bibel ab.

Herr Burger hat augenscheinlich etwas begriffen, das im Widerspruch zu seiner Lebensphilosophie steht. Ich lasse die Sache vorläufig auf sich beruhen, ohne weiter nachzubohren. Ohne zu sprechen, schaue ich Herrn Burger freundlich an. Dann stehe ich auf und lege den Bibelspruch auf das Bücherregal mit den Worten: „Schmeißen Sie es bitte nicht weg. Ich habe mich so bemüht, schön zu schreiben." Ich lasse ihn allein sitzen und gehe zu den Kindern in das kleine Zimmer, wo wir etwas spielen. Als ich mich verabschiede, hat sich Herr Burger beruhigt. Er ist höflicher als sonst zu mir und steht sogar vom Sofa auf, als wir uns die Hand geben.

Soziale Beziehungen

im Stadtteil aufzunehmen, ist für Frau Burger nicht einfach. „Ich möchte schon Kontakt zu anderen Frauen. Aber ich ecke immer an. Ich kann nicht so gut sprechen und nach einiger Zeit, wenden sich die Leute ab", erklärt sie mir in bedauerndem Tonfall. Ähnliches habe ich auch schon beobachtet: Mit ihrer abgehackten Sprechweise fällt sie bei den Leuten auf. Vielleicht hat sie deshalb anfangs auch bei mir immer geschwiegen.

Als wir wieder einmal schweigend im Wohnzimmer sitzen, biete ich ihr an, gemeinsam mit ihr etwas zu unternehmen: „Soll ich Ihnen das Programm der Mütterschule mitbringen? Dort werden interessante Kurse angeboten." Sie nickt mit dem Kopf und meint: „Wenn Sie wollen?" Beim nächsten Besuch bringe ich das Programm mit. „Legen Sie es auf den Schrank. Ich werde es meinem Mann zeigen", bittet sie mich. Nach drei Wochen habe ich noch keine Rückmeldung von ihr und spreche sie an: „Haben Sie das Programm schon angeschaut?" Sie verneint meine Frage. Da ermuntere ich Sie mit den Worten: „Sollen wir es uns gemeinsam anschauen?" Wir schauen gemeinsam das Programmheft durch. Keine Veranstaltung findet ihr Interesse. Da blättere ich zurück und weise sie auf einen Kurs hin: 'Genau wie meine Eltern'. Frau Burger wird unruhig und platzt heraus: „Ich will das nicht." Ich dringe nicht weiter in sie.

Meine Versuche, ihr das Frauenturnen schmackhaft zu machen, scheitern ebenso, wie sie zum Besuch des Frauenkreises der Katholischen Kirchengemeinde zu motivieren. Mein Versuch, über das Städtische Elternseminar eine flexible Begegnungsmöglichkeit für Frauen im Stadtteil zu schaffen, schlägt wegen Personalmangels fehl. Einer Einladung des Kindergartens zu einer Bastelrunde folgt sie. Sie bastelt eine Laterne für den Laternenumzug: „Ich mußte mich überwinden, dort hinzugehen. Ich kann halt nicht aus meiner Haut heraus." Seit ihrer Kindheit ist sie daran gewöhnt, allein zu sein. Sie hatte weder eine Freundin, noch haben sich die Eltern um sie bemüht, wie ich aus ihren Erzählungen weiß: „Heute wollen meine Eltern an meinen Kindern gut machen, was sie an mir versäumt haben!" Ihre Lieblingsbeschäftigung ist Fernsehen. „Ich bin zufrieden, wenn ich zu Hause bin", sagt sie entschuldigend mit ihrem lieben Lächeln. Als ich sie zum Eiskaffee einlade, kommt sie hocherfreut mit. Viermal gehen wir insgesamt noch ins Kaffeehaus zusammen. Wir sitzen auf den Stühlen im Freien und beobachten die Passanten. Es fällt Frau Burger sehr schwer, Gefühle nach außen zu zeigen. In ihrem Gesicht kann ich meist nicht ablesen, wie sie sich fühlt.

Im Team der SPFH besprechen wir, welche Möglichkeiten es gibt, Frauen wie Frau Burger anzusprechen, die ihre Gefühle wenig äußern. Als wir einen Nachmittag unter dem Motto 'Eine Reise in die Welt der Sinne' veranstalten, nimmt Frau Burger mit Sebastian an der Veranstaltung gerne teil, ohne daß ich sie motivieren muß. Anschließend erzählt sie mir bis ins Detail, wie der Nachmittag abgelaufen ist. Als wir uns nach Wochen mit der Mitarbeiterin des ASD treffen, erzählt sie ihr ebenfalls noch von ihrem Erlebnis. Diese Veranstaltung hat bei Frau Burger einen bleibenden Eindruck hinterlassen.

Über Sebastian bekommt Frau Burger Kontakt zu einer Mutter, der aber lose bleibt. Auf meine Anregung lädt sie das Kind der Frau zu Sebastians Geburtstag ein. Die Gegeneinladung läßt nicht lange auf sich warten. Sebastian hat, wenn auch nur vorübergehend, einen Freund gefunden. Robert ist mit einem um zwei Jahre älteren Jungen befreundet, mit dem er das Interesse für Computer und Fahrräder teilt. Über Roberts Integration im Stadtteil muß ich mir keine Gedanken machen. Er ist bei Gleichaltrigen auf der Straße als Spielpartner sehr begehrt. Herr Burger hat an seiner Arbeitsstelle einige freundschaftliche Kontakte zu Arbeitskollegen, die er aber nicht nach Hause mitbringt. Dadurch ist Frau Burger in diese Kontakte nicht eingebunden. Sie hat sich in langen Jahren damit abgefunden, für andere Menschen nicht attraktiv zu sein. In dieser Zeit hat sie wohl auch den Mut verloren, neue Beziehungen zu knüpfen. Die Beziehung zu ihrem Ehemann bedeutet ihr daher auch sehr viel, der sich seinerseits um seine Frau bemüht.

Das Steuern
des Lern- und Entwicklungsprozesses der Eltern gestaltet sich schwierig, da sie an bestehenden Zuständen weitgehend festhalten wollen. Ich nutze die Bedürfnisse der Kinder, um Dinge in Bewegung zu bringen.

Mir fällt auf, wie wenig die Kinder zu essen bekommen. Robert ist sehr mager und hat tiefe Ringe unter den Augen und Sebastian ist dünn wie ein Zwirnsfädchen. Als ich der Mutter anbiete, gemeinsam mit ihr etwas für das Mittagessen zu kochen, lehnt sie ab. Ihrer Ansicht nach genügt den Kindern mittags ein Schokoladenei. Ich denke darüber nach, wie ich Einfluß nehmen kann und lasse mir vom Gesundheitsamt Broschüren über gesunde Ernährung schicken. Eines dieser sehr nett geschriebenen Heftchen bringe ich der Mutter mit. Wir unterhalten uns über die Zusammensetzung der Ernährung und ihre schmackhafte Zubereitung. Nach zwei Wochen stelle ich fest: Das mittägliche Schokoladenei bildet immer noch die Hauptspeise.

Den Kindern schmeckt die Schokolade und sie sind daran gewöhnt, nur abends zu essen. Wieweit sie wirklich hungrig sind, oder ich mir ihren Hunger nur einbilde, muß ich ausprobieren: An zwei Tagen in der Woche gehe ich mittags zur

Familie, um dort mein mitgebrachtes Mittagessen zu verspeisen. Geschabte Karotten, mehrere kleine Äpfel aus unserem Garten, Vollkornbrot und Joghurt. Von den Äpfeln biete ich der Mutter und Sebastian an. Sie greifen gerne zu. Robert möchte eine Karotte, als er aus der Schule kommt. Den Rest esse ich allein. Nach einigen Tagen hat sich Sebastian an die Äpfel gewöhnt und erwartet mich an der Türe. Als er seinen Apfel verspeist hat, wendet er sich zur Mutter: „Mama, ich habe Hunger!" „Was willst Du denn?" Er schaut auf mein Joghurt: „Ein Joghurt wie Frau Woog!" Die Mutter vertröstet ihn auf später, da sie erst eines kaufen muß. Ich gebe ihm einige Löffel von meinem ab. Die Kinder gewöhnen sich an mein Essen, und immer gebe ich einen Teil davon ab, auch der Mutter.

Nach einiger Zeit nehme ich weniger Essen mit. Es reicht gerade für mich. Die Kinder sind an die Äpfel und Karotten gewöhnt und verlangen sie von der Mutter. Robert ergreift die Initiative und verlangt, daß die Mutter auf Vorrat Joghurt einkauft. Sein erster Gang, wenn er aus der Schule kommt, führt zum Kühlschrank. Manchmal verspeist er sogar zwei Becher Joghurt hintereinander. Ich höre immer öfter von Sebastian: „Mama, ich habe Hunger", oder: „Mama, hast Du etwas zum Essen für mich." Anfangs steht die Mutter meist auf und gibt ihm, worum er sie bittet, später sagt sie nur: „Nimm Dir was." Zu einem regelmäßigen, gemeinsamen Mittagessen von Mutter und Kindern kommt es nicht solange ich in der Familie bin, außer sie kocht Pudding oder Nudeln, wie es immer häufiger geschieht.

Auffälligkeiten

in der Entwicklung Sebastians gibt es zahlreiche. Das Bettnässen ist für die Mutter nicht besorgniserregend: „Michaela und Robert haben noch bis sie sieben Jahre alt waren ins Bett gemacht." Ich führe diese Tatsache auf die Essensgewohnheiten der Familie zurück. Erst abends um acht Uhr erhalten die Kinder ihre Hauptmahlzeit und trinken entsprechend viel. „Versuchen Sie doch einmal, Sebastian ab siebzehn Uhr nichts mehr zu trinken zu geben", rate ich Frau Burger. Das nächste halbe Jahr macht Sebastian nur noch selten ins Bett. Springen, laufen und die Wiese herunterkollern haben mitgeholfen, seinen Bewegungsapparat zu kräftigen und auch seine Blase. Leider bleibt das nicht so.

Mit der Sprachentwicklung und der besseren Körperbeherrschung entwickeln sich auch Sebastians emotionale und geistige Kräfte. Wo andere Kinder Schritt für Schritt im Lauf der Lebensjahre heranreifen, erfolgt die Entwicklung bei ihm sprunghaft. Die Gleichzeitigkeit der Ereignisse ist verblüffend: Mit seinen sechs Jahren lernt er erst wie ein Vierjähriger Mein und Dein zu unterscheiden: Alles, das er in der Hand hält, gehört ihm. Er nimmt den Kindern Spielzeug weg und behauptet zu Hause, es wäre seines. Er verwendet unflätige Wörter und hängt an jeden Satz Aa oder Pipi dran. Wie ein Dreijähriger macht er Dinge, die man von ihm nicht mehr erwartet: Er zwickt die Kinder im Kindergarten, sodaß niemand mehr neben ihm sitzen will. Er stößt andere Kinder von der Schaukel runter, sodaß sie sich wehtun.

Der vordem angepaßte, schweigsame Junge ist zum 'Kindergartenschreck' geworden. Ein Mädchen verläßt wegen seinen Nachstellungen die Musikschule. Aber auch seine geistigen Kräfte haben sich sprunghaft entwickelt: Konnte er zuvor nichts mit einem Puzzle anfangen, setzt er es nun in kürzester Zeit zusammen. Im Kindergarten wird er oft gerügt. Die Erzieherin Anne, die ihm sehr zugeneigt war, ist nicht mehr im Kindergarten. Sie hat eine andere Aufgabe übernommen. Die Mutter wird öfter vorgeladen und sogar sein Ausschluß aus dem Kindergarten wird angedroht. Der Mutter wird vom Kindergarten eine Verhaltenstherapeutin empfohlen.

Bei der Einschulungsuntersuchung schneidet er gut ab. Er besteht alle Tests, wird aber wegen seines zarten Körperbaus zurückgestellt und wird ab Herbst die Vorschule besuchen. Von einer Verhaltenstherapie rät die Schulärztin ab und spricht sich eher für eine Spielgruppe aus. Die Mutter soll abwarten, bis Sebastian in der Vorschule ist. In dieser aufregenden Zeit beginnt Sebastian wieder einzunässen. Diesmal spielen sicherlich Spannungen und Ängste eine Rolle. Zu Hause darf er nur flüstern. Selbst Lieder, die er im Kindergarten gelernt hat, darf er mir nur flüsternd vorsingen. Mich wundert es nicht, daß sich Sebastian an anderen Orten auslebt. Dem Vater tritt er mutig gegenüber und sagt zur Mutter, wenn der Mann mit ihr geschimpft hat: „Der Papa ist blöd." Er bekommt öfter Ohrfeigen vom Vater als früher. Die auffälligste Eigenschaft von Sebastian ist aber sein Anspruch, immer der Boß zu sein. Wenn wir spielen, will er den genauen Ablauf immer allein bestimmen. Wenn ich ihm widerspreche, weint er. Ähnlich wie Robert ist Sebastian unnachgiebig und intolerant.

Das Reflektieren
über unsere gemeinsame Arbeit, über die Zusammenhänge des heutigen Geschehens mit der Kindheit der Eltern und über ihre erzieherische Haltung erfolgt vorwiegend in lockeren, formlosen Gesprächen, die sich aus passenden Situationen ergeben. Frau Burger und ich sprechen meist am Weg zum Kindergarten, wenn wir Sebastian abholen.

Nach und nach erfahre ich von ihr, daß sie unter den Vorwürfen Michaelas leidet: „Sie meint, ich habe nie zu ihr gehalten, immer nur zu meinem Mann. Bei Robert will ich es besser machen. Aber ich weiß nicht, wie ich das machen soll." „Das ist sicher schwierig". Nach einer Pause von etwa fünf Minuten spricht sie weiter: „Wissen Sie, als die Polizei Michaela damals nach dem Stehlen nach Hause gebracht hat, verlangte sie von mir, dem Vater nichts zu sagen. Ich habe auch geschwiegen, aber mein Mann hat den Brief bekommen, und dann hat er es gewußt und mir Vorwürfe gemacht." Als ich schweige, spricht sie weiter: „Meine Eltern schimpfen mit mir, weil sie glauben, daß ich nur zu meinem Mann halte. Ich weiß nicht, wie ich es meinem Mann sagen soll, was mir nicht gefällt".

Frau Burger denkt über das Verhältnis zu ihrem Mann nach. Ich bestärke sie darin, daß ich sie für eine gute Ehefrau halte: „Ihr Mann hat in ihnen eine gute Ehefrau gefunden. Ich finde es natürlich, daß Sie als Ehefrau zu ihrem Mann halten. Aber Sie sind ja nicht nur Ehefrau sondern auch Mutter. Das alles unter einen Hut zu bringen, ist nicht so einfach." Diese Unsicherheit von Frau Burger gibt mir Gelegenheit, mit dem Ehepaar über ihre unterschiedlichen Rollen als Partner und Eltern zu sprechen.

Das Gespräch über Partnerschaft ergibt sich, als wir ohne Kinder am Nachmittag beim 'Frühstück' zusammensitzen. Das Ehepaar Burger möchte eine Faschingsveranstaltung besuchen und lädt meinen Mann und mich dazu ein. „Mein Mann ist seit zwanzig Jahren nicht dazu zu bewegen gewesen, sich in ein solches Gewühle zu stürzen. Mein Mann ist eher schweigsam wie Sie, Frau Burger", bedanke ich mich lachend. Frau Burger lacht zustimmend mit: „Vielleicht, weil Sie eher lebhaft sind! Dann paßt es zusammen." Sie trifft den Nagel auf den Kopf. Ich habe Frau Burger unterschätzt. Diese Äußerung habe ich ihr nicht zugetraut. Herr Burger schaltet sich ein: „Einer muß ja sagen, was es zu machen gibt. Wenn beide schweigsam sind, ist das nicht gut. Es ergänzt sich." Ich stimme ihm zu: „Ich sehe das ähnlich. Vielleicht hält deshalb unsere Ehe noch, weil wir unterschiedliche Temperamente haben. Immerhin werden fünfzig Prozent der Ehen geschieden." Da wirft Frau Burger schnell ein: „Hoffentlich unsere nicht!"

Als ich sie später frage, wie es beim Faschingsball gewesen ist, schaut sie finster vor sich hin. „Haben Sie mit Ihrem Mann getanzt, wie Sie es gerne wollten?" „Den können Sie vergessen", meint sie mit einer abfälligen Handbewegung. „Er hat die ganze Zeit nur getrunken, ohne was zu essen. Ich mußte ihn nach Hause schleppen!" Ihre Enttäuschung ist groß. Frau Burger äußert sich mir gegenüber zum erstenmal kritisch über Ihren Mann. Ihr Gleichmut ist wie weggeblasen. In dem Maß, wie sich die enge Bindung von Frau Burger an ihren Ehemann lockert, wendet sie sich stärker den Kindern zu.

Manchmal stoße ich Gespräche an, wenn mir Dinge im Alltag auffallen. Die beste Gelegenheit dafür ist die abendliche Runde um den Eßtisch. Frau Burger hat dann Gelegenheit, ihre Meinung zu äußern, die der Mann bisher offenbar nicht beachtet. Durch das Reflektieren des Geschehens im Alltag gewinnt sie langsam Sicherheit im Umgang mit ihrem Mann. Vielleicht bewirkt auch meine Anwesenheit, daß Herr Burger die Meinung seiner Frau und die der Kinder in seine Überlegungen einbezieht.

Heute bin ich etwas früher gekommen und Frau Burger befindet sich mit Sebastian noch in der Badewanne. Herr Burger sitzt allein im Wohnzimmer und löst Kreuzworträtsel. Er bittet mich Platz zu nehmen, und erzählt mir, daß seine Großmutter am heutigen Tag ihren dritten Todestag hat: „Sie war der einzige Mensch, der sich um mich gekümmert hat. Ich bin bei ihr aufgewachsen." Seine wasserblauen, leicht hervorquellenden Augen werden feucht, als er sich an diese Zeit erinnert: „Leicht hat sie es nicht gehabt nach dem Tod meiner Mutter. Die Wohnung war klein. Am Dachboden hatte ich ein kleines Zimmer, das nicht beheizbar war. Wenn mir kalt war, habe ich mich ins Bett gelegt und die Decke bis zu den Ohren hochgezogen." Herr Burger erzählt sehr schön und ich höre ihm interessiert zu. Da fährt er weiter fort: „Wissen Sie, ich habe nie ein Wohnzimmer gehabt. Deshalb habe ich mir auch immer eine Wohnung gewünscht, wie ich sie jetzt habe." Er gibt mir Einblick in seine Kindheit. Ich denke, daß ich sein Vertrauen gewonnen habe. Er spielt mir auch nichts mehr vor, wie ich früher manchmal den Eindruck hatte. Ich lerne mehrere Seiten an Herrn Burger kennen: Eine lockere, fröhliche Seite, eine ängstlich, fragende und eine herrisch, abblockende Seite, die am auffälligsten hervortritt.

Mit der Zeit erfahre ich mehr und mehr aus seinem Leben. Die neun Geschwister wurden nach dem Tod der Mutter getrennt. Noch heute haßt er seinen Vater dafür: „Ich hasse meinen Vater und verzeihe ihm nie, daß er unsere Familie zerschlagen hat. Deshalb wollte ich auch eine richtige Familie und jetzt ist Michaela im Heim. Genau das wollte ich für meine Kinder nicht." Mir wird klar, daß er seine Vergangenheit noch immer unbewältigt mit sich herumträgt, und daß der Schaden, den er seinen Kindern zufügt, mit seinen Verletzungen zusammenhängt. SPFH kann die Form der Aufarbeitung, die bei ihm nötig wäre, nicht leisten. Ich kann ihm aber die Zusammenhänge zu seinem heutigen Verhalten aufzeigen: „Was Sie als Kind erlebten, beeinflußt Ihr heutiges Verhalten den Kindern gegenüber." Er nickt mit dem Kopf und meint: „Das ist mir schon klar." Die Einsicht und das Zugeständnis seiner eigenen Unvollkommenheit ist ein wichtiger Schritt und bringt ihn aus dem Gleichgewicht. Endlich ist bei ihm etwas in Bewegung geraten. Das Feld für weitere Veränderungen ist vorbereitet. In dem Maß wie Herr Burger von seiner rigiden Haltung und seinen nicht befragbaren Normen Abstand nimmt, wachsen bei seiner Frau und den Kindern die Potentiale zur Selbstbestimmung und Selbstgestaltung ihrer eigenen Angelegenheiten.

Die zurückhaltende und fast mutlose Art von Robert fällt nicht nur mir sondern neuerdings auch dem Vater auf. Ich ermuntere ihn, Robert mehr zu erlauben: „Sie halten ihn an ziemlich kurzen Zügeln. Ist Robert nicht imstande, seine Freizeit selbst zu gestalten?" Herr Burger wünschte sich für die Familienbegleitung eine Frau, die Erfahrungen mit eigenen Kindern hat. Das werfe ich jetzt in die Waagschale: „Mit etwa zehn Jahren wollten meine Kinder keine Ratschläge mehr von mir hören. In ihre Freizeitgestaltung durfte ich nicht mehr dreinreden. Ich hielt mich daran und bin gut damit gefahren." Er fällt mir ins Wort: „Aber zum Abendessen um acht Uhr müssen alle da sein!" Bisher muß Robert um achtzehn Uhr zu Hause sein. Die neue Regelung ermöglicht ihm den Besuch einer Tischtennisgruppe, die bis kurz vor zwanzig Uhr trainiert. Ebenso gibt Herr Burger zumindest teilweise seinen Anspruch der 'Allzuständigkeit' in Fragen der Alltagsorganisation und Alltagsstrukturierung auf. Als ich ihn frage: „Warum nutzen Sie die Fähigkeiten Ihrer Frau nicht?", überträgt er ihr einen Teil der Aufgaben: Er gibt ihr Geld für Großeinkäufe; sie darf bestimmen, wann die Wäsche gewaschen wird, und welche Menge Waschpulver benötigt wird. Es sind erste, kleine Schritte, über die ich mich freue und diese Freude auch deutlich zeige. Langsam entsteht eine Form des Aushandelns von Angelegenheiten zwischen den Familienmitgliedern, wie sie vorher nicht möglich war.

Einzelgespräche

vereinbare ich zunächst nur mit Frau Burger. In der ersten, großen Gesprächsrunde mit den Eltern, den Großeltern, allen drei Kindern, der Mitarbeiterin des ASD und mit mir, zu welcher der Mitarbeiter des Aufgabengebietes Heimplatzvermittlung und Heimkinderbetreuung eingeladen hatte, äußerte sich Frau Burger auf die Frage, warum sich alles so entwickelt habe, und Michaela im Heim sei, folgendermaßen: „Wahrscheinlich habe ich etwas falsch gemacht." Als die Familienmitglieder gefragt wurden, wo ihr Stuhl stehe, antwortete sie: „Ich sitze zwischen allen Stühlen." Sie entwickelt Schuldgefühle, die ihr keine Ruhe lassen und fragt mich um meine Meinung. Als ich ihr anbiete, regelmäßig zu einer bestimmten Zeit mit ihr darüber zu sprechen, stimmt sie zu. Ich halte es für richtig, solche tiefschürfenden Gespräche nicht zwischen Küche und Badezimmer zu führen. Wir legen die Einzelgespräche auf jeweils Montag von zehn bis elf Uhr fest. Als ich um die vereinbarte Zeit komme, ist sie beim Kochen. Ich benehme mich jetzt anders als sonst und bleibe nicht für ein Schwätzchen beim Herd stehen. Ich setze mich in das Wohnzimmer und warte. Nach einigen Minuten kommt sie nach und setzt sich erwartungsvoll nieder. Wir klären zu Beginn, was Frau Burger bedrückt. Sie möchte gerne der Frage nachgehen, was sie eventuell falsch gemacht hat, und wie sie sich in Zukunft anders verhalten kann.

Frau Woog (W), Frau Burger (FB)

W: Wo glauben Sie etwas falsch gemacht zu haben?

FB: Ich hätte Michaela auch Freiraum geben müssen.

W: In welcher Hinsicht?

FB: Michaela wollte mehr mit Freundinnen zusammensein.

W: Michaela wollte und Sie wollten nicht?

Die Mutter nickt mit dem Kopf.

W: Wie war das bei Ihnen mit Freundinnen?

Sie denkt nach, sagt aber nichts.

W: Hatten Sie welche?

FB: Nein, nicht so richtig. Von der Schule halt. Wir haben uns manchmal gegenseitig besucht.

W: Wie standen ihre Eltern dazu? Haben Sie Ihnen Kontakte ermöglicht?

FB: Wie ermöglicht?

W: Ermutigt, Freundinnen zu haben. So wie jetzt Sebastian Kinder zum Geburtstag einlädt und von den Kindern wieder eingeladen wird.

FB: Das weiß ich nicht. Ich hab halt nicht viel gesprochen.

Schweigen.

FB: Wegen meiner Sprachstörung. Ich hab halt zugehört.

W: Zuhören und Beobachten finde ich gut. Sie strahlen Ruhe und Gelassenheit aus, auch Zurückhaltung. Ich empfinde das als angenehm. Ich selbst bin mit fünf Geschwistern aufgewachsen, da ging alles durcheinander. Ich habe gelernt, mich durchzusetzen.

FB: Sehen Sie, das fehlt mir. Selbstwertgefühl.

W: Es fehlt Ihnen, meinen Sie?

FB: Ja.

W: Wie standen sie zu ihren Eltern, dem Bruder und der Großmutter?

FB: Die Großmutter hat zum Bruder gehalten.

W: Und zu Ihnen? Wer hat zu Ihnen gehalten?

FB: Weiß net.

Einige Minuten Schweigen.

W: Wie war es bei Ihnen am Sonntag, wie ist er abgelaufen?

FB: Weiß ich net.

W: Wer hat gekocht?

FB: Die Großmutter und Mutti.

W: Und wo waren Sie?

FB: Ich bin im Wohnzimmer gesessen. Beim Fernsehen.

W: Wer hat Sie liebgehabt?

FB: Weiß net.

Frau Burger äußerte in der großen Gesprächsrunde, zwischen allen Stühlen zu sitzen. Ich nehme drei Nüsse, die auf einem Teller vor mir liegen, und lege sie nebeneinander hin.

W: Die linke Nuß liegt für ihren Vater, die mittlere für den Bruder und die rechte für ihre Mutter.
   Ich drücke ihr die vierte Nuß in die Hand.

W: Wo würden Sie heute Kontakte wollen? Legen Sie die Nuß dazu.
   Sie ordnet sich neben der Mutter ein, nachdem sie lange nachgedacht hat.

W: Über die Mutter wollen Sie die Kontakte zum Vater und zum Bruder verbessern?
   Sie nickt. Schweigen.

FB: Sie übernachten auch nicht bei uns, sondern bei meinem Bruder.

W: Sie fühlen sich ausgeschlossen?
   Sie nickt. Langes Schweigen.

FB: Mein Bruder macht nie Pause bei uns, wenn er Robert abholt. Nicht einmal Kaffee will er trinken.

W: Was meinte Ihr Vater, als Sie Ihren Mann kennenlernten?

FB: Ist eine kurze Romanze.

Sie antwortet sehr schnell. Ihr Ton ist traurig.

W: Er glaubte nicht daran und Sie waren traurig?

FB: Heute hab ich das überwunden.

W: Als Kind waren Sie still, zurückhaltend und haben beobachtet, was abgelaufen ist. Das ist eine gute Voraussetzung für die Kindererziehung.

Langes Schweigen.

W: Denken Sie bis zum nächsten Mal darüber nach, wie Sie es anstellen müssen, nicht mehr zwischen allen Stühlen zu sitzen. Michaela hat sich auf ihren eigenen Stuhl gesetzt.

FB: Ja, neben den Großeltern.

W: Nein, so hat sie nicht gesprochen. Sie sagte: Im Heim.

Sie schaut mich an und versteht, was das bedeutet.

W: Wollen Sie auch versuchen, auf einem eigenen Stuhl zu sitzen?

Sie sagt nichts und denkt nach. Langes Schweigen.

W: Ich werde nächstens auch mal mit Ihrem Mann sprechen. Möchten Sie noch einmal ein Gespräch dieser Art mit mir führen?

Sie nickt mit dem Kopf und schaut mich dabei ernst an.

Zum zweiten Einzelgespräch

setzt sich Frau Burger mit einem Buch zu mir, das sie für ihre Reise mit dem Ehemann gekauft hat, damit ihnen im Zug nicht langweilig wird. Sie verreisen ohne die Kinder. Alle drei Kinder, also auch Sebastian, fahren zu den Großeltern. Ich denke, sie hat heute keine Lust zu dem Gespräch.

W: Sollen wir heute weitersprechen, wo wir letztens aufhörten?

Sie zieht die Schultern hoch. Sie zögert, doch dann nickt sie. Ich fasse unsere bisherigen Gesprächsinhalte zusammen.

W: Es ging um die Beziehung zu ihren Eltern und zu ihrem Bruder, und wie Sie Ihre Kindheit erlebten. Erinnern Sie sich an Momente, wo Sie froh oder traurig waren?

FB: Ich weiß net. Stimmt das, daß Leute, die sich nicht an ihre Kindheit erinnern können, ihre Kinder nicht erziehen können?

Ihr Ton ist weniger fragend als feststellend.

W: Das habe ich noch nie gehört. Woher haben Sie das?

Ich habe den Verdacht, ihr Mann hat ihr das eingeredet, als sie ihm über das Gespräch erzählte.

FB: Das hab ich wo gelesen.

W: Wenn Eltern sehr häßlich zu einem Kind sind, wäre es eigentlich ganz gut, wenn es vergißt, was ihm geschehen ist und das Verhalten der Eltern nicht nachahmt, wenn es später eigene Kinder erzieht. Viele Eltern ahmen das Erziehungsverhalten der eigenen Eltern nach. Sie erinnern sich an das Seminar der Mütterschule: 'Genau wie meine Eltern'?

Frau Burger nickt, äußert sich aber nicht.

W: Erinnern Sie sich an ihre Kindheit?

FB: Nein.

W: Als sie traurig waren, worüber waren Sie traurig?

FB: Weiß net.

W: Sie erzählten mir, daß Sie alles nach innen hineinfressen.

FB: Ja.

W: Sie haben Gefühle und können sie nicht äußern?

FB: Ich freß halt alles nach innen.

W: Sie fressen alles nach innen und fühlen sich wohl dabei?

FB: Nein.

Langes Schweigen. Ob ihr der Ehemann verboten hat, mit mir zu sprechen?

W: Wie war das, als Michaela wegging?

FB: Ich kann das nicht nach außen zeigen.

W: Welche Rolle spielten Gefühle in ihrer Kindheit? Wer gab Ihnen Zuwendung?

FB: Die Eltern. Ich habe ein Glashaus. Wollen Sie es haben? Es ist für unseren Balkon zu groß.

W: Ich merke, daß Ihnen das Gespräch nicht angenehm ist. Wenn Sie über Gefühle nicht sprechen wollen, sagen Sie es einfach.

FB: Ich merke halt, wenn ich mit anderen spreche, daß ich anecke, und dann höre ich nur noch zu und beobachte.

W: Sie würden gerne mit anderen sprechen?

FB: Ja, schon.

Langes Schweigen.

W: Ihre Kinder haben auch Gefühle.

FB: Robert badet jetzt allein.

W: In der Gesprächsrunde meinte Robert, er hätte Angst, in der Familie seine Meinung zu sagen.

Langes Schweigen.

W: Wollen Sie, daß Robert keine Angst mehr hat.

FB: Ja, aber wie?

W: Das ist gut, wenn Sie etwas verändern wollen. Ich werde mit Ihrem Mann sprechen und dann sprechen wir noch einmal zu dritt.

Frau Burger ist damit einverstanden. Heute war sie nicht sehr gesprächig. In ihrer Kindheit liegen vielleicht auch dunkle Punkte wie bei Michaela.

Das Einzelgespräch mit Herrn Burger

vereinbare ich an dem Nachmittag, als seine Frau bei der Veranstaltung 'Eine Reise in die Welt der Sinne' ist. Er steht ungewaschen und unrasiert in der Küche und wäscht Geschirr ab. Er putzt alte Schmutzschichten von einer Geschirrablage ab. Sein Gesicht ist etwas aufgedunsen, stark gerötet, und er wirkt erregt.

W: Ich finde es toll, wie Sie Ihrer Frau helfen.

HB: Wenn Sie sie fortschicken, muß ich mich um das Essen kümmern. Ich kann aus der Küche nicht weg.

W: Geben Sie mir den Schwamm. Sie können das Geschirr spülen.

Ich stehe neben ihm und putze emsig an den alten Schmutzschichten, während er das Geschirr spült.

W: Ich habe Ihre Frau nicht weggeschickt, sondern sie zu unserem Familiennachmittag eingeladen. Für diese Zeit vereinbarten wir zusammen ein Gespräch.

Er rennt in das Wohnzimmer und holt zwei Einladungen: Eine für eine Schulveranstaltung zum Thema 'Drogen', die andere für eine Veranstaltung des Kindergartens zum Thema 'Aggression'.

HB: Schauen Sie, was die von uns wollen. Jeder will was von uns. Sie sind auch schon wieder da.

W: Wir hatten das so vereinbart. Ich gehe auch gerne wieder.

Er zerreißt wütend die Einladungen in kleine Stücke.

W: Jetzt weiß Ihre Frau nicht mehr, wann die Termine sind.

HB: Die geht sowieso nicht hin. Wir fahren am nächsten Tag in Urlaub, da muß sie Koffer packen.

W: Ah ja, das kann sie nicht früher machen.

Ich lege ihm die Hand auf den Arm und schaue ihn ruhig an.

W: Sie haben ja Angst Herr Burger.

Er beruhigt sich.

HB: Schauen Sie sich den Dreck in der Küche an. Sie putzt nicht.

W: Sie wollen es sauber haben.

HB: Bei meiner Großmutter war es sauber. Schauen Sie in den Schrank. So dreckig ist es bei der Mutter von meiner Frau auch. Meine Frau ist heute den ganzen Vormittag vorm Fernseher gesessen.

W: Sprechen Sie mit ihr darüber, daß es Ihnen zu schmutzig ist?

HB: Natürlich! Hundertmal! Die lernt das nicht. Sie sagen immer, sie kann das.

W: Sie kann immerhin schon mehr, als Sie geglaubt haben. Sie hat das schon bewiesen.

HB: Bevor Sie weggeht und das Kochen mir überläßt, sollte sie erst alles fertig machen. Heute haben wir es gemeinsam vorbereitet. Ich kann aus der Küche nicht weg, bevor die Gans gebraten ist.

W: Sie müssen in der Küche bleiben?

HB: Es könnte brennen, wenn das Fett überläuft.

Er bringt mir ein Schreiben, wonach ein Mangel am Herd festgestellt wurde.

W: Wenn es Ihnen recht ist, bleibe ich bei Ihnen in der Küche.

Er holt zwei Stühle, die kaum in die enge Küche passen und wir setzen uns.

W: Hier ist eine herrliche Aussicht, besonders, wenn die Sonne untergeht.

HB: An die Bibel kann ich auch nicht mehr glauben, wenn die Sonne und der Mond gleichzeitig am Himmel stehen. Was soll man von einer Bibel halten, wo falsche Sachen stehn. Maria war auch keine Jungfrau. Am besten ist, ich trete aus der Kirche aus.

W: Dann stimmt Ihr Spruch 'Wer seine Kinder liebt, züchtigt sie' auch nicht mehr? Meinen Spruch, über den Sie sich so aufregten, habe ich mitgebracht, weil Robert in der großen Gesprächsrunde meinte, daß er Angst hätte, zu Hause seine Meinung zu sagen.

HB: Wenn die Bibel nicht stimmt, stimmt Ihr Spruch auch nicht.

W: Darf ich ihn trotzdem aus dem Wohnzimmer holen, oder haben sie ihn am Ende weggeschmissen?

Ich hole den Spruch vom Schrank im Wohnzimmer.

W: Lesen Sie ihn bitte noch einmal vor.

HB: 'Ihr Väter macht Eure Kinder nicht scheu, auf daß sie nicht mutlos werden.'

Er schweigt lange.

HB: Ich weiß, was Sie meinen.

W: Wollen Sie, daß Robert zu Hause Angst hat?

Schweigt lange.

W: Vielleicht hat seine Angst etwas mit Ihnen zu tun?

Schweigen.

W: Wenn ich die Augen schließe, sehe ich Sebastian und Robert fröhlich auf einer Wiese rumtollen. Laut und fröhlich.

HB: Was kann ich tun?

W: Das weiß ich nicht. Als ich zuvor kam, und Sie so aufgeregt waren, habe ich deutlich ein Spannungsgefühl bei mir gemerkt. Vielleicht spüren die Kinder das auch, wenn Sie sich so unbeherrscht verhalten.

HB: Ich muß die Kinder doch erziehen. Neulich sagte Sebastian in der Küche zu meiner Frau: „Der Papa ist blöd". Da bin ich aus dem Bad und rechts, links patsch, patsch.

W: Sowas kann man auch anders lösen. Ich glaube nicht an die Macht von Schlägen. Ich weiß von mir selbst, wie unbehaglich ich mich fühle, wenn mich etwas ärgert, und ich am liebsten dreinschlagen möchte. Für mich habe ich eine andere Lösung gefunden. Ich verschaffe mir Klarheit im Gespräch.

HB: Und was soll ich machen? 'Blöder Papa' sagt er. Das muß er mir erklären, warum er das sagt. Meine Frau müßte ihm sagen, daß er das nicht sagen darf.

W: Wir spielen das mal nach. Ich bin Sebastian und sage 'Blöder Papa' zu Ihnen. Mit Ihrer Frau hat das erstmal nichts zu tun. Er sagte 'Blöder Papa' und nicht 'Blöde Mama'.

Wir spielen die Begebenheit nach. Herr Burger spielt sich selbst und ich übernehme Sebastians Rolle

W/S: Der Papa ist blöd.

HB: Warum sagst Du das Sebastian?

W/S: Weil Du ein blöder Papa bist, wenn Du mit der Mama schimpfst.

HB: Ich habe mit Mama geschimpft, weil sie die Seife nicht gekauft hat.

W/S: Deshalb bist Du ein blöder Papa.

Wir beenden das Spiel.

HB: Ja, so war es. Ich weiß, er hat zu Mama gehalten, weil ich geschimpft habe.

W: Sebastian hat ein gutes Gespür für Stimmungen. Er merkt Ihre Spannungen. Wir haben schon darüber gesprochen.

HB: So einfach ist das nicht. Ich muß ständig schimpfen. Robert nimmt zum Beispiel bei Tisch vom Brett ein Brot, das am weitesten von ihm wegliegt. Er nimmt nicht das Brot in seiner Nähe, weil er weiß, daß es hart ist. Da muß ich ja schimpfen.

W: Spielen wir das auch mal. Ob Sie schimpfen oder sprechen müssen.

Ich fasse über ein imaginäres hartes Brot hinweg, um mir ein weiches zu holen.

HB: Warum greifst Du nach dem Brot, Robert?

W/R: Weil das andere hart ist.

HB: Und was sollen wir mit dem harten Brot machen? Soll ich das vielleicht essen?

W/R: Weiß ich nicht.

HB: Jemand muß das essen.

W/R: Ich nicht.

HB: Also dann teilen wir es in vier Teile, dann muß jeder nur ein kleines Stück essen.

Wir beenden das Spiel.

HB: Ich habe jetzt einen Kompromiß gemacht!

Er ist völlig überrascht.

W: Ich finde es toll, wie Sie das hingekriegt haben. Die Kinder brauchen einen Vater, der sie nicht schlägt, sondern der mit ihnen spricht und zu dem sie Zutrauen haben können. Robert sagte, er hätte Angst zu Hause.

HB: Aber ich weiß nicht, ob ich das schaffen kann.

W: Sie haben klare Vorstellungen und Meinungen. Daran halten sie fest. Daran ist auch nichts auszusetzen.

HB: Ich liebe halt Volksmusik und Robert die neue Musik.

W: Wer hat Sie erzogen?

HB: Die Großmutter.

W: Und wer hat die Großmutter erzogen?

HB: Ihre Mutter.

W: Also Sie erziehen ihre Kinder nach den Wertvorstellungen des neunzehnten Jahrhunderts. Mein Vater ist um die Jahrhundertwende geboren. Er war älter, als die Väter meiner Freundinnen. Für mich war er etwas Besonderes. Irgendwie war er ein Herr. So steif und so.

HB: Da haben Sie recht. Es war eine andere Zeit. Ich will mir das bewahren.

W: Das sollen Sie ja auch. So wie ich das tue.

HB: Die Strenge und Härte habe ich von meinem Vater. Alle meine Geschwister wurden nach dem Tod meiner Mutter verteilt.

Ich gehe darauf nicht weiter ein, da er schon einmal abblockte, als ich nach dem 'Warum' fragte.

W: Ihr Vorbild ist Ihr Vater, den Sie kaum kannten, und den Sie bis heute hassen, wie Sie mir einmal erzählten?

HB: Ja.

W: Jeder Mensch hat Vorstellungen im Kopf, wo alles reingeflossen ist, was er einmal erlebt hat. Erfahrungen verknüpft mit Gefühlen. Das ist gut so, und das sollen Sie auch behalten. Aber Sie sehen auch, was abläuft, wenn daneben nichts Neues möglich ist.

HB: Ich kann es nicht anders.

W: Noch nicht, vielleicht. Es ist gar nicht so schwer, sich den Kindern gegenüber anders zu verhalten. Sie haben das auch schon bewiesen. Robert hat Freiräume erhalten. Sie schlagen auch weniger hart zu. Außerdem haben Sie jetzt den Wunsch, anders zu den Kindern zu sein.

HB: Wenn wir spazierengehen, sage ich: Nein, Robert, Du fährst nicht mit dem Rad. Wir gehen alle zu Fuß.

W: Und wie reagiert Robert?

HB: Er folgt mir.

W: Denken sie an den Spruch, den ich brachte. Wie können Sie Robert mutig machen?

Langes Schweigen.

HB: Wenn ich meine Spannungen bei mir behalte, kriege ich einen Herzinfarkt.

W: Ihre Vorstellungen und Überzeugungen sind wie ein Bild in Ihrem Kopf. Ihre Kinder haben andere Bilder. Sie werden niemals deckungsgleich sein. Versuchen sie, die Bilder ihrer Kinder kennenzulernen. Bis Ihnen klar ist, daß die Kinder nicht Sie sind, sondern ihr eigenes Leben führen.

HB: Robert badet jetzt allein.

W: Das war ein Anfang vom Kennenlernen seines Bildes. Da dürfen Sie nicht drin rummalen. Jeder Mensch malt sich sein eigenes Bild.

HB: Ich verstehe, was Sie meinen. Aber ich kann mir nicht vorstellen, wie es anders sein sollte.

W: Sie werden es herausfinden. Der Anfang ist gemacht. Beim nächsten Gespräch wollen wir mit Ihrer Frau zusammen sprechen, wie Sie Ihre Vorstellungen über die Erziehung der Kinder abstimmen können. Sagen Sie mir einfach, wenn Sie dazu bereit sind.

Bei beiden Gesprächen bin ich bis an die Schmerzgrenze der Eltern gelangt. Aber ich habe auch die mir von den Eltern gesetzte Grenze deutlich gespürt. Zu dem Gespräch zu dritt kam es nicht mehr. Ich forcierte es nicht und die Eltern kamen von sich aus nicht auf mich zu. Ohne ihre Bereitschaft, so denke ich, sind solche Gespräche auch nicht fruchtbar.

10.4 Veränderungen, Stabilisierungen, Ergebnisse

Ein Jahr später: Rückblick-Situation-Ziele

Meine Unterstützung im Entwicklungsprozeß hat die ziemlich isoliert lebende Familie nur zögernd angenommen. Rückblickend auf das vergangene Jahr kann ich, trotz der scheinbaren Veränderungsresistenz der Familie, Ansätze zu positiven Entwicklungen erkennen. Unsere Gespräche über Scham und Beschämung, Grenzen und Grenzverletzungen, die Intimsphäre und die unterschiedlichen Rollen in Partner- und Elternschaft sowie das Mitleben und Vorleben haben Entwicklungen angestoßen, die bei den Eltern zu einer veränderten Wahrnehmung, zu mehr Wissen und Bewußtheit führten. Die Eltern versuchen, die Bedürfnisse ihrer Kinder mehr zu beachten und die Kinder fordern ihrerseits mehr Beachtung durch die Eltern. Der Vater hat seinen Anspruch auf 'Allzuständigkeit' für die Alltagsorganisation teilweise zurückgenommen und seiner Frau für bestimmte Bereiche Verantwortung übertragen. Er wurde durch die Veränderungen irritiert, läßt aber die wachsende Eigenständigkeit seiner Frau meist zu. Seine Bereitschaft zu Einstellungs- und Verhaltensänderungen stellt sich allmählich ein. Die Mutter steht den Belangen der Kinder nicht mehr gleichgültig gegenüber, sondern sie ist den Kindern aktiv zugewandt.

Für die Kinder hat sich das Leben in der Familie verändert. Es gibt zwar immer noch kein Kinderzimmer, doch nutzen sie für ihre Zwecke vermehrt den kleinen Raum, in dem ihre Betten stehen. Durch die Lockerungen der starren, vom Vater vorgegebenen Regelungen des Familienlebens haben die Kinder Freiräume gewonnen. Die neue Außenorientierung beider Buben bringt positive Impulse in den Ablauf des Familiengeschehens. Der Aufbau einer eigenen Intimsphäre ermöglicht Abgrenzung gegenüber den Eltern. Robert vermag eigene Ideen und Interessen selbständig zu verfolgen, die er beim Vater zu vertreten gelernt hat.

Die Förderung von Sebastian in der Sprachheilschule macht mit Hilfe der Mutter gute Fortschritte. Er hat in seiner körperlichen, sprachlichen und geistigen Entwicklung einen Sprung nach vorne gemacht. Sein Umgang mit den Eltern ist selbstsicher und fordernd geworden. Er nimmt nicht mehr alles als selbstverständlich hin, sondern protestiert, wenn ihm etwas nicht gefällt. Dieses Verhalten ist den Eltern gegenüber hilfreich, hat sich aber im Kindergarten als hinderlich erwiesen. Es fällt Sebastian schwer, tragfähige soziale Kontakte zu anderen Kindern aufzubauen, weil er immer der Boß sein will.

Die derzeitige Situation der Familie ist durch Unsicherheiten und daraus resultierender Unruhe gekennzeichnet. Michaela ist mittlerweile ein Jahr im Heim und es fehlen klare Abmachungen über die voraussichtliche Dauer der Unterbringung und über die Besuchsmodalitäten. Frau Burger weint öfter über die für sie undurchschaubare Situation. Sie möchte regelmäßigen Kontakt zu Michaela halten. Der Vater erlaubt Robert nicht, die Schwester allein zu besuchen. Robert leidet unter der Trennung von seiner Schwester. Herr Burger bemüht sich kaum um solche Klärungen, da er sich von seiner beruflichen Arbeit sehr in Anspruch genommen fühlt. Gesprächstermine in dieser Richtung nimmt er deshalb nicht wahr. Er will auch keinen 'roten Teppich' für Michaela auslegen, wie er sich ausdrückt.

Zu Weihnachten verbringt Michaela zwei Tage zu Hause, obwohl sie das gar nicht wollte. Der Vater hätte ihr sonst den Besuch bei den Großeltern nicht erlaubt. Die spannungsgeladene Atmosphäre in der Familie ist besonders für Sebastian schwer erträglich. Ich vermute, daß sein erneutes Bettnässen mit diesen Spannungsgefühlen zusammenhängt.

Die Ziele für das nächste halbe Jahr ergeben sich aus dem bisherigen Geschehen. Sie werden mit den Eltern und Kindern gemeinsam abgesprochen. Frau Burger braucht Begleitung, um mehr Sicherheit im Umgang mit den Kindern zu erhalten. Sie will darüber nachdenken, ob oder wie sie Sebastians neu auftretendes Bettnässen beeinflussen kann. Ihr sind meine Anregungen zur Förderung der Kinder in der Schule und in der Freizeit noch wichtig. Sie will außerdem ihre Rolle als Mutter besser verstehen lernen. Bei der Verarbeitung der Heimunterbringung ihrer Tochter möchte sie ebenso wie der Vater auch weiterhin Unterstützung im Gespräch sowie bei Besuchsabsprachen mit dem Heim. Herr Burger möchte sich gerne in weiteren Gesprächen über Erziehungs- und Lebensfragen mit mir austauschen. Er möchte, daß die Kinder weniger Scheu vor ihm haben.

Eineinhalb Jahre später: Rückblick-Situation-Ziele

Die letzten sechs Monate haben einige Klärungen für die Familie und mich gebracht. Ich holte mir eine externe Beratung, da ich mit der mangelnden Transparenz meines Auftrags nicht zurecht kam. Ich hatte zum einen das Gefühl systemstabilisierend zu wirken und zum anderen auf einem Nebenschauplatz zu arbeiten, ohne an die wirkliche Problematik heranzukommen. In der Folge machte ich meine Weiterarbeit von einer 'Großen Gesprächsrunde' abhängig, in der die Aufgaben der einzelnen Helfer und die Kontakte untereinander besprochen werden sollen. Vom Mitarbeiter des Aufgabengebietes Heimplatzvermittlung und Heimkinderbetreuung wurden folgende Personen eingeladen: Die Großeltern, die Eltern, die drei Kinder, die Mitarbeiterin des ASD, der Heimerzieher und ich. In einem Vorgespräch erfuhr ich vom Heimerzieher, daß es bei Michaelas Weihnachtsbesuch zu Hause zu sexuellen Grenzüberschreitungen gekommen sei. Er selbst habe keine Anweisung erhalten, das Mädchen nicht nach Hause zu lassen. Wenig später eröffnete mir der Mitarbeiter der Heimplatzvermittlung, daß es seiner Ansicht nach sexuelle Übergriffe seitens des Vaters gegeben habe. Auf diesbezügliche Fragen habe Michaela nicht geantwortet, aber genickt. Ich mache mir innerlich große Vorwürfe, daß ich meinem Auftrag entsprechend, solange geschwiegen habe.

In der 'Großen Gesprächsrunde' wurde geklärt, wer-wen-wie oft besuchen darf. Es wurde vereinbart, daß sich Michaela und Robert alle vierzehn Tage bei den Großeltern treffen dürfen. Michaela will keinesfalls mehr nach Hause und auch keine Kontakte mit dem Vater aufnehmen. Der Rest der Familie könne sie besuchen. Sie wird voraussichtlich bis zum Abschluß der Schule im Heim bleiben. Der Vater fragte weder nach dem 'Warum' noch protestierte er dagegen. Die vermutete sexuelle Grenzüberschreitung darf auf ausdrücklichen Wunsch Michaelas weiterhin nicht offengelegt werden. Mir wurde erlaubt, direkt mit dem Heimerzieher Kontakt aufzunehmen, sobald es mir notwendig erscheint.

Den Geburtstag Michaelas verbrachten wir ohne den Vater im Heim. Ich besorgte mit Michaela im Dorf, in dem sie jetzt in einer kleinen Wohngruppe lebt, eine Geburtstagstorte, von der alle Mitbewohner ein Stück erhielten. Michaela war fröhlich und ausgelassen. Wir spielten im Wechsel Tischtennis und Robert alberte mit seiner Schwester herum. Torte essen, Witze erzählen, Schulerlebnisse austauschen, über die nächsten Ferien sprechen, also ganz banale Dinge ermöglichten der Mutter und den Geschwistern nach über einem Jahr der Trennung, ein Stück Normalität gemeinsam mit Michaela zu erleben. Ich denke, das hat allen gut getan. Beim Abschied meinte Michaela, wir könnten öfter kommen.

Robert lernte, sich gegen manche Regel des Vaters zu behaupten. Er nimmt nicht mehr teil am gemeinsamen 'Frühstück am Nachmittag', sondern frühstückt wie die meisten Schulkinder morgens vor der Schule. Er grenzt sich bewußt von den Eltern ab. Die Mutter leidet unter dem mangelnden Vertrauen

Roberts. Gleichzeitig akzeptiert sie, daß die Großeltern für ihn wichtige Bezugs- und Vertrauenspersonen sind.

Sebastian ist freier geworden und dies fällt nach außen verstärkt auf. Er ist noch nicht in der Lage, das richtige Maß an Lebhaftigkeit vor allem im Kindergarten zu finden. Seit die Erzieherin Anne nicht mehr da ist, geht er nur noch ungern in den Kindergarten. Bei einem Elterngespräch gibt die Leiterin des Kindergartens Herrn Burger deutlich zu verstehen, daß sie ihn für das häufige Fehlverhalten von Sebastian verantwortlich macht. Sebastian freut sich über ein Fahrrad, das ihm die Mutter brachte. Er ist sehr motiviert, das Fahrradfahren bald zu erlernen, da er mit dem Rad Ausflüge machen will.

Frau Burger ist gefühlsmäßig nicht mehr auf den Ehemann fixiert. Sie möchte aber, daß ihre Aktivitäten vom Ehemann akzeptiert werden. Frau Burger ist gesprächiger geworden und nimmt Anteil an ihrer Umgebung. Zum erstenmal seit ich da bin, hat sie mit einer anderen Mutter gesprochen, als wir auf Sebastian vor dem Kindergarten gewartet haben. Gemeinsam mit mir besuchte sie eine Veranstaltung der Kirchengemeinde zum Thema 'Aggression', nachdem Sebastian zu anderen Kindern öfter rücksichtslos ist. In der anschließenden Diskussion kam heraus, daß nicht nur Sebastian, sondern auch einige andere Kinder ziemlich grob sind. Dies beruhigte die Mutter sehr.

Die Beziehung der Mutter zu den Kindern ist intensiver geworden. Sie beachtet die Bedürfnisse der Kinder und geht auf ihre Wünsche ein. Der Besuch bei Michaela hat sie froh gestimmt. Sie sitzt nicht mehr zwischen den Stühlen sondern macht, was sie für richtig hält. Während der Vater mit seinen Arbeitskollegen Ausflüge unternimmt, fährt sie mit den Kindern zu den Großeltern; das wäre früher nicht möglich gewesen, da sie keinen Schritt ohne ihren Mann machte, nachdem er seiner Frau keine eigenen Aktivitäten zugestand.

Heute schätzt Herr Burger seine Situation so ein, daß die Familie ohne ihn glücklicher ist. Als Besucher im Heim ist er unerwünscht, was ihn zu der Feststellung bringt, er wolle seine Tochter ohnedies nicht besuchen. Die Kindergartenleiterin behandelt ihn, wie er meint, respektlos. Dies schreibt er vor allem mir zu, da ich mich bei dem Elterngespräch heraushielt und ihn nicht verteidigte. Er ist nicht mehr der Mittelpunkt der Familie und reagiert mir gegenüber entsprechend: So entzieht er sich, indem er gleich im Bad verschwindet, wenn ich komme. Über Monate habe ich bemerkt, daß er stiller wurde. Daß er aber beleidigt ist, habe ich nicht vermutet. Die Situation für die Kinder hat sich deutlich entspannt, seit der Vater nicht mehr verlangt, daß sich alle ihm unterzuordnen haben.

Die Ziele für die letzten sechs Monate werden wieder gemeinsam besprochen. Der Ablösungsprozeß erfordert eine Stundenreduzierung. Ab sofort werde ich nur einmal in der Woche für vier Stunden kommen. Diese Zeit dient zur Stabilisierung des Erreichten durch die Festigung neu erworbener Einstellungen und zum Einüben neu erlernter Verhaltensweisen. Der Mutter ist die Förderung Sebastians in einer entspannten Atmosphäre wichtig. Ihre Kinder sollen lernen, Wünsche zu formulieren. Sie möchte, daß ihr Vorgehen die Akzeptanz ihres Mannes findet.

Der Vater fühlte sich durch die Aktivitäten seiner Frau ausgegrenzt. Nun unterstützt er die Emanzipation seiner Frau. Er will seiner Frau und den Kindern Mut machen, eigenständige Ziele und Interessen zu verfolgen. Den Kindern gegenüber will er sich nicht mehr durchsetzen, sondern ihnen seine Entscheidungen erklären und seine Haltung vermitteln. Seine Ehefrau und die Kinder sollen ihm ihre Meinungen mitteilen. Ich bin über den Sinneswandel Herrn Burgers überrascht und kann nicht recht daran glauben. Etwas hat ihn zum Einlenken bewogen. Er zeigt nicht mehr sein sonst eher aggressives Verhalten. Das Familiensystem hat sich auf einer anderen Stufe stabilisiert.

Zwei Jahre später: Rückblick-Situation

Es ist November geworden und ich bin schon zwei Jahre bei Familie Burger. In diesem Monat beendige ich meine Tätigkeit. Im Rückblick kann ich feststellen, daß der Familie einige Veränderungen möglich waren, aber wie ich meine, nicht ausreichende. In den letzten sechs Monaten ging es in der Familie fröhlicher zu als bisher.

Robert freute sich über die Erlaubnis des Vaters, mit mir eine Radtour zu machen. Ich zeigte ihm den Weg zu Michaela in das Heim. Diese Fahrradtour über fast siebzig Kilometer hat ihm viel gebracht. Sie ist das äußere Zeichen für seine Eigenständigkeit. Er ist nun in der Lage selbständig zu Michaela zu fahren und ist nicht mehr auf die Eltern angewiesen, wenn er die Schwester sehen will.

In einer kleinen Runde im Heim konnten wir im Beisein von Michaela, der Mutter und dem Heimerzieher auch Michaelas Bedürfnis nach Kontakt zu den Eltern genauer klären. Sie möchte die Mutter nicht häufiger als einmal im Monat sehen. Darüber ist die Mutter traurig, akzeptiert aber Michaelas Wunsch. Ausführlich haben wir uns über ihre Rolle als Mutter unterhalten. Sie will in Zukunft zu ihrer Tochter halten und es auch vor ihrem Mann vertreten. Den Vater will Michaela überhaupt nicht sehen.

Die Großeltern kamen öfter nach Hause zu Besuch, meist wenn der Vater arbeitete. Sie brachten Kuchen mit, den wir zusammen verspeisten. Der Großvater erzählte dann von seiner Kriegsgefangenschaft in Rußland, von dem Leben in ihrem Dorf und von der gemeinsamen Englandreise, die er mit Michaela und Robert plant. Frau Burger sieht immer sehr glücklich aus, wenn ihre Eltern da sind. Ich bin sehr froh, daß sich diese Beziehung normalisiert hat.

Robert und Sebastian spielen jetzt viel draußen. Robert spielt mit seinen Freunden im Park Tischtennis, und manchmal werde ich zu Wettkämpfen eingeladen. Er ist gut in seiner Freundesgruppe integriert. Sebastian spielt mit einer Gruppe von Kindern aus der Nachbarschaft. Ich bin ihm zum Spielen nicht mehr so wichtig. Seit er in der Vorschule ist, höre ich nichts Nachteiliges mehr über ihn.

Die Mutter berichtet mir über seine Fortschritte. Ich gehe auch nicht zur Lehrerin, um ihm eine eventuelle Stigmatisierung zu ersparen. Er macht den langen Schulweg schon ohne seine Mutter und ist stolz darauf.

Auf Empfehlung der Vorschule läßt Frau Burger Sebastian in der Kinderklinik untersuchen. Sebastian ist in seiner Entwicklung zurückgeblieben und dies muß er nachholen. Wie mir die Mutter erzählt, soll er in die Förderschule, weil er nicht fähig ist, auf Anweisung etwas auszuführen und seine eigenen Wege verfolgt. Dieses Verhalten zeigt er auch in der Familie. Über dieses Ergebnis freut sich Frau Burger, was ich merkwürdig finde. Vielleicht hofft sie, daß ihr dieses Kind nicht wie die anderen beiden über den Kopf wächst.

In den letzten zwei Monaten war Herr Burger wegen einer komplizierten Schulterverletzung im Krankenstand und den ganzen Tag zu Hause. Der Mutter war das vermehrte Kochen unangenehm. Ihr ist es lieber, wenn der Mann in der Arbeit ist. Er ging viel mit Sebastian spazieren und nahm ihn zu Einkäufen mit. Als er einige Tage ins Krankenhaus mußte, durften sich die Kinder wünschen, was die Mutter kochen sollte. Aber weder die Mutter noch die Kinder waren in der Lage zwischen Griesbrei, Pizza und Maultaschen eine Entscheidung herbeizuführen. Dieses Unvermögen, sich klar zu entscheiden, ist auffallend. Auch Michaela ist dazu nicht imstande. Bisher war der Wille des Vaters maßgebend und möglicherweise hat der Rest der Familie nicht gelernt, den eigenen Willen zu äußern und unterschiedliche Wünsche miteinander auszuhandeln. Daran hat sich auch durch meine Anwesenheit noch wenig geändert.

Das Abschlußgespräch
findet zusammen mit der fallverantwortlichen Mitarbeiterin des ASD in den Räumen des Jugendamtes statt. Mit der Familie wird die Arbeit nochmals reflektiert und die Ergebnisse festgehalten. Die Familie ist ihrem Ziel, nämlich durch die Umstrukturierung der Familienverhältnisse, das Leben in der Familie für alle erträglich zu machen, ein Stück näher gekommen. Jeder hat dazu etwas beigetragen. Das Beisammensein in der Familie gestaltet sich ein wenig freundlicher als vorher. Die von den Eltern angestrebte Rückführung Michaelas in die Familie war allerdings nicht möglich. Die Familie lebt nicht mehr isoliert, sondern ist durch die Kinder in die soziale Umwelt eingebunden. Frau Burger ist mittlerweile in der Lage, Beziehungen zu anderen Menschen aufzubauen.

In der Hauptsache gilt es die Frage zu beantworten: „Wie war es damals, als die SPFH kam und wie ist es heute?" Die Eltern haben einiges erreicht. Frau Burger kann sich leichter äußern als früher. Sie ist etwas unabhängiger von ihrem Mann geworden und hat Zutrauen zu sich gefunden. Die Kinder sind ihr nicht mehr gleichgültig, sondern sie ist ihnen aktiv zugewandt, beachtet ihre Bedürfnisse und setzt sich gezielt für ihre Interessen ein. Die Alltagsorganisation hat sie teilweise vom Ehemann übernommen und ihn dadurch entlastet. Viel Spannung wurde damit aus der Familie genommen.

Die Förderung Sebastians durch die Sprachheilschule hat Frau Burger kräftig unterstützt. Er kann jetzt gut sprechen und konnte sich freier entfalten, als es zuvor möglich war. Robert, der seine Beziehungen zu den Großeltern und den Eltern ausbalancieren muß, hat gelernt, eigenverantwortlich zu leben. Er hat sich Freiräume erkämpft und klare Grenzsetzungen vorgenommen. Seine Strategie des 'Nichtaneckens' hilft ihm, vom Vater in Ruhe gelassen zu werden. Der Vater zwingt ihn nicht mehr, sich seinen Vorstellungen gemäß zu verhalten. Ich lobe die Eltern für das neue Verständnis, das sie den Kindern gegenüber entwickelt haben.

Herrn Burger fällt es nicht leicht, alte Gewohnheiten aufzugeben. Er war aber in der Lage, seiner Frau Aufgaben abzugeben und eine 'kleine' Emanzipation zuzulassen. Er möchte gerne, daß sie sich einem Frauenkreis anschließt, wenn sie das will. Die Einzelgespräche mit Herrn und mit Frau Burger zeigten mir, daß sie eine Blockade haben, ihre eigenen Verletzungen aus der Kindheit mit mir aufzuarbeiten. Als ich dem Vater das Kinderschutzzentrum empfehle, fragt er sofort: „Wo ist das?" Diese Frage läßt mich hoffen, daß die Eltern ihre Verhältnisse weiter klären werden, die sich auf die Kinder bisher hemmend auswirken. Die SPFH hat in dem ihr gesetzten Rahmen die Grenzen ihrer Möglichkeiten erreicht. Für mich selbst ist klar, daß ich in Zukunft einen ähnlich gelagerten Fall mit gleicher Auftragsbeschränkung nicht mehr annehme, da ich sie für falsch halte.

Die Eltern zeigen sich mir gegenüber dankbar. Besonders Herr Burger spricht mir ein Lob aus, das ich von ihm nicht erwartet hätte. Er sieht in mir eine für ihn wichtige Gesprächspartnerin und anerkennt meine Unterstützung des Entwicklungsprozesses der Familie. Die Eltern haben neue Einsichten gewonnen und sowohl ihre Einstellungen als auch ihr Verhalten in der ihnen möglichen Weise verändert. Sie haben ihre Chance zur Veränderung in dem ihnen passend erscheinenden Zeitrahmen wahrgenommen. Um die Ablösephase vor allem für Sebastian, der sich sehr an mich gewöhnte, nicht zu abrupt zu beenden, vereinbare ich mit der Familie einen vorerst letzten Besuch in vier Wochen.

Beim letzten Besuch
sind auch die Großeltern anwesend. Robert will sich seinen Wunsch erfüllen und sich ein neues Fahrrad kaufen, auf das er bereits seit fast zwei Jahren spart. Der Großvater und Robert haben nichts dagegen, daß ich zum Fahrradkauf mitgehe. Robert probiert einige Modelle aus und landet schließlich bei einem ziemlich teuren dunkelblauen Mountain-Bike. Großzügig beteiligt sich der Großvater an der Finanzierung.

Anschließend setzen wir uns alle um den Tisch im Wohnzimmer. Die Mutter hat Kaffee vorbereitet, und die Großeltern brachten Kuchen mit. Der Vater ist noch bei der Arbeit. Frau Burger freut sich über das kleine Abschiedsgeschenk von mir. Es ist eine kleine Mädchenfigur, die ein Schild mit der Aufschrift 'Alles Gute' in den Händen hält. Die Figur paßt gut zu den anderen im Wohnzimmerschrank. Frau Burger schenkt mir ein kleines, gesticktes Blumenbild und eine Fotografie von Sebastian. Wir unterhalten uns mit den Großeltern über den nächsten Urlaub, den Michaela und Robert bei ihnen verbringen werden. Danach spielen wir unsere Spiele wie 'Reimwörter finden', 'Gegenstände erraten' und 'Ich seh, ich seh, was Du nicht siehst'. Sebastian macht zunächst mit, will sich dann aber nicht einfügen und möchte über uns bestimmen. Als wir uns wehren, fängt er zu weinen an, wie ich es von ihm bereits kenne.

Als Herr Burger kommt, bin ich gerade am Gehen und verabschiede mich von allen. Er zeigt mir noch schnell einige neue Fotos von seiner letzten Wanderung. Ein besonders schönes Bild findet er in der Schnelligkeit nicht und bittet mich zu warten. Da ich sonst die Straßenbahn verpasse, warte ich nicht sondern gehe. Irgendwie bin ich erleichtert, daß alles vorbei ist für mich.

Nach dem offiziellen Ende
der SPFH bleibt dennoch ein roter Faden zwischen uns bestehen. Die Familie erhält die Telefonnummer unserer Einrichtung und kann sich bei dringendem Bedarf erneut an uns wenden. Ich habe großes Interesse daran, die Familie später informell noch einmal zu besuchen. Ich möchte erfahren, wie es bei der Familie weitergeht.

Nach einem halben Jahr schicke ich der Familie eine Karte mit der Anfrage, ob ihnen mein Besuch recht ist. Frau Burger empfängt mich freundlich. Sie trägt ein hellblaues Sommerkleid, das ihr gut steht. Sie ist mit den Kindern allein. Herr Burger besorgt Getränke. Robert erscheint mir spontaner als früher. Er zeigt ganz offen seine Freude über mein Kommen und richtet mir von Michaela und den Großeltern schöne Grüße aus. Aus anderer Quelle habe ich erfahren, daß er seit meinem Ausscheiden mit Erlaubnis des Vaters regelmäßig in das Kinderschutzzentrum geht.

Sebastian fragt mich sofort, ob nur wir beide ohne Robert miteinander spielen. Er sagt übrigens nicht mehr 'Du' sondern 'Sie' zu mir. Ich bitte ihn, etwas zu warten, weil ich erst von der Mutter erfahren will, was sich in den letzten sechs Monaten zugetragen hat. Sie erzählt fließend ohne zu stocken: „Sebastian ist in der Förderschule und wird mit einem Bus morgens von zu Hause abgeholt und abends wiedergebracht. Michaela ist vom Heim aus wegen ihrer Hauterkrankung in einer Hautklinik. Die Großeltern und ich besuchen sie dort zusammen." Das gute Verhältnis von Frau Burger zu ihren Eltern scheint also völlig wiederhergestellt zu sein. Ebenso registriere ich, daß Michaela Besuche der Mutter zuläßt.

In der Wohnung hat sich einiges verändert. Die zerschlissenen Polstermöbel aus dem Wohnzimmer und die stoffbezogene Eckbank aus dem kleinen Zimmer sind beim Sperrmüll gelandet, und neue Möbel wurden bestellt. Sie werden in den nächsten Tagen erwartet. Mir fällt auf, daß es nicht mehr nach Urin stinkt. Ich frage aber nicht, ob Sebastian noch ins Bett macht, weil ich als normale Besucherin da bin, die das nicht zu interessieren braucht. Das beengende

Gefühl, das ich in der übel riechenden Wohnung immer hatte, habe ich nicht mehr. Die Pflanzen sind jetzt im Sommer unglaublich gewachsen, was ich sehr bewundere. Frau Burger schenkt mir einen Ableger von der Grünlilie, die ich ihr vor etwa eineinhalb Jahren schenkte, den ich mit großer Freude annehme.

Als Herr Burger heimkommt, spiele ich gerade mit Sebastian unser Spiel 'Filme vorführen'. Ich stehe auf, um ihn zu begrüßen. Er trägt eine leichte, moderne Sommerkleidung, die ihm gut steht. Ich kenne ihn fast nur mit seinen zu kurzen Hosen und dem zu engen Hemd und bin angenehm überrascht. Weil es sehr heiß draußen ist, macht er sich im Bad kurz frisch und holt dann gleich das Fotoalbum, um mir das Bild zu zeigen, das er letztens so emsig suchte und doch nicht fand.

Als er neben mir steht, rieche ich ein leicht herbes Parfüm an ihm. Er scheint sich jetzt wirklich besser zu pflegen, fand er es früher doch völlig in Ordnung, stinkend und verschwitzt neben mir zu stehen. Offenbar hat es ihm bis heute keine Ruhe gelassen, daß er mir die Fotografie nicht zeigen konnte. Es ist in der Tat ein sehr schönes Bild von einem Sonnenuntergang am Meer. Ich lobe ihn für seine Fotografierkünste. Anschließend holt er einen Alpenkalender und fragt mich, ob ich ein bestimmtes Bild daraus mitnehmen will. Er erinnert sich daran, daß ich ihm einmal erzählte, dort seit langen Jahren Urlaub zu machen. Ich finde das sehr aufmerksam von ihm und bedanke mich. Er hat sich also Gedanken gemacht, wie er mir eine Freude machen kann.

Ich finde positiv veränderte Menschen vor, aber etwas ist gleich geblieben: Heute ist Donnerstag, der Tag des 'Baderituals' und der Speise 'Hasenbraten mit Rotkraut'. Als es aus der Küche zu duften beginnt, verabschiede ich mich. Sebastian und Robert wollen mich noch nach draußen begleiten. Der Vater badet hinter der verschlossenen Badezimmertüre, die er früher offen stehen ließ. Ich rufe ihm laut ein freundliches Grußwort zu, das er ebenso laut erwidert. Es herrscht eine lockere, entspannte Atmosphäre in der Familie, als hätte ein frischer Wind die bisher ängstliche, gedrückte Stimmung fortgeblasen.

11. Die einnehmende, sogenannte eigensinnige Familie

11.1 Die Lebenswelt der Familie Said[*]

Das Wohngebiet
liegt in einem der für die Sechziger Jahre typischen neu errichteten Stadtviertel im Norden der Stadt mit vorwiegend sozialem Wohnungsbau. Fruchtbares Akkerland wurde der Wohnbebauung geopfert. Noch heute gibt es in unmittelbarer Nachbarschaft bäuerliche Betriebe. Bis zu elfstöckige Häuser wechseln ab mit Mehrfamilien- und Einfamilienhäusern, die meist von den Eigentümern bewohnt werden. Dazwischen befinden sich dicht zugewachsene Grünflächen, die für Kinder wegen der Unübersichtlichkeit nicht ungefährlich sind. Aus diesem Grund kontrolliert die Polizei regelmäßig das Gelände.

Dramatisch stellt sich die Veränderung der Kinderzahlen seit 1970 dar. Das Viertel wurde damals mit jungen Familien aufgesiedelt. Inzwischen sind die erwachsenen Kinder weggezogen und die mittlerweile alt gewordenen Eltern in den Wohnungen zurückgeblieben. Der Seniorenanteil ist entsprechend hoch. Die Kinderzahl hat sich seit damals auf ein Viertel verringert. Ohne die neu hinzugezogenen ausländischen Familien mit hohem Geburtenaufkommen wäre der Rückgang der Kinderzahlen noch höher ausgefallen. Dies blieb damals nicht ohne Auswirkungen auf die städtische Infrastruktur. Vorschulische und schulische Angebote wurden eingeschränkt.

Heute führt es dazu, daß Engpässe im Kindergarten- und Grundschulbereich bestehen. Das Jugendhaus wird von allen Altersgruppen stark genutzt. Die Mobile Jugendarbeit kümmert sich besonders um nichtdeutsche Mädchen, denen die Eltern meist den Besuch des Jugendhauses verbieten.

In diesem Stadtteil werde ich die nächsten sechs Monate mit einer kinderreichen, mohamedanischen Familie aus dem Nahen Osten arbeiten, immer auf der Suche nach Verbesserungsmöglichkeiten ihrer Situation.

Informationen über die Familie
erhalte ich vom Allgemeinen Sozialdienst (ASD), bevor ich die Familie Said persönlich kennenlerne. Der Mann hat keine Berufsausbildung, sondern arbeitet als Hilfsarbeiter. Er ist vierundvierzig Jahre alt. Seine Frau ist zwei Jahre jünger; sie versorgt den Haushalt. Die Familie lebt teilweise von Sozialhilfe. Vor fünfzehn Jahren ist das Ehepaar zugezogen und lebt seit dieser Zeit im Stadtteil mit den acht Kindern, der fünfzehnjährigen Hatice, dem dreizehnjährigen Mustafa, der elfjährigen Sahra, der zehnjährigen Emine, dem achtjährigen Bekir, dem fünfjährigen Ali, der dreijährigen Ayse und dem einjährigen Ismail.

---

[*] Die Namen der Familie wurden von mir aus Datenschutzgründen geändert.

Die Mitarbeiterin des ASD kennt die Familie seit deren Zuzug. Sie erzählt, daß die Familie auf engstem Raum in einer Unterkunft mit Schimmel an den Wänden und Kakerlaken in den Töpfen gelebt habe. Die Kinder hätten keine Matratzen zum Schlafen gehabt und wären auf Decken am blanken Boden gelegen. Bedingt durch die große Kinderzahl habe es mit Nachbarn und der Hausverwaltung Beanstandungen gegeben. Vorhaltungen hätten nichts genutzt. Die Familie wäre eigensinnig und hätte eine Veränderung ihres Verhaltens nicht für notwendig erachtet. Vor einem halben Jahr bekam die Familie eine große, helle Wohnung zugewiesen. Damit es nicht neuerlich zu Beanstandungen kommt, soll SPFH die Familie in der neuen Wohnung unterstützen und begleiten. Die Mutter sei mit der Versorgung der Kinder und ihrer Erziehung völlig überfordert. Nach den Schilderungen entsteht in mir der Eindruck, daß es sich um eine höchst 'eigensinnige' Familie handelt, die nicht willens oder in der Lage ist, den gestellten Anforderungen zu entsprechen.

Der vorläufige Auftrag des ASD lautet, Entspannung in die häufig geladene Familienatmosphäre zu bringen. Die Kinder sollen zum Spielen angeregt werden. Die Schulkinder sollen Hilfe bei den Hausaufgaben und Anregungen für die Freizeit erhalten. Jegliche Zusammenstöße mit den Nachbarn sollten vermieden werden. Nach diesen Ausführungen bin ich sehr neugierig, die Familie kennenzulernen. Wir vereinbaren einen gemeinsamen Besuchstermin bei der Familie.

Das Erstgespräch
in der Wohnung der Familie ist erfreulicher als ich dachte. Wir werden vom Ehepaar Said freundlich an der Wohnungstüre empfangen. Frau Said ist relativ klein, sie hat ein zierliches feinstrukturiertes Gesicht und die langen schwarzen Haare sind am Hinterkopf zu einem Knoten geschlungen. Zur Zeit ist sie hochschwanger. Sie erwartet ihr neuntes Kind. Herr Said ist groß gewachsen, hat einen starken Knochenbau und wirkt ausgesprochen männlich und vital. Wir werden in das große Wohnzimmer gebeten, das mit neuen Möbeln elegant eingerichtet ist. An der Längswand steht ein breiter Wohnzimmerschrank mit Glastüren. In einer Zimmerecke steht ein großes Fernsehgerät. Der größte Teil des Bodens wird von einem wunderschönen Orientteppich bedeckt. Frau Said bittet uns, auf der mit dunklem Stoff bezogenen Sitzgruppe Platz zu nehmen, auf die mindestens fünfzehn Personen passen. In der Mitte steht ein großer, quadratischer Couchtisch. Ich bin über das stilvolle Ambiente überrascht, da ich es mir nach den bisherigen Informationen anders vorgestellt habe.

Die Kinder kommen nach der Reihe aus ihren Zimmern, um uns zu begrüßen. Sie sind alle gut angezogen, keinesfalls schmutzig und strahlen eine zufriedene Lebendigkeit aus. Die Buben lachen etwas verlegen, puffen sich gegenseitig und halten nie still. Die zehnjährige Emine bringt uns Tee, den sie in Porzellantassen auf einem Tablett serviert. Ihr dickes, krauses Haar trägt sie am Hinterkopf zusammengebunden. Sie schaut uns mit verschmitzt blitzenden, schwarzen Augen an. Die elfjährige Sahra reicht uns einen Teller voll mit kleingschnittenen Stücken einer Wassermelone. Sie hat ein apartes, orientalisch anmutendes Gesicht und sieht ihrer Mutter sehr ähnlich. Ihr Lächeln ist sanft und zurückhaltend. Die glatten schwarzen Haare reichen fast bis zur Hüfte. Als der Vater Hunger hat, bringt ihm die älteste Tochter, Hatice, einen Teller Suppe aus der Küche. Ich habe den Eindruck, daß alles gut durchorganisiert ist und die Mädchen gewohnt sind, die Erwachsenen zu bedienen. Die Mutter rührt sich, solange wir da sind, nicht von ihrem Platz. Hatice sieht dem Vater ähnlich. Ihre stark gekrausten, langen Haare trägt sie offen. Die Fünfzehnjährige ist für ihr Alter gut entwickelt und sieht eher wie eine Zwanzigjährige aus. Sahra setzt sich neben mich und lächelt mir freundlich zu.

Nach diesen Freundlichkeiten kommen wir auf die derzeitige Situation der Familie zu sprechen. Die Mutter möchte mit Hatice besser auskommen. Es gibt viel Streit, weil sich Hatice nicht nach den Anweisungen ihrer Mutter verhält. Wenn der Vater ihr etwas verbietet, folgt sie ihm aus Angst, er könne sie schlagen. Später erzählt mir die Mutter, daß sie manchmal ihre Tochter deckt. Das darf der Vater keinesfalls erfahren. Als ich Hatice frage, ob sie mehr Freiheiten braucht, antwortet sie: „Nein. Meine Eltern vertrauen mir nicht." Die Frau spricht in ungehaltenem Tonfall einige Worte in ihrer Sprache zum Ehemann. Es sieht so aus, als hätten ihre Worte Gewicht. Als ich frage, wozu mich die Familie braucht, meint Hatice: „Sie kommen doch nur zu den kleinen Kindern." „Ich komme zu Euch allen und jeder kann mich ansprechen", erwidere ich ihr, worauf sie ein erfreutes Gesicht macht.

Der Vater fragt mich nach meinem Familienstand und der Kinderzahl. Alle wundern sich, daß ich erwachsene Kinder habe, und daß meine Haare noch nicht grau sind. Ihre Fragen nach meiner Person sind sehr direkt und ich kann ihnen nicht ausweichen. Ich denke, sie haben ein Recht darauf, zu erfahren, mit wem sie sich einlassen. Meine langen blonden Haare fordern die Mädchen heraus. Sie wollen, daß ich meinen Haarknoten öffne, damit sie vergleichen können, wessen Haare am längsten sind. Das lehne ich ab, weil es mir zu kompliziert ist, mich neu zu frisieren. Schließlich löst die Mutter ihren Haarknoten und sie glauben mir, daß meine Haare etwa gleich lang sind. Als mich der Vater fragt: „Sie haben keine Probleme und sind glücklich?", kann ich mich nur noch lachend zurücklehnen. Weder die Mitarbeiterin des ASD noch ich befragen die Familie, sondern die Familie befragt mich.

Herr Said eröffnet uns, daß er vier Frauen heiraten darf. Er möchte sich gerne eine zweite Frau nehmen, die seiner ersten Frau die Arbeit abnimmt. Frau Said lächelt überlegen, als ich ihn frage: „Warum tun sie es nicht?" Da erklärt er mir: „Ich muß nachweisen, daß ich die Frau ernähren kann und das schaffe ich nicht." Diese unbefangene, offene und unmittelbar zugehende Art und Weise der Familie ist für hiesige Verhältnisse ungewöhnlich, aber sie gefällt mir. Ich muß nur aufpassen, mich von dieser freundlichen Familie nicht vereinnahmen zu lassen, um handlungsfähig zu bleiben. Ich denke, ich habe die Generalprobe bestanden.

Die Eltern sind kaum imstande, Ziele für unsere Zusammenarbeit zu formulieren. Herr Said spricht sehr schlecht deutsch und kann sich uns nur mit der Hilfe seiner Frau verständlich machen. Seine Frau spricht etwas besser als er, aber auch sie hat Mühe die richtigen Wörter zu finden. Es ist sehr anstrengend, den beiden zuzuhören. Umgekehrt, so denke ich, ist es für Herrn und Frau Said ebenso anstrengend. Es ist ihnen schwer begreiflich zu machen, daß ich weder ein Kindermädchen noch eine Putzfrau bin, sondern eine sozialpädagogische Familienhelferin, um sie bei der Erziehung der Kinder zu unterstützen. Eine nennenswerte Entlastung in der Haushaltsführung wäre durch mich nicht zu erwarten.

Wir vereinbaren, daß ich zur Klärung des Geschehens anfangs September einmal in der Woche fünf Stunden kommen werde. Danach sollen gemeinsame Ziele für die Zusammenarbeit formuliert werden. Bevor wir uns verabschieden, dürfen wir noch die geräumige Wohnung mit den sechs Zimmern anschauen. Die Räume sind teils mit Stockbetten versehen und gut eingerichtet. Wäscheschränke fehlen noch. Es ist ausreichend Platz für die Kinder vorhanden.

Hatice begleitet mich noch zur Straßenbahn. Auf dem Weg dorthin erklärt sie mir, alle ihre deutschen Freundinnen hätten bereits einen Freund, aber ihr würden es die Eltern nicht erlauben. Als ich ihr die Einnahme der Pille empfehle, gehe ich ihr einen Schritt zu weit, denn sie protestiert: „Ich muß auf jeden Fall Jungfrau bleiben, sonst schlägt mich der Vater tot." Ich verstehe, daß es für das Mädchen schwierig ist, in zwei Welten zu leben, deren Wertvorstellungen nicht zusammenpassen.

11.2 Die Erfassung des Alltagsgeschehens

Die ersten Besuche
dienen der Familie und mir, einen Zugang zueinander zu finden. Außerdem ist mir noch nicht klar, ob die Familie in erzieherischen Fragen Unterstützung braucht. Meinem Eindruck nach ist die Mutter mit der Erledigung der Alltagsgeschäfte mehr als ausgelastet. Ich möchte herausfinden, ob sie daneben überhaupt noch fähig ist, sich über die Kindererziehung Gedanken zu machen. Meine Aufmerksamkeit richtet sich darauf, wie die Mutter und der Vater mit den Kindern umgehen und wie die Kinder darauf reagieren und umgekehrt. Auch der Umgang der Kinder untereinander interessiert mich. Ebenso möchte ich mir selbst ein Bild über das Verhältnis zu den deutschen Nachbarn machen.

Für die Kinder ist die Mutter die zentrale Bezugsperson. Sobald Ali, Ayse und Ismail wach sind, scharen sie sich um die Mutter und wollen hochgenommen werden, oder verlangen laut weinend nach ihrem Fläschchen. Wenn sie zu stark an ihrer Kleidung ziehen, gibt sie ihnen eine Ohrfeige. Bis zum Ende meiner Tätigkeit in der Familie habe ich nie beobachtet, daß sie eines der Kinder hochnimmt, um es zu beruhigen. Drei Kinder auf einmal hochzunehmen ist außerdem unmöglich. Es gibt mehrere Möglichkeiten, die Sache zu deuten: Sie will keines der Kinder bevorzugen, oder sie ist zu belastet, um sich auf diese Art der Zuwendung einlassen zu können, oder sie will die Kinder nicht verweichlichen. Für mich ist das ein Signal, die Kinder ebenfalls zunächst nicht hochzunehmen, obwohl es mir schwerfällt.

Das Durcheinander der Stimmen vermischt mit Weinen verursacht einen Geräuschpegel, der ständig anschwillt. Mit einem hohen, gepreßten Laut verschafft sich die Mutter schlagartig für kurze Zeit Ruhe, bis der Geräuschpegel wieder anschwillt und alles von vorne beginnt. Frau Said ist sehr stolz, Mutter von acht Kinder zu sein. Ihre Mutter hat elf Kinder geboren. Mich bedauert sie, daß ich nur zwei Kinder habe. Auf meine Frage, ob sie es mit sechs Kindern nicht leichter hätte, schaut sie mich mit einem tiefgründigen Lächeln an, als wüßte sie es besser: „Ich will im Alter nicht allein sein. Eines bleibt immer bei mir."

Die Kinder begegnen den Eltern mit Respekt. Undenkbar, daß ein Kind ein Schimpfwort gegen sie benutzen könnte. Jeder Auftrag, den die Mutter einem der Kinder erteilt, wird sofort ausgeführt. Wer sich dem entziehen will, muß jemand anderen finden, der ihm hilft. Dabei handeln sie mit Schokolade, Kaugummi und anderem mehr. Völlig durchorganisiert ist das Aufräumen der Wohnung, für das auschließlich die Mädchen zuständig sind. Hatice übernimmt das Kommando und teilt die Arbeiten für Emine und Sahra ein. Die Jungen gehen mit dem Vater einkaufen und überlassen den Mädchen die Hausarbeit und das Versorgen der Wäsche. Selbst wenn ein Junge seinen Anorak fallen läßt, hebt ihn ein Mädchen auf.

Als ich zum vereinbarten Termin an der Tür klingle, öffnet mir eine fremde Frau. Sie ist eine Verwandte von Frau Said und ihr zu Hilfe geeilt, da Frau Said Blutungen hat. Sie liegt auf dem Bett und bittet mich, bei ihr Platz zu nehmen. Es sind täglich acht Kilo Wäsche zu waschen und zum Aufhängen in den Keller zu tragen. Dabei hat sie sich vermutlich übernommen. Die hohen, gepreßten Schreie, mit denen sie die Kinder kurzfristig zur Ruhe bringt, haben unter Umständen ihren Teil zu der Blutung beigetragen. Eine türkische Frau aus der Nachbarschaft hilft ihr jetzt bei der Wäsche.

Hatice bringt mir automatisch Kaffee, den ich aus Höflichkeit nicht ablehnen kann. Ich erkundige mich bei einer arabischen Bekannten, ob ich eine mir angebotene Speise ablehnen dürfe, wovon sie mir dringend abrät. Es ist ein Gunstbeweis, wenn ich in dieser Weise behandelt werde; eine Art Ritual, das mir erlaubt, mich in der Wohnung aufzuhalten. Später gelingt es mir, statt Kaffee Kamillentee zu erhalten, da er mir besser bekommt. Speisen kann ich mit der Begründung ablehnen, daß ich zu Hause mit meiner Familie essen möchte. Ich höre den Frauen zu, die sich in ihrer Sprache unterhalten. Es ist eine hart klingende Sprache, bei der die Luft ruckartig ausgestoßen wird, mit viel aneinander gereihten Konsonanten und wenig Selbstlauten. Für mich klingt die Sprache aggressiv, als würden die Frauen streiten. Das scheint aber nicht der Fall zu sein, da sie sich öfter zulächeln.

Hatice erzählt mir von den Spannungen mit ihren Eltern, die sie nicht ins Jugendhaus gehen lassen wollen, obwohl sie es ihren Brüdern und Sahra erlauben: „Die Eltern haben Angst, daß ich mich mit einem Freund treffe und lassen mich nicht weg!" Sie bittet mich, bei Gelegenheit mit ihr in das Jugendhaus zu gehen, um die Jugendhausmitarbeiterin Claudia kennenzulernen.

An der Wohnungstür klingelt es. Draußen steht Fatma, Hatices beste Freundin. Die beiden wollen spazierengehen. Hatice zieht sich in ihrem Zimmer um. Sie riecht stark nach Parfüm, als sie wieder erscheint. „Rieche ich gut?", fragt sie mich. Bei der Gelegenheit zeigt sie mir ihre Sammlung von Duftstoffen: „Jill Sander für junge Leute. Wissen Sie, daß ich bald Geburtstag habe?" Ich bewundere ihre Sammlung, sage ihr aber, daß ich so teure Geschenke nicht machen kann.

Sie reicht mir eine Windel zum Wechseln für den einjährigen Ismail, der schon einige Zeit weint und will gehen. Offenbar soll ich Ismail wickeln. „Oh, das kann ich nicht", behaupte ich. Der Junge hat in die Windeln gemacht und stinkt für mich genauso wie für sie. Da steht die Mutter auf und wäscht ihn am Waschbecken sauber, während ich ihn halte. Hatice wickelt ihn, und die Mutter legt sich wieder hin. Ich will vermeiden, daß die bisher gut eingespielte Beteiligung der Töchter an notwendigen Verrichtungen des alltäglichen Lebens durch mich gestört wird.

Als Emine nach Hause kommt, will sie mir ihre Schule zeigen. Ich gehe gerne mit. Heute ist Elternabend, den ihre Eltern aber nicht besuchen. Danach laufen wir zum Fußballplatz, wo Mustafa gerade trainiert. Emine will gerne in den Fußballklub eintreten, weiß aber nicht, wie sie es anstellen soll, damit es ihr die Eltern erlauben. Ihre Freundin spielt seit einiger Zeit Fußball. Die Mutter ihrer Freundin wäre auch bereit, Emine abends mit dem Auto nach Hause zu bringen. Emine ist so durchdrungen von dem Wunsch, daß ich ihr anbiete, mit der Mutter zu sprechen. Tatsächlich gelingt es mir nach drei Wochen, die Eltern davon zu überzeugen, daß Fußballspielen ein gutes Mittel ist, Emine auf dem von ihnen gewünschten Pfad der Tugend zu halten.

Die fünf Stunden sind schnell vergangen. Es wird schon dunkel, als wir zu Hause ankommen. Die Mutter liegt noch auf dem Bett, ihre Verwandte ist schon fortgegangen. Der Vater ist noch immer mit seinen Freunden in der Stadt. Die Verwandte hat für die Kinder ein gut duftendes Abendessen bereitet, und Frau Said lädt mich dazu ein. Da es schon spät ist, muß ich ablehnen, was sie versteht. Ich verabschiede mich schnell von allen mit Händedruck und beeile mich, vor Einbruch der Dunkelheit zur Haltestelle zu kommen.

Das Jugendhaus
ist für die größeren Kinder unverzichtbar. Sie verbringen dort den größten Teil ihrer Freizeit und sind hervorragend eingebunden. Heute will mir Hatice das Jugendhaus zeigen und alle Kinder zu einem Spaziergang mitnehmen. Sie hat das Einverständnis der Mutter, da der Vater fort ist.

Emine, Ali, Ayse und ich gehen zusammen mit Hatice los. Die Kinder schieben abwechselnd den Kinderwagen mit Ismail. Im Jugendhaus treffen wir Mustafa und Bekir, die meist gleich nach der Schule hingehen, wie sie mir erzählen. Sie spielen gerade Tischtennis. Auch Sahra ist mit ihrer Freundin da. Sie ist schon längere Zeit in der Mädchengruppe integriert. Ich lerne Claudia kennen, die Mitarbeiterin des Jugendhauses. Sie ist für die Mobile Jugendarbeit mit Mädchen zuständig. Die Mädchen sind gerade beim Kochen und laden uns freundlich ein, mit ihnen zu essen.

Hatice ist erst seit kurzem zu der Gruppe gestoßen. „Ich gehe nur mit, wenn sie in eine Disco gehen oder zum Billardspielen", erklärt sie mir. Ich stelle mich Claudia kurz vor und wir vereinbaren, in Kontakt zu bleiben. Um eine eventuelle Konkurrenzsituation zwischen Claudia und mir zu verhindern, wähle ich für meine Arbeit in der Familie Tage aus, an denen Claudia keine Gruppenarbeit macht.

Nachdem die Buben und Ayse etwas vom Essen erhalten haben, schieben wir abwechselnd Ismail im Kinderwagen wieder nach Hause. Sie müssen nach Anweisung der Mutter immer zusammenbleiben und vor Einbruch der Dunkelheit zu Hause sein. Die Mutter will auch immer wissen, wo sich die Kinder gerade befinden. Es werden im Stadtteil öfter Kinder von Männern belästigt, wie ich später von einem Polizisten erfahre.

Abenteuer erleben
die Kinder reichlich. Es ist mittlerweile Oktober geworden und ich bin bereits zweimal in der Woche in der Familie. Die Kinder verbringen den größten Teil ihrer freien Zeit in der Natur. Mit Nachbarskindern durchstreifen sie die nähere und weitere Umgebung. Sie sind im Freien zu Hause und wissen, wo die besten Kletterbäume sind und das Gebüsch am dichtesten ist. Im Gebüsch gibt es Geheimpfade, die von außen nicht einsehbar sind. Dort haben sie ihr Lager. Tief im Gestrüpp verborgen, beobachten sie, was draußen geschieht.

Die Grünflächen zwischen den Häusern ermöglichen ihnen Spontanspiele. Ein Lieblingsspiel ist: 'Eins, zwei, drei abgepaßt!'. Ein Kind schaut ein und zählt bis zwanzig, während sich die anderen verstecken. Sie sind sehr geschickt beim Anschleichen, und groß ist der Jubel, wenn sie die Stelle zum 'Abpassen' vor dem 'Einschauer' erreichen. Wenn ich mitspiele, ist es für die Kinder besonders spannend, weil sie mich immer wieder austricksen können und schneller sind.

Anregungen zum Spielen im Freien brauchen die Kinder von mir nicht. Gegenstände, die sie draußen finden, verwenden sie in ihrem Sinn. Im Winter zum Beispiel basteln die großen Buben aus einem Stück Blech ein Rutschgerät. Bis zu vier Kinder haben darauf Platz. Bekir kümmert sich liebevoll um Ismail. Er nimmt den Kleinen auf den Schoß und in rasender Fahrt geht es den steilen Hügel abwärts. Die ganz mutigen Kinder bewältigen die Fahrt stehend. Anders als die Mutter nimmt Bekir seinen kleinen Bruder öfter in den Arm, herzt ihn und drückt ihn fest an sich. Er paßt gut auf, daß Ismail nichts passiert.

Nicht weit vom Haus entfernt, befindet sich ein Bauernhof mit Pferdehaltung. Die größeren Kinder durften sich schon auf ein Pony setzen und eine Runde reiten. Ali mag die Pferde nicht. Er hat Angst vor ihnen. Oft gehen Ali, Ayse und ich mit Ismail, den wir im Kinderwagen schieben, zwischen den Feldern spazieren. Ayse faßt gerne nach meiner Hand, wenn wir nebeneinander gehen. Ihr älterer Bruder Ali vergräbt seine Hände lieber tief in den Hosentaschen. Er hält wohl nichts von dieser Art von Vertraulichkeit.

Heute ist der Wegrand voll mit Weberknechten. Ali entdeckt sie als erster und will sie zertreten. Als ich ihn davon abhalten will, sagt er empört: „Warum soll ich das nicht? In unserer alten Wohnung war alles voll damit. Ich finde sie schrecklich!" Die Kinder erzählen mir aufgeregt: „Manchmal ist auch eine Ratte ins Zimmer gekommen, als wir am Einschlafen waren!" Als ich mein Entsetzen darüber deutlich kundgetan habe, bücke ich mich und fange einen der Weberknechte mit der hohlen Hand. Ich bin voll der Bewunderung. Gemeinsam beobachten wir das Zittern der langen Beine des Weberknechtes. „Bitte Ali, zertritt die Tiere nicht. Sie sind sehr nützlich, weil sie in der Natur aufräumen. Sie fressen nämlich tote Insekten und Pflanzenreste. Schau, wie er sich vor uns fürchtet. Er ist wirklich völlig harmlos. In der Wohnung will ich ihn auch nicht, aber im Freien darf er doch sein, oder?" Wie von selbst bilden die Kinder mit ihren Händen einen Hohlraum. Jedes will einen Weberknecht fangen und aus der Nähe betrachten. Als wir weitergehen, weichen sie den Tieren aus, wenn sie über den Weg krabbeln. Auch Ali zertritt sie nicht, obwohl er gerne den starken Mann hervorkehrt.

Am Wegrand wachsen bunte Ackerblumen. Ayse beginnt sie zu pflücken. Sie möchte der Mutter Blumen mitbringen. Ali zögert eine Weile, aber dann beginnt auch er zu pflücken. Bald haben sie einen schönen Wiesenblumenstrauß beisammen. Ich bin erstaunt, mit welchem Eifer er bei der Sache ist, da er sonst die anderen Kinder eher ärgert, sich über sie lustig macht und sie bei ihren Unternehmungen stört.

Auf dem Rückweg kommen wir an einem Bach vorbei. Ali beweist seinen Mut, indem er mit viel Anlauf auf das andere Ufer springt. Ayse und ich trauen uns nicht und müssen mit dem Kinderwagen, in dem Ismail bereits fest schläft, einen kleinen Umweg machen, um auf die andere Seite zu kommen. Zu Hause freut sich die Mutter über die Blumen. Frau Said hat in einem speziell dafür gemachten Ofen Fladenbrot gebacken und jeder, auch ich, bekommt ein Stück.

Zum Spielen
in der Wohnung entdecke ich kein Spielzeug. Auch Bilderbücher oder Bücher zum Vorlesen sind nicht vorhanden, außer den Schulbüchern. Ali besitzt ein kleines Auto, das er in der Hosentasche aufbewahrt und niemals aus der Hand gibt. Die größeren Kinder haben Spielkarten, die sie hoch oben auf dem Schrank vor den kleineren Geschwistern verstecken. Sahra, Emine und ich sitzen zusammen, und die beiden erklären mir ein Kartenspiel. Jede bekommt vier

Karten. Reihum darf jede eine Karte vom Stapel ziehen und eine ablegen. Wer als erste vier gleiche Karten hat, läßt sie fallen. Wer ihre Karten als letzte fallen läßt, wird hart bestraft. Natürlich passiert das mir. Gemäß einer bestimmten Kartenzahl, bei mir sind es fünfundzwanzig, wird die Verliererin auf den Handrücken geschlagen, gekratzt, gezwickt oder gestreichelt. Sahra beginnt ungerührt mit dem Strafritual. Es tut höllisch weh. Ich protestiere nach dem dritten Zwicken und ziehe meine Hand zurück. „Die Mutter meiner Freundin hat zum Arzt gemußt, weil die Hand so angeschwollen ist", meint Sahra lachend. Zartfühlend ist sie nicht gerade.

Ein beliebtes Spiel bei den Buben ist das 'Flatterspiel'. Zwei Spieler stehen sich gegenüber und lassen im Wechsel von einem Stapel Karten eine nach der anderen zu Boden flattern. Sobald die eigene Karte die des Mitspielers berührt, darf er sich alle am Boden liegenden Karten nehmen. Das Spiel ist sehr spannend. Vor allem Bekir hat es darin zur Meisterschaft gebracht. Er trifft fast jede Karte auch aus zwei Metern Entfernung zielgerichtet. In dieser Art spielen sie noch eine ganze Reihe anderer Spiele, die nichts kosten und großen Spaß machen. Ich denke, sie haben sich einige dieser Spiele selbst ausgedacht. Den Kindern ist nicht langweilig. Sie finden immer irgendeine Beschäftigung.

Die Schule
spielt im Leben von Mustafa und Bekir eine eher untergeordnete Rolle. Sie kommen in der Schule mit, doch ist ihnen ihre Freizeit wichtiger, die sie auch gut auszufüllen wissen. Hatice ist schon zweimal sitzen geblieben. Sie hat keine Lust zu lernen. Sahra und Emine sind dagegen sehr strebsam. Ihnen ist es wichtig, gute Schülerinnen zu sein.

Oft unterhalten wir uns über günstige Lernstrategien und die Mädchen nehmen alles begierig auf. Sahra schreibt sehr schöne Aufsätze und Emine ist in Englisch besonders gut. Sie besuchen die Ganztagsschule und kommen erst nachmittags nach Hause. Erst müssen sie zusammen mit Hatice die Wohnung aufräumen und anschließend bekommen sie etwas zu essen. Die Mutter kocht sehr gut und aufwendig und den Kindern schmeckt es immer. Danach ziehen sich Sahra und Emine in ihr Zimmer zurück und lernen noch etwas oder beschäftigen sich mit den kleineren Kindern.

Von den Eltern erhalten sie in schulischen Dingen weder Unterstützung noch Ansporn. Der Vater ist Analphabet. Die Mutter kann zu wenig deutsch, um den Kindern helfen zu können. Die Eltern sind kaum imstande, Formulare auszufüllen. Sahra hilft den Eltern neuerdings dabei, seit ich sie dazu angeregt habe. Zuvor mußten die Eltern immer auf eine Beratungsstelle, die ihnen geholfen hat. Bevor ich in die Familie kam, hat sich außer den Lehrern niemand für den schulischen Erfolg der Kinder interessiert. Mein Lob und mein Interesse tun ihnen sehr gut.

Mit den Lehrern der Schule nehme ich keinen Kontakt auf, da es mir im Interesse der Kinder nicht ratsam erscheint, sie unnötig zu stigmatisieren. Hatice, der die Schule als einzige von den Kindern Schwierigkeiten bereitet, hat eine sehr nette Lehrerin, die sich für das Mädchen einsetzt. Mit der Mitarbeiterin des Jugendhauses bespreche ich die schulische Situation der Kinder. Sie wird in Zukunft ebenfalls für die schulischen Belange der Kinder Interesse zeigen, nachdem es von den Eltern nicht zu erwarten ist. Direkte Hilfe bei den Hausaufgaben durch mich brauchen die Kinder nicht.

Das Fernsehen

ist mehr dem Vater, weniger den Kindern wichtig. Sie spielen lieber im Freien oder sind im Jugendhaus. Hatice und Mustafa, die beiden ältesten Kinder, setzen sich öfter zum Vater und schauen mit zu. Mustafa und Bekir gelingt es manchmal, den Vater vom Fernsehen loszueisen, um mit ihm Karten zu spielen. Sie sitzen dann im Türkensitz auf dem Teppich und sind in das Spiel vertieft, sozusagen Männer unter sich. Nur ein Mal haben sie mich aufgefordert, mitzuspielen. Vermutlich aus Höflichkeit, weil ich daneben stand und zuschaute.

Während des Essens bleibt der Fernseher immer ausgeschaltet. Wenn die Eltern abends noch zusammensitzen, werden die Kinder in ihre Zimmer geschickt. Ich habe bei keinem der Kinder einen übermäßigen Drang zum Fernsehen beobachtet. Ich denke, ihre Lust am Herumtollen läßt längeres Sitzen nicht zu. Mehr gibt es darüber nicht zu berichten.

Das Essen

für die große Familie einzukaufen und zuzubereiten, ist keine leichte Aufgabe. Ohne Mithilfe des Vaters, der die Großeinkäufe besorgt, wäre die Versorgung der zehn Familienmitglieder schwierig. Allein sechs Liter Milch werden täglich benötigt. In einer Tiefkühltruhe befinden sich Fleischvorräte aus Billigangeboten.

Trotz einer Lungenentzündung steht Frau Said in der Küche und putzt einen Berg von Gemüse. Ich helfe ihr beim Entkernen der Paprika, die sie füllen und in einer Marinade schmoren möchte. Während der Zubereitung der Speisen unterhalten wir uns: „Ich hatte eine erneute Blutung. Ich will kein 'Frühchen'. Meine Mutter hatte schöne, große Kinder geboren." Eine Frühgeburt paßt nicht in diese Vorstellung. Die Paprika sind entkernt und jetzt kommen die Kartoffeln dran. Ich schätze, es sind fünf Kilogramm. Ich schäle und Frau Said zerschneidet sie in frittiergerechte Streifen. Reis wird in einem Riesentopf gekocht. Etwa zehn verschiedene Speisen werden gekocht, gebraten oder frittiert. Die Zubereitung der Speisen nimmt viel Zeit in Anspruch. Wir stehen gut zwei Stunden in der Küche, bevor alles fertig ist. Frau Said leistet diesen Aufwand Tag für Tag. Von der 'Fast-Food Kultur' hält sie offenbar nichts, sehr zum Wohl ihrer Kinder, wie ich meine.

Als alle Kinder und der Vater zu Hause sind, wird gegessen. Es ist eine Freude, zusammen mit der Familie beim Essen zu sitzen. Es herrscht eine fröhliche und entspannte Atmosphäre. Die Kinder essen mit Appetit, sind ruhig dabei und konzentriert. Tischkämpfe finden nicht statt. Es ist genug Essen vorhanden und jeder wird satt. Die Mutter versorgt ihre Familie hervorragend, fast wie im Feinschmeckerlokal. Ich staune über die guten Tischsitten der Kinder, die sich ohne ständige Ermahnung durch die Eltern in einer natürlichen Weise ruhig verhalten. Auch die Mutter ist ruhig. Ihre ansonsten nervöse Hektik ist wie weggeblasen, wenn sie ißt.

Zu Hause

geht es meist lebhaft zu, wenn alle Kinder da sind. Es ist mittlerweile November geworden und ich verspüre den Familienstreß am eigenen Leib. Sahra und Emine bilden den Ruhepol in der Familie. Ich habe den Eindruck, daß alle Tätigkeiten in der Familie zugleich ablaufen. Die Mutter kocht, während die Mädchen aufräumen. Die nasse Wäsche muß im Keller aufgehängt werden, die trockene Wäsche wird zusammengelegt und im Schrank verstaut. Die drei kleinen Kinder schreien nach ihrem Fläschchen. Bekir hat sich in den Finger geschnitten und braucht ein Pflaster. Ayse weint, weil sie von Ali geschlagen wurde. Ismail muß gewickelt werden, weil er in die Hose gemacht hat und stinkt. Emine will mit mir Karten spielen, während mich Ali zur Tür zieht, damit ich mit ihm zum Spielplatz gehe. In dieser Zeit erzählt mir Hatice von einem neuerlichen Streit mit den Eltern, und daß sie ausziehen möchte. Daneben sind die hohen, gepreßten Schreie der Mutter zu vernehmen, mit denen sie sich für Augenblicke Ruhe verschafft. An solchen Tagen bin ich abends wie gerädert. Wenn der Vater erscheint, ist alles fertig und die Familie ist ruhig und friedlich beim Abendessen vereint.

Eine Mutter, die Tag für Tag diesem 'Zugleich' von Abläufen ausgesetzt und außerdem hochschwanger ist, muß Nerven wie Drahtseile haben. Ich habe nie den Eindruck, daß sie die Fäden nicht mehr in der Hand hat. Sie bewältigt ihre Mutterrolle unter erschwerten Bedingungen. Ich habe alle Hochachtung für diese Frau.

Mir wird langsam klar, daß diese Familie andere Hilfen als 'Hilfe zur Erziehung' benötigt. Unter diesem Streß wäre auch ich nicht imstande, mich nachhaltig der Erziehung von acht Kindern zu widmen, damit sie dem Anspruch deutscher Nachbarn gerecht werden. Das Ziel der Mutter ist, ein besseres Verhältnis zu Hatice zu bekommen und daran werden wir arbeiten. Wieweit es mir gelingen wird, die emotions- und spannungsgeladene Familienatmosphäre etwas abzufedern, bleibt abzuwarten.

11.3 Förderung und Begleitung im Alltag der Familie

Beziehungsklärungen

in dieser dynamischen Familie verdeutlichen mir die dominierende Rolle der Mutter. Sie ist der Mittelpunkt des Geschehens. Alle Fäden laufen bei ihr zusammen. Der Vater hält sich eher im Hintergrund. Es ist Ende November geworden. Ich bin schon fast drei Monate in der Familie. Heute ist es außergewöhnlich still in der Wohnung. Ali und Ayse, die mich sonst freudig begrüßen, haben ernste Gesichter.

Frau Said bittet Mustafa und mich, im Wohnzimmer Platz zu nehmen und sagt mit leiser Stimme: „Hatice ist heute Nacht nicht nach Hause gekommen." Das ist eine böse Überraschung. Als Bekir nach Hause kommt, erzählt er uns, daß Hatice mit der Jugendhausmitarbeiterin Claudia telefoniert und durch sie erfahren hat, daß der Vater nach Hause kommt, um sie zu bestrafen. Aus Angst vor dem Vater weigert sich Hatice, nach Hause zurückzukehren. Sie erscheint mir durch die Gewaltbereitschaft des Vaters zu Hause gefährdet. Die Mitarbeiterin des ASD sorgt dafür, daß sie im Jugendschutzheim untergebracht wird.

In der gleichen Nacht bringt Frau Said ihr neuntes Kind um zwei Monate zu früh zur Welt. Am nächsten Tag besuche ich sie zusammen mit dem Vater und allen Kindern im Krankenhaus. Die Buben freuen sich über den neuen Bruder. Er soll Suleiman heißen. Von einer Krankenschwester erfahre ich, daß Hatice zeitig in der Früh ihre Mutter besuchte, die zu diesem Zeitpunkt aber noch nicht ansprechbar war. Daraus wird deutlich, wie wichtig Hatice die Beziehung zur Mutter ist.

In dieser Zeit sind den Eltern Gespräche mit mir zur Klärung der Situation hilfreich. Scham-, Wut- und Ohnmachtsgefühle vermischen sich bei ihnen. Einerseits wollen sie Hatice bestrafen, andererseits haben sie Angst um sie. Die Bindung Hatices an ihr Elternhaus erweist sich stärker, als ihr Wunsch auszubrechen. Als sie nach drei Wochen zur Familie zurückkehren will, vermittelt der Bruder des Vaters in der Sache und gewinnt die Eltern, Hatice in die Familie wieder aufzunehmen.

Die erste Zeit zu Hause empfindet das Mädchen schrecklich: „Mein Vater hat mich nicht geschlagen, aber er sagt dauernd Schimpfwörter zu mir. Er will mich nicht mehr sehen und ich muß in meinem Zimmer bleiben." Hatice gibt sich die Schuld an der Frühgeburt der Mutter. Ihre führende Rolle unter den Geschwistern hat sie verloren. Sahra tritt an ihre Stelle, die auch zur Vertrauten der Mutter wird.

Die Geschwister sind gefühlsmäßig stark aneinander gebunden. Auch ihre Achtung und Liebe zu den Eltern sind deutlich zu spüren. Meinen Beobachtungen nach ist der Vater den Kindern stärker emotional zugewandt als die Mutter. Streiten und Schimpfen, Raufereien und Schläge, selbst Belastungen wie das Ausbrechen Hatices gehören zum Leben der Familie und sind nicht imstande, den Zusammenhalt der Familie nachhaltig zu stören.

Zu der nichtdeutschen Nachbarschaft bestehen durchwegs gute Beziehungen. Alle kennen sich offenbar und besuchen sich gegenseitig. Außerdem haben sie ein wachsames Auge auf die Kinder, wenn sie draußen spielen. Immer wieder sehe ich Mütter aus den Fenstern schauen. Ich selbst bin längst bei ihnen bekannt. Wir grüßen uns freundlich. Die wenigen deutschen Kinder, die hier wohnen, sind gut in die 'Spieltrupps' integriert. Manchmal sind sie auch in der Wohnung von Familie Said. Zwischen den Kindern bestehen keine Schwellenängste.

Ich begegne bei unseren Spaziergängen in unmittelbarer Nachbarschaft nur wenigen Deutschen. Im gleichen Haus lebt eine deutsche Familie mit drei Kindern. Diese Familie beschwert sich öfter beim Hausmeister über Familie Said und zeigte sie bereits dreimal bei der Polizei an. Diese Anzeigen wurden nicht weiter verfolgt. Ein durchaus positiver Effekt aus diesen für Familie Said ärgerlichen Ereignissen ist, daß seither zwischen den Kindern der Familie und den Polizisten eine freundliche Gesprächsatmosphäre herrscht.

Die zentrale Position im Wohngebiet hat der Hausmeister. Er hat es in der Hand, der Familie das Leben leicht oder schwer zu machen. Zur Zeit macht er es der Familie eher schwer. Ich werde versuchen, mit ihm Kontakt aufzunehmen und für die Familie freundlich zu stimmen.

Miteinanderzupacken
muß ich in der Familie mehr, als mir lieb ist. Die Führung des Haushalts ist von der Mutter hervorragend durchorganisiert. Trotzdem fehlen helfende Hände. Meine anfängliche Vermutung, die Buben würden zur Hausarbeit nicht herangezogen, stellt sich als falsch heraus: Sie müssen die Kehrwoche machen und die Fläche vor dem Haus sauber halten. Außerdem ist es ihre Aufgabe, den Müll in den Container zu bringen. Als ich Frau Said frage, warum die großen Buben nicht einmal ihre eigenen Zimmer aufräumen müssen, lächelt sie nur. In der Folgezeit, ermuntere ich Mustafa und Bekir öfter, beim Aufräumen mit zuzupacken.

Ali und Ayse haben sich mir am stärksten angeschlossen. Sie helfen mir, die nasse Wäsche in den Keller zu tragen, wenn die Mutter mit anderen Hausarbeiten zu belastet ist. Frau Said weiß, daß Wäscheaufhängen nicht zu meinen vorrangigen Aufgaben gehört und zeigt sich dankbar, wenn ich trotzdem mit zupacke. Die Kinder sind sehr gelehrig: Sie lernen bei mir, die nassen Socken aufzuhängen, die trockenen Strümpfe zu sortieren und die jeweils richtigen Paare zusammenzufügen. Etwa dreißig Einzelsocken kommen zusammen. Dafür haben sie einen eigenen kleinen Ständer. Diese Arbeit können sie in Zukunft der Mutter abnehmen.

Es ist um die Weihnachtszeit, als Frau Said und ich wieder einmal gemeinsam eine große Menge Wäsche aufhängen. Ismail friert und er zieht die Mutter an ihrem Kittel, weil er nach oben will. Sie wehrt ihn ständig ab, wie sie das immer macht, wenn ihr die Kinder zu nahe auf den Leib rücken. Er weint herzzerreißend, was die Mutter nicht weiter beeindruckt. Ich nehme das kleine Kerlchen mit seinem tränenverschmierten Gesichtchen hoch und bette es auf einem Berg zusammengelegter Wäsche, wo es schön warm ist. Ismail ist augenblicklich still und schaut mich glücklich lächelnd an. Während ich Wäsche aufhän-

162

ge, spreche ich beruhigende Worte zu ihm und summe die Melodie eines Wiegenliedes. Er rührt sich nicht und genießt offensichtlich die Wärme in der weichen Wäsche liegend.

Endlich sind wir fertig und können nach oben gehen. Ismail hat die Augen geschlossen. Da beugt sich die Mutter über ihren Sohn und nimmt ihn - mit ähnlich beruhigendem Tonfall wie ich - heraus aus seinem Wäschenest und stellt ihn auf die Beine. Ich beobachte zum ersten Mal, daß sie sich einem ihrer Kinder in dieser liebevollen Weise zuwendet. Ich denke, sie hat sich automatisch wie ich verhalten, ohne weiter darüber nachzudenken.

Manchmal helfe ich auch den größeren Mädchen beim Aufräumen der Wohnung: „Ich helfe aber nur mit, wenn wir gemeinsam aufräumen", sage ich den Mädchen immer wieder, wenn sie sich drücken wollen. Wenn ich merke, daß sie sich, statt weiter mitzuarbeiten, einen Film im Fernsehen anschauen, höre ich ebenfalls mit dem Aufräumen auf. Ich muß aufpassen, daß sich die Mädchen ihren gut eingespielten Verantwortlichkeiten durch mein Mitmachen nicht entziehen.

Das Steuern

des Lern- und Entwicklungsprozesses beschränkt sich meist auf die Kinder und ihre Angelegenheiten, weil die Mutter zu beschäftigt und der Vater meist abwesend ist. Ihren Kindern gegenüber zeigen die Eltern ein geschlossenes Auftreten. Der Vater geht noch eher auf die Bedürfnisse der Kinder ein als die Mutter. Er spielt viel mit den größeren Buben Karten und ist öfter in ein Gespräch mit ihnen vertieft. Die Eltern gehen meiner Beobachtung nach nicht individuell auf die Kinder ein, wie es bei uns üblich ist.

Mir ist es wichtig, die elterlichen Sichtweisen kennenzulernen. Die Eltern haben genaue Vorstellungen von dem, was richtig oder falsch ist. Ihre Vorstellungswelt kann ich nicht beeinflussen, da sie in ihren Anschauungen sehr sicher erscheinen und auf ihnen beharren. Außerdem habe ich nichts, um es dagegenzusetzen. Keinesfalls möchte ich sie in ihrem 'Eigensinn' verunsichern. Es ist ihre Aufgabe, das Leben der Familie zu gestalten, und nicht meine. So versuche ich, das Verständnis der Eltern für die jeweilige Situation eines der Kinder zu wecken.

Beide kommen auf mich zu, wenn es etwas zu besprechen gibt. Ich mische mich aber auch in Dinge ein, die mir unangenehm sind. So stört mich zum Beispiel das laute Schreien und Schimpfen der Mutter, weil mir die Ohren wehtun. Die Kinder sind die 'Schreistrategie' gewöhnt. Anscheinend schadet sie ihnen nicht. Ich bitte die Mutter darum, die Lautstärke etwas zu dämpfen, wenn ich da bin. Da erwidert sie mir: „Ich habe wenig Nerven für die Kinder. Wenn ich schreie, folgen sie mir." Später fragt mich Hatice: „Streiten Sie nie zu Hause?" „Doch, aber leiser", antworte ich darauf.

Der Vater schreit mit den Kindern nicht. Um die Mutter zu entlasten, geht er öfter mit den kleineren Kindern spazieren. Wenn es ihm zuviel wird, entzieht er sich dem Trubel und geht Freunde besuchen. In diesen Verhältnissen unterstütze ich die Kinder darin, sich gegenseitig zu erziehen, wie es in so großen Gruppen meist sowieso geschieht und auch bei ihnen schon vor meiner Zeit vermutlich geschehen ist.

Zu Beginn meiner Arbeit fällt mir auf, daß Ayse kein Wort spricht. Mit verschlossener Miene beobachtet sie ihre Umgebung. Beim Spazierengehen läuft sie meistens hinter uns drein, ihre Hände tief in den Hosentaschen versenkt. Nach kurzer Zeit bleibt sie stehen, fängt zu weinen an, streckt die Hände hoch und will getragen werden. Auch beim Vater verhält sie sich in dieser Weise. Als Beruhigung und Motivation nicht helfen, schaue ich mir ihre Schuhe an. Kein Wunder, daß sie nicht laufen möchte. Die Schuhe sind ihr um zwei Nummern zu klein. Ihre Zehen sind nach unten eingerollt. Niemandem ist das aufgefallen. Mit ihren neuen Schuhen bleibt sie weder zurück noch weint sie. Seit dieser Zeit ist sie zutraulich geworden und greift nach meiner Hand, wenn wir spazierengehen. Ayse lächelt, aber sie spricht noch nicht.

Heute habe ich Papier und Buntstifte für alle Kinder mitgebracht. Ayse setzt sich gleich neben mich, nimmt sich einen Bleistift und schaut zu, was ich zeichne. Ein kleines Haus entsteht. Ich zeige auf das Haus und sage: „Haus." Dann frage ich: „Was ist das?" Da antwortet sie klar und deutlich: „Haus." Am Sprechapparat kann ihr Schweigen also nicht liegen. Emine, die neben mir sitzt, kommt aus dem Staunen nicht heraus. Alle Kinder werden gerufen und immer wiederholt Ayse das Wort 'Haus'. Sie spricht ihr erstes Wort. Emine übernimmt spontan meine Rolle und zeichnet Gegenstand um Gegenstand. Ayse lernt nach der Reihe, Begriffe zu benennen: Vogel, Ball, Teller, Baum, Tisch, Hose, Bett und einige andere mehr. Auch Sahra gesellt sich zu uns.

Als die Eltern nach Hause kommen, ruft Emine ganz aufgeregt: „Kommt und hört Euch an, was Ayse kann!" Auch die Eltern sind verblüfft: „Ayse, Du sprichst ja", meint der Vater und freut sich. In der Folge widmet sich Emine ihrer Schwester mit Hingabe. Ganze Bildergeschichten entstehen. Oft sehe ich die beiden, wie sie eifrig zeichnen. Es ist Emines Verdienst, daß Ayse in kürzester Zeit sprechen lernt und aus dem ehemals verschlossenen Mädchen eine fröhliche, energische, durchsetzungsfähige kleine Person wird.

Außer dem kleinen Auto von Ali und den Spielkarten der größeren Kinder befinden sich kein Spielzeug oder Bilderbücher in der Wohnung. Meiner Ansicht nach brauchen Kinder Spielzeug. Die größeren Kinder kennen Spiele und Spielzeug vom Kindergarten und dem Jugendhaus. Nach und nach bringe ich aus einem mir zugänglichen Fundus für jedes Kind ein eigenes Spielzeug oder Spiel mit. Ismail bekommt einen Teddybär, Ali Holzbauklötze, Ayse eine Puppe mit einem Puppenkoffer und Bekir einen Würfelbecher. Emine und Sahra wünschen sich Tischtennisschläger, Mustafa schenke ich einen Taschenrechner und Hatice ein hübsches Adreßbuch. Alle freuen sich über die vielen Geschenke, die ich ihnen mitgebracht habe.

Die Kinder benutzen das von mir mitgebrachte Spielzeug sehr intensiv. Jedes übernimmt die Verantwortung für sein Spielzeug und verstaut es, wo es die anderen nicht finden können. Nach drei Wochen finde ich den Puppenkoffer und einige Holzbausteine im Müllsack und die Puppe von Ayse ist nicht aufzufinden. Ismail weiß mit dem Teddy nichts anzufangen. Die Kinder verwenden ihn als Wurfgeschoß ebenso wie die Holzbausteine. Sie haben sich kurzfristig mit dem Spielzeug beschäftigt, es sich aber nicht angeeignet.

Ich bin ratlos und frage eine befreundete Araberin, was ich davon zu halten habe. Sie erklärt mir, daß es in den Heimatdörfern keine Spielzeuggeschäfte wie bei uns gibt und die Kinder deshalb dort auch kein Spielzeug und keine Bilderbücher in unserem Sinn haben. Vielleicht ist das Spielzeug für die Kinder wirklich nur eine Krücke anstelle der vielfältigen Aktivitäten, die sie phantasiereich und erfinderisch konkret vor Ort unternehmen.

Soziale Beziehungen
bestehen nicht nur im Stadtteil in großer Zahl. Familie Said gehört zu einer weitverzweigten Sippe. Ständig sind Gäste in der Wohnung. Auf dieses Netzwerk kann die Familie in Notzeiten zurückgreifen. Einige Frauen helfen, als Frau Said wegen der Frühgeburt im Krankenhaus ist. Wenn Gäste da sind, wird immer besonders gut gekocht. Bei der Zubereitung der Speisen helfen mehrere Frauen. Mir fällt auf, daß diese Frauen ebenso viel Goldschmuck wie Frau Said tragen. Manche Frauen sind verschleiert.

Familie Said ist ausgesprochen kontaktfreudig. Auch die Kinder haben viele Freunde. Es herrscht ein reges Kommen und Gehen in der Wohnug. Frau Said versteht es sehr gut, Menschen für sich einzunehmen und professionelle wie private Helfer um sich zu scharen. Als der kleine Suleiman nach zwei Monaten aus dem Krankenhaus entlassen wird, pflegt ihn die Kinderkrankenschwester Gertrud, die schon öfter bei der Familie war und diese seit langen Jahren kennt. Sie besorgt auch kostenlos von Bekannten die noch fehlenden Wäscheschränke.

Die deutsche Mitarbeiterin des Jugendhauses ist als Ansprechpartnerin für die großen Mädchen sehr wichtig. Für sie ist Claudia ein Trittstein heraus aus der traditionellen, arabischen Vorstellungswelt ihrer Eltern. Bei ihr bekommen sie Sicherheit im Umgang mit gleichaltrigen deutschen Mädchen und lernen andere Sichtweisen kennen.

Zu deutschen Familien, die hier leben, bestehen keine freundschaftlichen Kontakte und Familie Said strebt sie auch nicht an. Manchen deutschen Familien scheint die kinderreiche Familie ein Dorn im Auge zu sein. Manchmal beschwert sich jemand beim Hausmeister, wenn die Kinder angeblich etwas kaputt gemacht haben. Manchmal unterhalte ich mich mit der deutschen Frau, der

Familie Said die Anzeigen zu verdanken hat, wenn ich ihr zufällig vor dem Haus begegne. Frau Said sieht das nicht gerne, da sie diese Frau verachtet.

Ich merke bald, daß die deutsche Familie inmitten von ausländischen Familien Angst hat. Zu ihrem Schutz haben sie einen riesengroßen Schäferhund angeschafft, vor dem sich die Kinder fürchten, vor allem wenn er nicht an der Leine ist. Ich selbst bin auch schon einmal erschrocken, als er vor der Kellertür stand und wir vom Wäscheaufhängen nicht rauskonnten. Die drei Kinder der deutschen Familie sehe ich nie, weil sie nicht draußen spielen dürfen. Wie ich später erfahre, besuchen sie die Förderschule für Lernbehinderte. Der Mitarbeiterin vom ASD ist die Familie bekannt, und sie erwägt die Möglichkeit des Einsatzes von SPFH bei dieser Familie. Für Familie Said wäre dies sicher eine Erleichterung.

Eine meiner Bemühungen ist, ein freundlicheres Verhältnis zum Hausmeister herzustellen. Zur Zeit spreche ich öfter mit dem Hausmeister in seinem Büro. Frau Said erklärte mir sehr bestimmt, sie wolle nicht mitgehen. Sie ist einverstanden, daß ich allein gehe. Ich bitte den Hausmeister, bevor es neuerlich zum Krach kommt, mit mir zu sprechen. Er willigt ein, mit mir zusammenzuarbeiten und meint: „Ich muß halt sehen, daß alles seine Ordnung hat. Manche Leute hier kenne ich schon lang und einige tun mir leid. Ich versuche auch, ihnen zu helfen." Auf dieser Ebene können wir uns gut verständigen. Trotzdem wird mir im Gespräch klar, daß auch der Hausmeister für die Familie eine Klippe ist, die sie kaum allein wird umschiffen können. Hoffentlich täusche ich mich. „Der Hund muß sowieso weg, weil keine Einwilligung der Hausverwaltung zur Hundehaltung vorliegt", sagt er zum Schluß noch. Familie Said ist sehr erleichtert, als ich mit dieser Neuigkeit wiederkomme.

Das Reflektieren
mit den Eltern über das Geschehen ist mühsam, nicht nur weil sie sich in Deutsch schlecht ausdrücken können. Vor allem Frau Said ist chronisch überlastet und kann sich auf erzieherische Fragen kaum einstellen. Herr Said hält sich aus dem Erziehungsgeschehen weitgehend heraus. Wenn es ihm zuviel wird, geht er zu Freunden. Den Buben gegenüber ist er sehr liebevoll und läßt auch Ismail auf sich herumklettern.

Die Frau ist zu den Kindern weniger liebevoll. Ihre Kräfte sind voll auf die Versorgung der Kinder mit Nahrung und Kleidung gerichtet. Unsere Gespräche über die Situation Hatices in der Familie haben einige Klärungen gebracht. Im Grunde halten die Eltern jedoch an ihren traditionellen Vorstellungs- und Verhaltensweisen fest, nach denen sich auch Hatice orientieren muß. Für sie gilt, daß sie vor der Heirat nichts mit einem Mann zu tun haben darf.

Die Kinder merken eher als die Eltern, daß sie sich ihr Leben durch bestimmte Anpassungsleistungen erleichtern können. Allen voran Hatice, die nicht mehr mit dem Kopf durch die Wand will, sondern Friedfertigkeit demonstriert. „Ich habe mich mit der Mutter geeinigt und helfe ihr im Haushalt. Dafür darf ich abends ausgehen", sagt sie mir in einem Gespräch.

Die größeren Geschwister helfen den kleineren Geschwistern. In Gesprächen bestätige ich sie für ihr Tun. Sie sind stolz darauf. Der kleine Ismail zum Beispiel ist für alle ein Störenfried. Er spuckt, reißt an den Haaren, zwickt und beißt, um auf sich aufmerksam zu machen, weil ihn außer Bekir niemand beachtet. Indem ich Bekir für seinen Umgang mit Ismail lobe, werden die anderen Kinder aufmerksam. Sie merken, daß er sie in Ruhe läßt, wenn sie auf ihn eingehen. Auch Ayse mausert sich. Sie findet in Emine eine gute 'Lehrmeisterin'. In kleinen Schritten lernen die Kinder, freundlicher miteinander umzugehen. Die emotions- und spannungsgeladene Familienatmosphäre beginnt sich zu beruhigen.

Es ist Februar. Ich bin seit sechs Monaten in der Familie. Ich hänge mit Frau Said vier große Waschkörbe voll mit Wäsche auf. Hatice und Sahra schauen sich lieber einen Film im Fernsehen an. Beim Wäscheaufhängen spreche ich das Ende meiner Arbeit in der Familie an. Frau Said ist entsetzt: „Aber ich brauche Sie doch!" „Wir müssen überlegen, ob Sie eine Unterstützung zur Verbesserung Ihrer erzieherischen Fähigkeiten brauchen oder eine Haushaltshilfe", erwidere ich ihr. „Wenn die Kinder klein sind, geht es. Mit den Großen ist es schwer", klagt sie. „Sie haben liebe Kinder, und ich bin gerne bei Ihnen. Sie machen es mit den Kindern so gut, wie Sie können; mehr geht eben nicht. Einiges ist ja schon leichter geworden", beruhige ich die fassungslose Frau. „Ja, mit Hatice geht es jetzt besser", meint sie. „Wenn Sie da sind, geht es mir gut, dann streiten die Kinder nicht. Warum gehen Sie?" „Ich bin für die schwere Hausarbeit auf die Dauer nicht kräftig genug. Das muß jemand anderer machen." „Aber wo finde ich jemanden wie Sie?" Da ist guter Rat teuer. Eine liebe Verwandte, die im Haushalt auf Dauer mithilft, gibt es ebensowenig wie den Berufsstand der psychologisch und pädagogisch geschulten Haushaltskraft. Ich jedenfalls habe im Rahmen der SPFH bei Familie Said schon mehr als nur die gegebenen Möglichkeiten ausgeschöpft.

11.4 Veränderungen, Stabilisierungen, Ergebnisse

Ein halbes Jahr später: Rückblick-Situation

Es ist Anfang Februar und in diesem Monat beende ich die Zusammenarbeit mit Familie Said. Mir fällt auf, daß es der auf Eigensinn bedachten Familie gut gelungen ist, mich für sie einzunehmen. Ich bin gerne bei ihnen. Es zeigte sich, daß die Familie in ein Netzwerk arabischer Familien integriert ist, das manche Notlage der Familie auffangen kann. Die bereits vor meiner Zeit bestehende gute Organisation des Alltags, hilft Frau Said bei der Bewältigung ihrer Versorgungsaufgaben. Die größeren Kinder sind voll in die Hausarbeit einbezogen. Jede Entlastung von der Hausarbeit durch mich würde die Gefahr vergrößern, daß die gut eingespielten alltäglich wiederkehrenden Verrichtungen von mir zunichte gemacht werden, und sich die Töchter von der Hausarbeit zurückziehen. Die organisatorischen Fähigkeiten von Frau Said, private und professionelle Helfer um sich zu scharen, sind gut ausgeprägt. Die Eltern beweisen mit ihrem Festhalten an ihren Vorstellungs- und Verhaltenstraditionen viel 'Eigensinn', der ihnen Kraft und Stärke zur Lebensführung in ihrem Sinn gibt. Als meine Aufgabe im Familienentwicklungsprozeß betrachtete ich, zwischen dem von mir als positiv gewerteten 'Eigensinn' der Familie und den an sie gestellten Anforderungen zu vermitteln.

Rückblickend kann ich feststellen, daß die Eltern ihr Verhalten den Kindern gegenüber nur wenig änderten. Einerseits ist der Wunsch der Mutter nach Entlastung von der Hausarbeit stärker, als ihr Anspruch, ihren Umgang mit den Kindern zu hinterfragen. Andererseits ist die Belastung der Mutter durch die Hausarbeit für sie ein so großer Streßfaktor, daß sie sich kaum nachhaltig der Erziehung ihrer Kinder widmen kann, wie es in Deutschland Müttern abverlangt wird, die jedoch viel weniger Kinder haben. In diesem Dilemma eröffnete sich die Möglichkeit, die Erziehung der Geschwister untereinander zu fördern. Die gegenseitige Unterstützung der Kinder hat zu einer Entspannung der oftmals geladenen Familienatmosphäre geführt. Ich förderte und begleitete also weniger die Eltern als die Kinder. Die schlechten Beziehungen zu der deutschen Nachbarsfamilie haben sich nicht gebessert. Es besteht ein Konfliktpotential, das die Familie allein nicht wird bewältigen können.

Seit Anfang Februar bin ich nur noch einmal in der Woche in der Familie. Die derzeitige Situation wird vor allem vom Vater als angenehm empfunden, der sich am Familienentwicklungsprozeß kaum beteiligt hat. Er registriert dankbar, daß es jetzt ruhiger bei ihnen ist. Positiv werte ich das gewachsene Verständnis der Eltern für die jeweils unterschiedlichen Situationen und Bedürfnisse ihrer Kinder. Der Streit der Eltern mit der ältesten Tochter konnte zufriedenstellend beendet werden. Die Bereitschaft des Vaters, sich mit den Kindern zu beschäftigen, war schon vorher vorhanden und wurde von mir als sehr hilfreich erlebt. Auffallend ist die stärkere emotionale Zuwendung des Vaters zu den Kindern als die der Mutter.

Der kleine Suleiman mußte wegen Atemstillstand mit dem Notarztwagen ins Krankenhaus gebracht werden. Die Kinderkrankenschwester Gertrud meint, es wäre in letzter Minute gewesen. Der Arzt habe gesagt, Frau Said liebe das Kind zu wenig. Ich denke dabei an das Gespräch mit ihr, daß die Kinder ihrer Mutter schöne, große Kinder gewesen seien und sie kein 'Frühchen' möge.

Das Abschlußgespräch
findet mit der fallverantwortlichen Mitarbeiterin des ASD in der Wohnung der Familie statt. Außer uns beiden sind nur Frau Said, Ayse und Ismail anwesend. Heute lasse ich geschehen, was ich bisher sorgsam vermieden habe: Beide Kinder dürfen auf meinen Schoß kriechen, sofort als ich sitze. Frau Said bietet uns Kaffee und Kuchen an.

Wir reflektieren die gemeinsame Arbeit nochmals und halten die Ergebnisse fest. Das Verständnis der Eltern für die unterschiedlichen Bedürfnisse ihrer Kinder ist gewachsen, der Streit mit der ältesten Tochter konnte geklärt werden, die spannungsgeladene Atmosphäre hat sich ein wenig entspannt und die Kinder haben in ihrer Entwicklung gute Fortschritte gemacht. Ich lobe Frau Said für ihr Organisationstalent und wie gut sie die Kinder hauswirtschaftlich versorgt. Sie bedauert ihrerseits, daß ich weggehe, da sie eine große Hilfe in mir hatte. Anschließend überlegen wir zusammen, wie es weitergehen soll. Frau Said könnte sich um eine Nachbarschaftshelferin bemühen, um Entlastung bei der Hauswirtschaft zu erhalten. Ein erneuter Einstieg der SPFH wird, sobald es sich als notwendig erweisen sollte, nach einer Pause nicht ausgeschlossen. Frau Said versteht nun auch den Unterschied zwischen einer Haushaltshilfe und einer sozialpädagogischen Familienhelferin.

Frau Said betont, wie sehr die Kinder an mir hängen. Mir selbst ist die Familie auch ans Herz gewachsen. Immerhin habe ich sie in wichtigen Entwicklungphasen intensiv sechs Monate lang begleitet. Zur langsamen Entwöhnung verabreden wir noch zwei letzte Besuche und verabschieden uns in einer sehr herzlichen Form von den Kindern und von Frau Said.

Die letzten Besuche
sind für eine völlige Ablösung vor allem der Kinder sehr wichtig, da sie eine langsame Entwöhnung ermöglichen. Frau Said nutzt meine Anwesenheit noch schnell, um mich einen Eimer gekochte Kartoffeln schälen zu lassen, bevor ich mit den Kindern auf den Spielplatz gehe. Die Kinder haben viel gelernt. Sie schmeißen sich nicht mehr gegenseitig einfach von der Schaukel, sondern warten eines nach dem anderen, bis es an der Reihe ist. Ich hoffe sehr, daß sie diesen freundlichen Umgang weiterhin pflegen und auf die kleineren Geschwister Rücksicht nehmen, auch wenn ich nicht mehr dabei bin. Vielleicht haben sie begriffen, daß sie keine Einzelkämpfer sind, sondern in der Geschwistergruppe eines vom anderen abhängig ist.

Zu Hause erwartet uns Kartoffelsalat und gebratener Fisch. Frau Said wird richtig böse, weil ich das Essen zunächst ablehne. Ayse hat die Kartoffel mit bloßen Fingernägeln geschält, und Sahra liegt mit einer Grippe im Bett. Ich habe mich in der Familie schon zweimal mit einer Infektion angesteckt und fürchte eine neuerliche Erkrankung. Frau Said hat sich bemüht, mir ein gutes Essen zu bereiten. Ich kann es nicht ablehnen. Ihr ist es sehr wichtig, mir etwas von dem zurückzugeben, was ich für die Familie geleistet habe. Im übrigen schmeckt der Fisch ausgezeichnet und krank bin ich nicht geworden.

Beim vorläufig letzten Besuch nach einem Monat ist allen klar, daß sie mich vermutlich nicht mehr wiedersehen werden. Emine erbittet sich ein Foto von mir, das ich zufällig dabei habe. Bekir saugt das Bubenzimmer, was mich sehr erstaunt, da er bisher noch nie staubgesaugt hat. Er will, daß sein Zimmer schön ist, wenn ich da bin. Darüber freue ich mich natürlich. Obwohl außer dem Vater alle da sind, herrscht eine ruhige entspannte Atmosphäre.

Heute habe ich einen Wollfaden dabei und ich beginne mit Emine das 'Wollfadenspiel' zu spielen. In einer bestimmten Art und Weise übernimmt man mit den zehn Fingern vom anderen den nach einem bestimmten System um die Finger gewickelten Wollfaden. Niemand kennt dieses Spiel und nach und nach machen alle mit. Emine macht mir ein schönes Kompliment, das ich zum Abschied mitnehme: „Es ist immer schön, wenn Du kommst mit Deinen Ideen."

Der Abschied von dieser quirreligen und lebensfrohen Familie fällt auch mir schwer. Heute mache ich eine Ausnahme und nehme erst Ismail und dann Ayse hoch und drücke sie fest an mich. Ayse weint und will mich nicht mehr loslassen. Da verspreche ich der Mutter, sie in einiger Zeit bestimmt wieder zu besuchen.

Nach dem offiziellen Ende
meiner Arbeit bei Familie Said mache ich nach sechs Monaten nochmals einen Besuch, den ich mit Frau Said vorher vereinbart habe. Ich möchte wissen, wie es bei der Familie weitergegangen ist.

Als ich zum vereinbarten Termin erscheine, sind alle Kinder und die Mutter zu Hause. Frau Said sitzt in einem Kreis von arabischen Frauen unter freiem Himmel und legt Wäsche zusammen. Sie nutzen den schönen Sommerabend für ein Gespräch. Ayse kommt auf mich zugelaufen und schaut mich lächelnd an. Auf Einladung der Frauen setze ich mich dazu. Als die Kinder merken, daß ich da bin, kommen sie eines nach dem anderen, um mich zu begrüßen. Ismail hat sich am stärksten verändert. Er ist richtig groß geworden und braucht auch keine Windeln mehr, wie mir die Mutter erzählt. Die Kinder verweilen nur kurz bei mir und gehen außer Ayse gleich wieder ihren Beschäftigungen nach.

Eine der arabischen Frauen kocht Kaffee für alle. Frau Said erinnert sich, daß ich lieber Kamillentee trinke. Zusammen mit dem Tee bringt sie aus ihrer Küche einen großen Eimer Kartoffeln mit und beginnt zu schälen. Sie hat kein zweites Messer dabei und erwartet nicht, daß ich ihr helfe. Sahra und Emine sind stolz auf ihr gutes Zeugnis. Bis auf Mustafa ist keines der Schulkinder sitzengeblieben. Sahra geht regelmäßig zur Mädchengruppe im Jugendhaus und Emine spielt weiter Fußball. Beide Mädchen verabschieden sich nach kurzer Zeit und gehen eine Freundin besuchen. Die größeren Buben reparieren zusammen mit Freunden ihre Fahrräder. Hatice hat die Wohnung heute allein aufgeräumt und möchte spazierengehen, was die Mutter aber nicht erlaubt. Hatice muß auf die kleineren Geschwister aufpassen, während die Mutter kocht.

Ich mische mich in die familieninterne Diskussion als Gast nicht ein. Auch über die Streitigkeiten mit der Nachbarsfamilie sprechen wir nicht. Es erscheint mir unpassend. Außerdem wird die deutsche Familie mittlerweile ebenfalls durch die SPFH unterstützt.

Hatice zeigt mir Suleiman, ihren jüngsten Bruder, der fast neun Monate alt ist. Er ist sehr mager und leidet oft an Durchfall. Frau Said nimmt den Jungen in den Arm und küßt ihn auf die Wange. Das habe ich früher nicht bei ihr beobachtet. Ayse kümmert sich am meisten um Suleiman, erzählt die Mutter.

Ich fühle mich sehr wohl im Kreis der lebhaften und fröhlichen Frauen. Beim Gespräch mit ihnen vergeht die Zeit schnell. Als ich mich verabschiede, kommt auch Herr Said zum Abendessen nach Hause. Meinem Eindruck nach, kommt die Familie soweit gut zurecht. Frau Said lädt mich ein, sie bei Gelegenheit wieder zu besuchen.

12. Veränderungen in den drei Familien

In den drei Geschichten wird deutlich, daß die aus ländlichen Regionen stammenden 'entwurzelten' Familien Schwierigkeiten haben, sich dem Leben in der Stadt anzugleichen und im Alltag neu zu orientieren, ein soziales Netzwerk aufzubauen sowie den gesellschaftlichen Anforderungen zu entsprechen. Dabei ist es gleichgültig, ob es sich um die deutsche oder die beiden nichtdeutschen Familien handelt. Die Abhängigkeit innerfamilialer Verhältnisse von außerfamilialen Strukturen ist evident. In der Familienentwicklung kommt es besonders in den Stadtteilen zu Benachteiligungen, in denen zur Vernetzung formelle Netzwerke als Brücke zu informellen Netzwerken fehlen, zur Aneignung und Selbstgestaltung die notwendigen natürlichen und sozialen Räume und zur Begegnung die Möglichkeiten dazu. Die in der Zusammenarbeit mit SPFH erreichten Veränderungen lassen sich durch einen Vergleich des Zustands der Familien vor und nach der Zusammenarbeit verdeutlichen.

Der Zustand vorher

Familie Sacca
bekam Schwierigkeiten mit der Grundschule, weil sie mit dem Wechsel Antonios in die Förderschule nicht einverstanden war. Außerdem hatte die Familie wenig Verständnis für eine Auseinandersetzung mit den gesellschaftlichen Anpassungserfordernissen. Den Vorschlag des ASD zur Zusammenarbeit mit SPFH nahmen die Eltern gerne an. Der Auftrag des ASD für mich lautete, Antonio aus der Sündenbockrolle herauszuholen, das Selbstwertgefühl der Mutter zu stärken, den Vater positiv für die Familie zu motivieren und den Alltag besser zu strukturieren, damit die Familie Selbständigkeit in ihren Angelegenheiten erlangt. Der Auftrag der Familie für die SPFH lautete, gemeinsam mit ihr nach möglichen Wegen zur Verbesserung der Familiensituation zu suchen.

Die Realisierungschancen wurden von mir geklärt. Als fördernde Faktoren fand ich bei der Familie die starken Gefühle der Frau zu den Kindern, ihren Wunsch, etwas dazuzulernen und ihren festen Entschluß, ihre Situation zu verbessern.

Als fördernd betrachtete ich auch die Bereitschaft des Vaters, Veränderungen zuzulassen und sein regelmäßiges Einkommen. Als hemmende Faktoren fand ich Belastungen und Hindernisse, die eine positive Familienentwicklung erschwerten. Als Belastungen nenne ich die zu kleine, unzweckmäßig eingerichtete Wohnung, das Vielfernsehen, zu wenig Platz für wilde Spiele drinnen und draußen, die äußerst schlechte Beziehung der Eltern zueinander, inkongruente Kommunikationsstrukturen und die psychische Belastung der Mutter. Als Hindernisse, die Kinder entsprechend zu fördern, stellten sich Irritationen durch das Festhalten der Familie an Vorstellungs- und Verhaltenstraditionen, die fehlende Anbindung an ein soziales Netzwerk, mangelnde erzieherische Kenntnisse und Fähigkeiten der Eltern, um dem hohen Anspruch an die Kindererziehung in Deutschland gerecht werden zu können, die autoritäre Haltung des Vaters und die schlechten deutschen Sprachkenntnisse der Eltern heraus.

Im Falle der Familie Sacca ergaben meine Analysen genügend Anhaltspunkte für die Wahrscheinlichkeit eines positiven Verlaufs. Ich ging nicht von einzelnen Problemen aus, sondern von unvollkommen entwickelten und schlecht strukturierten Verhältnissen, die es durch intensive Förderung weiterzuentwickeln galt. Ausschlaggebend für die Aufnahme meiner Tätigkeit war der Wille der Mutter, etwas dazuzulernen, um ihre Situation zu verbessern, den Kindern ein richtiges Zuhause zu geben, und die Bereitschaft des Vaters, Veränderungen zuzulassen.

Familie Burger

bekam wegen eines Kaufhausdiebstahls der Tochter Schwierigkeiten mit der Polizei. Als sich das Mädchen nach einem Ferienaufenthalt weigerte, nach Hause zurückzukehren, wurde der ASD eingeschaltet. Es kam der Verdacht einer hohen Gewaltbereitschaft des Vaters auf, bis hin zur möglichen Verletzung von Kommunikationsregeln zwischen Vater und Tochter im sexuellen Bereich. Der Vorschlag des ASD, zur Klärung der akuten Krisensituation SPFH unterstützend beizuziehen, wurde von der Familie nur zögerlich angenommen. Der vorläufige Auftrag des ASD lautete, mich nicht um die Belange der Tochter zu kümmern, die Mutter bei der Versorgung, Förderung und Erziehung der in der Familie verbliebenen Kinder zu unterstützen und das zu familialen Spannungen führende Strafverhalten des Vaters zu beeinflussen. Der Auftrag der Familie lautete, sie bei der baldigen Rückführung der Tochter aus dem Heim zu unterstützen. Diesem Wunsch hat der ASD nicht widersprochen. Ebenso wollten sich die Eltern bemühen, die Familienverhältnisse für alle erträglicher zu gestalten.

Die Familiensituation konnte weitgehend geklärt werden. Als fördernde Faktoren fand ich die zwar sehr geringe aber durchaus gewollte Bereitschaft der Eltern, ihr Verhalten den Kindern gegenüber zu überprüfen und gegebenenfalls zu verändern sowie den Kindern in der Wohnung mehr Platz einzuräumen. Als Belastungen nenne ich die Ausklammerung der Bedürfnisse der Kinder aus dem Lebenszusammenhang der Eltern, die nicht kindgerecht eingerichtete

Wohnung, den Egoismus des Vaters und das Vielfernsehen der Mutter, die keine Zeit fand, sich den Kindern zu widmen. Als hinderlich, die Kinder entsprechend zu fördern, erwiesen sich die grundsätzliche Abwehr und Verschlossenheit der Eltern, die völlige Nichtbeachtung der bei uns üblichen Grenzen zwischen den Generationen und ein diesbezüglich fehlendes Unrechtsbewußtsein bei Eltern und Kindern, die bewußt gewählte Abgrenzung zur Außenwelt, die mangelnde Fähigkeit der Eltern mit den Kindern freundlich und kindgemäß umzugehen, die überaus starre Haltung des Vaters und die mangelnde Transparenz meines Auftrags den Eltern gegenüber.

Im Falle der Familie Burger ergaben sich nach meinen Analysen nur wenig Anhaltspunkte für einen positiven Verlauf einer Zusammenarbeit. Die sich teilweise widersprechenden Aufträge hatten wenig Realisierungschancen. Trotzdem erhielt die Familie eine Chance. Ausschlaggebend für die Aufnahme meiner Tätigkeit war die wenn auch nur sehr geringe Bereitschaft der Eltern, ihr Verhalten gegenüber den Kindern zu ändern und mein Interesse, wieweit sich Familienverhältnisse unter derart einschränkenden Bedingungen verbessern lassen.

Familie Said
bekam Schwierigkeiten mit der Nachbarschaft, die sich durch die äußerst lebhaften Kinder gestört fühlte. Als der Familie nach langen Jahren eine der großen Kinderzahl angemessene größere Wohnung in einem schönen Haus zugewiesen wurde, legte der ASD der Familie den Einsatz von SPFH nahe, um neuerliche Auseinandersetzungen mit der deutschen Nachbarschaft zu vermeiden. Mit ihrer offenen, einnehmenden Art erklärte sich die Familie mit diesem Vorschlag einverstanden, ohne recht zu wissen, welche Dienste SPFH leistet und welche nicht. Der vorläufige Auftrag des ASD für mich lautete, Entspannung in die häufig geladene Familienatmosphäre zu bringen, die Kinder zum Spielen anzuregen und den Schulkindern bei den Hausaufgaben zu helfen. Die Eltern waren zunächst nicht in der Lage, den Aufgaben der SPFH entsprechende Ziele für eine Weiterentwicklung zu formulieren.

Als fördernde Faktoren erwiesen sich die gute Strukturierung des Alltags und das Organisationstalent der Mutter ebenso wie die gute Beziehung der Geschwister zueinander und ihre Achtung vor den Eltern. Die hervorragende Einbindung der Familie in ein soziales Netzwerk arabischer Familien sorgte für Stabilität auch in Krisenzeiten. Deutlich zeigte sich die Aufnahmebereitschaft und Neugierde der Kinder. Als hemmender Faktor erwies sich die Überlastung der Mutter durch die Hausarbeit und die Versorgung der Kinder mit Nahrung und Kleidung, die jedes Gespräch über individuelle Kindererziehung unmöglich machte. Im Grunde ergab meine Analyse, daß die Familie in der sich abzeichnenden Überlastungssituation eher eine Hilfe im hauswirtschaftlichen Bereich benötigt als eine Hilfe zur Erziehung.

Im Falle der Familie Said ergaben meine Analysen nur wenig Anhaltspunkte für die Notwendigkeit einer Unterstützung und Begleitung durch die SPFH, deren Rahmenbedingungen derzeit eher auf erzieherische Belange ausgerichtet sind. Trotzdem habe ich dem Wunsch des ASD nachgegeben, der eine schützende Begleitung der Familie für notwendig erachtete. Ausschlaggebend für die Aufnahme meiner Tätigkeit war der Wunsch des ASD das Verhältnis zur Nachbarschaft zu verbessern, und der Wunsch der Mutter, zur ältesten Tochter ein besseres Verhältnis zu gewinnen.

Der Zustand nachher

Bei Familie Sacca
bestätigte sich die positive Einschätzung des Entwicklungspotentials der Familie. Die Erziehungsschwierigkeiten und Elternkonflikte konnten geklärt, die Kommunikationsstrukturen verbessert, Beziehungen neu strukturiert, neue Perspektiven entwickelt, soziale und natürliche Räume erweitert, soziale Beziehungen vermittelt, Hindernisse entfernt und Belastungen ausgeräumt werden. Die fördenden Faktoren erwiesen sich als trag- und ausbaufähig. Die Fähigkeit zum Suchen und Finden von Lösungen zur Bewältigung unliebsamer Ereignisse ist heute bei der Familie gut ausgeprägt. Der Familienzusammenhalt hat sich deutlich verbessert. So stellt sich die Familiensituation heute gegenüber früher grundlegend verändert dar. Der Auftrag des ASD konnte durch die Lockerung am Festhalten der Ehepartner an ihren teilweise unzweckmäßigen Vorstellungs- und Verhaltenstraditionen und durch die Umstrukturierung der Familienverhältnisse mittels Einflußnahme in deren Lebenswelt weitgehend erfüllt werden. Die Unterstützung annehmende, mir zunächst als hilflos geschilderte Familie ist heute in der Lage, ihre Angelegenheiten selbst in die Hand zu nehmen und notwendige Entscheidungen selbständig zu treffen. Die SPFH wurde nach zwei Jahren erfolgreich abgeschlossen.

Bei Familie Burger
sind Ansätze zu positiven Entwicklungen zu erkennen. Die Familie ist ihrem Ziel, erträgliche Familienverhältnisse für alle zu schaffen, einen kleinen Schritt näher gekommen. Die Eltern haben sich nach langem Zögern auf SPFH eingelassen, neue Einsichten gewonnen und sowohl ihre Einstellung als auch ihr Verhalten in der ihnen möglichen Weise verändert. Herr Burger ist nachdenklicher geworden und setzt einige der mit mir besprochenen Möglichkeiten zur Öffnung und Erweiterung des zuvor geschlossenen Raumes um. Seine Frau und die Kinder haben Freiräume von ihm zugestanden bekommen, in denen sie sich weiter entfalten können. Die Mutter findet über die Kinder langsam den Weg zur Anbindung an ein soziales Netzwerk. Frau Burger achtet auf die Bedürfnisse der Kinder. Besonders Sebastian profitiert von dem ihm zugewandten Verhalten der Mutter. Er hat seinen Platz in der ganztägigen Förderschule gefunden, wo die Lehrer und Erzieher auf ihn eingehen und seine Besonderheiten

berücksichtigen. Robert besucht mit Erlaubnis des Vaters das Kinderschutzzentrum. Das Verhältnis der Eltern zu Michaela, die von der Familie getrennt im Heim lebt, ist ungeklärt. Die Einschränkung der Möglichkeiten von SPFH durch den eng gesetzten Rahmen des ASD über den gesamten Zeitraum von zwei Jahren hat die Arbeit in hohem Maß behindert und manche notwendigen Entwicklungen bereits in ihren Ansätzen verhindert. Der von Herrn Burger zuvor erzwungene Familienzusammenhalt ist loser geworden. Die Situation der die Unterstützung nur zögerlich annehmenden Familie, die mir zunächst als isoliert lebend geschildert wurde, hat sich gegenüber vorher zwar verbessert, aber Selbständigkeit in ihren Angelegenheiten konnte sie nur teilweise erreichen.

Bei Familie Said

sind positive Entwicklungen zu erkennen. Die Beziehung zwischen der Mutter und der ältesten Tochter hat sich deutlich verbessert. Die Kinder gelangten zu einem leiseren Umgangston miteinander als zuvor. Die oftmals spannungsgeladene und emotionsreiche Familienatmosphäre beruhigte sich spürbar. Positiv werte ich auch das gewachsene Verständnis der Eltern für die jeweils unterschiedlichen Bedürfnislagen ihrer Kinder. Das Verhältnis der Familie zu dem für sie wichtigen Hausmeister hat sich verbessert, aber nicht das Verhältnis zur deutschen Nachbarsfamilie, da Familie Said von sich aus keine Kontakte wünschte. Der Familienzusammenhalt ist nach wie vor ein die Familie stützendes Element. Die Zusammenarbeit mit der SPFH über sechs Monate hat der einnehmenden und, wie ich meine, im positiven Sinn eigensinnigen Familie Entspannung in ihren turbulenten Alltag gebracht. Den Eltern gelingt es heute zwar etwas besser, mit den an sie gestellten Anforderungen in Deutschland und ihren eigenen Vorstellungs- und Verhaltenstraditionen zurecht zu kommen, aber ohne eine Entlastung der Mutter von der Hausarbeit und ohne Unterstützung durch öffentliche Institutionen wird die Familie in Deutschland wegen ihres 'Andersseins' immer wieder auffällig werden und Schwierigkeiten bekommen.

Vergleichende Zusammenfassung

Der gegebene Zustand vorher weist bei den drei Familien ebenso wie der veränderte Zustand nachher Gemeinsamkeiten auf. Sie wurden auffällig und gerieten mit öffentlichen Institutionen in Schwierigkeiten wie Schule, Polizei oder Jugendamt. Die Familien hatten nur wenig Verständnis für eine Auseinandersetzung mit den gesellschaftlichen Anpassungserfordernissen. Das Festhalten an ihren eigenen Vorstellungs- und Verhaltenstraditionen führte zu Irritationen und zu einer erheblichen Rückbeziehung der Familien auf sich selbst beziehungsweise die Verwandtschaft. Einer gelingenderen Familienentwicklung standen Belastungen und Hindernisse im Weg, die von den Familien nicht erkannt und beseitigt wurden. Alle Familien wünschten sich mehr oder weniger zur Verbesserung ihrer Situation eine Unterstützung, Förderung und Begleitung durch die SPFH und waren zu einer Zusammenarbeit bereit, um die belastenden Familienverhältnisse für alle Familienmitglieder erträglicher zu gestalten.

Der veränderte Zustand nachher läßt bei den drei Familien vergleichbare Entwicklungen erkennen. Der nunmehr gelingendere Alltag hat sie ihrem Ziel, ein freundliches Zusammenleben zu erreichen, einen Schritt näher gebracht. Es ist ihnen möglich, zu anderen Menschen Beziehungen aufzunehmen und Ressourcen zu aktivieren. Der Erfahrungsraum vergrößerte sich und die Leistungsfähigkeit der Familien nahm zu. Die erzieherischen Kompetenzen der Eltern sind gewachsen, und sie achten auf die Bedürfnisse und Wünsche ihrer Kinder. Die oftmals spannungsgeladene Familienatmosphäre beruhigte sich. Die Fähigkeit zum Suchen und Finden von Lösungen zur Bewältigung unliebsamer Ereignisse ist bei den Familien deutlicher als zuvor ausgeprägt. Es gelingt den Eltern heute besser, die an sie gestellten Anforderungen mit ihren eigenen Vorstellungs- und Verhaltenstraditionen in Einklang zu bringen und den Alltag lebbarer zu machen.

Im Vergleich des gegebenen Zustands der drei Familien vor und des veränderten Zustands nach der Zusammenarbeit mit SPFH werden Verbesserungen deutlich. Offenbar konnten die Familien durch Pädagogik zu einem gelingenderem Leben befähigt werden.

Dritter Teil:
Dimensionen pädagogischen Handelns

Der auswertende Teil der Arbeit dient der Rekonstruktion sozialpädagogischen Handelns in der Familie. Vor dem Hintergrund pädagogischer Tradition werde ich zu erhellen versuchen, was im Alltag bezogen auf konkretes Arbeiten in der Familie geschieht, beziehungsweise wie sich pädagogisches Handeln bezogen auf die Veränderungen in der Familie im Alltag strukturiert. Zunächst entwickle ich den die Untersuchung leitenden theoretischen Bezugsrahmen. Dann stelle ich zum Verständnis meiner Vorgehensweise im Familienentwicklungsprozeß die pädagogische Haltung als regulatives Prinzip pädagogischen Handelns vor. Danach rekonstruiere ich die Voraussetzungen für pädagogisches Handeln, nämlich die Vorbereitung des Arbeitsfeldes Familie durch das Beobachten des Geschehens und den Aufbau von Vertrauen. Anschließend beginne ich mit der Herausarbeitung einzelner pädagogischer Dimensionen wie Wahren von Gegenseitigkeit, Setzen von Grenzen, Anknüpfen an Möglichkeiten, Wekken von Interessen, Öffnen und Erweitern des Raumes, Angehen von Konflikten und Stabilisieren von Stärken.

13. Der theoretische Bezugsrahmen

Im Folgenden gebe ich eine kurze Einführung in den die Untersuchung leitenden theoretischen Bezugsrahmen. Die Praxisbezogenheit der Theorie der Erziehungswissenschaft und die Theoriebezogenheit der empirischen Forschung setzen einerseits ein Reflektieren der Praxis voraus, um die Theorie immer neu zu bewähren, andererseits eine Theorie, die geeignet ist, zur Klärung der Voraussetzungen und Möglichkeiten der Erziehung beizutragen. Dieses Wechselspiel von Theorie und Praxis hat sich bis heute als günstig für die Entwicklung der Erziehungswissenschaft erwiesen. Zur Rekonstruktion sozialpädagogischen Handelns in der Familie greife ich einige altbewährte Begriffe, Ideen und Maximen pädagogischer Klassiker auf, welche die Möglichkeit der Neuinterpretation auf heutige Verhältnisse zulassen, also in diesem Sinn als 'klassisch' zu bezeichnen sind. Die aufgenommenen Akzente pädagogischer Tradition interpretiere ich in meinem Sinn und verwende sie als Instrument zur Darstellung und Bewertung sozialpädagogischen Handelns, wie es sich aus den drei Familiengeschichten ableiten läßt.

Anknüpfen, Gestalten und Bildsamkeit

Johann Amos Comenius hält „Selbsttun" für den Schlüssel aller Tüchtigkeit. Die Sinne an die Dinge heften, sei die vollkommenste und einzig richtige Form des Wissenserwerbs: „Wenn wir daher hier schon fordern, alles mit eigenen Sinnen zu prüfen, machen wir aus den Kindern nicht Sklaven fremder und eigener Vermutungen, sondern Sucher der Wahrheit" (Comenius 1991: 181). Diese Aufforderung nach eigener Anschauung der Dinge verweist uns direkt auf die natürliche, gebaute und soziale Umwelt, die - nach heutigem Sprachgebrauch - wahrgenommen und als Wirklichkeit subjektiv erfahren wird. Um „regsame Menschen hervorzubringen", müssen ihre Sinne „angeregt" werden, und „sie von schädlichen Dingen zurückgehalten werden" (ebd.). Es sei darüber nachzudenken, „wie man Kinder zum Guten lockt" und Schlechtes „verhütet" werde (ebd.: 93).

Wenn zum einen günstige Einflüsse gefördert, zum anderen schädliche Einflüsse gehemmt werden sollen, verwendet Friedrich Schleiermacher die Begriffe „Unterstützung" und „Gegenwirkung" (Schleiermacher 1966: 58). Für ihn ist Erziehung dann gelungen, wenn die „persönliche Eigentümlichkeit" des Einzelnen „in dem Ganzen" hervortritt, und er sich durch die ihm „eigentümliche Bestimmtheit" von allen anderen unterscheidet (ebd.: 34). Mit der ihm „eigentümlichen Bestimmtheit", so interpretiere ich, ist das Recht des Menschen gemeint, er selbst zu sein und sich von anderen abzugrenzen. Mit dem Selbstseindürfen geht aber auch die Verantwortung für die Gemeinschaft und die gesellschaftlichen Belange einher. Es geht nicht um die bloße Anpassung des Einzelnen an vorgegebene gesellschaftliche Strukturen sondern auch um Abgrenzung, um die Entwicklung der jeweils unterschiedlichen Fähigkeiten und Neigungen, die ein vielfältiges gesellschaftliches Entwicklungspotential darstellen, damit jeder „irgendeinen Teil der Aufgaben der ganzen Gesellschaft lösen könne" (ebd.: 105).

Erziehung hat Voraussetzungen. Nach Johann Heinrich Pestalozzi solle das häusliche Leben der Familie und ihre bildenden Kräfte durch geeignete gesellschaftliche Rahmenbedingungen gestärkt werden, um die Eltern im Interesse ihrer Kinder und der Gesellschaft dahin zu bringen, „(...) die Wahrheit zu erkennen, das Gute zu wollen und das Notwendige zu können" (Pestalozzi 1979: 119). Er ging davon aus, daß eine gelingende Familienerziehung zu einer Erneuerung der sozialen Verhältnisse beitragen könne.

Welche weiteren Voraussetzungen müssen beachtet werden und welche Möglichkeiten der Erziehung bestehen, damit der Einzelne befähigt wird, sich als 'Werk der Natur' und als 'Werk der Gesellschaft' zum 'Werk seiner selbst' (Pestalozzi) zu verwirklichen? Bei Herbart, Dilthey, Nohl, Spranger und anderen stoßen wir auf den Begriff der „Bildsamkeit". Angesprochen sind zwei Komponenten: Zum einen die Frage nach der Veränderlichkeit des Einzelnen - also seiner Lernfähigkeit - und zum anderen nach den Anknüpfungsmöglichkeiten für pädagogisches Handeln - also der Erziehbarkeit. So gesehen setzt

Bildsamkeit die Lernfähigkeit des Menschen voraus. Die Lernfähigkeit des Menschen, und die Tatsache, daß er bildsam ist, bringt uns zur Vorgehensweise im Prozeß des Bildens und Sich-Bildens.

Die Vorgehensweise richtet sich zu allererst nach den individuellen Ansatzmöglichkeiten beim einzelnen Menschen. Demnach gibt es weder verallgemeinerbare Vorschläge noch Anweisungen, wie in einem Entwicklungsprozeß vorzugehen ist. Wilhelm Dilthey versucht, über das Verstehen der Lebensäußerungen seines Gegenübers, durch „Hineinversetzen, Nachbilden und Nacherleben" der Sache näherzukommen: „Auf der Grundlage des Erlebens und des Verstehens seiner selbst, und in beständiger Wechselwirkung beider miteinander, bildet sich das Verstehen fremder Lebensäußerungen und Personen aus" (Dilthey 1979: 205). Beim Vorliegen ähnlicher Erfahrungen ist demnach das Verstehen eines anderen Menschen leichter möglich. Pädagogisches Handeln ist erst dann sinnvoll, wenn versucht wird, „den Sinn des Ganzen zu erfassen" (ebd.: 227) und der Edukand bezogen auf Vergangenes, Gegenwärtiges und Zukünftiges in seinem Eigensinn verstanden wird.

Im Hinblick auf pädagogisches Handeln bezieht sich Dilthey auf das sokratische beziehungsweise mäeutische Verfahren: Die Mäeutik, die Kunst des Hervorbringens, ermögliche es, einen Gesprächspartner durch geschicktes Fragen zu neuen, durch eigenes Denken gewonnenen Erkenntnissen zu führen. Auf diese Weise können dem Einzelnen Gedanken bewußt gemacht, Einsichten von ihm selbst gefunden, Ideen hervorgeholt und selbständig weiterentwickelt und ausgestaltet werden, um dem Einzelnen, wie ich meine, zur ihm möglichen 'besten' Gestalt zu verhelfen.

Nach dem bisher Ausgeführten braucht eine gelingende Erziehung geeignete gesellschaftliche Rahmenbedingungen und eine anregungsreiche Umwelt, die in der Lage ist, die je individuellen Fähigkeiten, Fertigkeiten, Neigungen und Interessen des Einzelnen hervorzubringen. Voraussetzung dazu ist ein Lehrer, der den Edukanden und seine Lebensäußerungen in dessen Sinn versteht, Anknüpfungsmöglichkeiten für pädagogisches Handeln sucht und Selbsttun sowie Selbstgestaltung unterstützt.

Über das genauere 'Wie' solchen Unterfangens gibt Siegfried Bernfeld Aufschluß: Die wesentliche Funktion des Erziehers sei, „durch sorgsame Beobachtung seiner Pfleglinge diese selbst und ihre Bedürfnisse verstehen zu lernen und zu versuchen, ihnen die Bedingungen ihrer Bedürfnisbefriedigung zu schaffen" (Bernfeld 1921: 3). Dies solle in Ruhe und Sicherheit geschehen, wie sie „liebevoll verstehendes Beobachten" (ebd.) erzeuge.

Bernfeld mißt dem Umgang zwischen Kind und Erzieher große Bedeutung bei. Es sei unerläßlich, daß der Erzieher „mit den Kindern lebe" (ebd.: 35), und seine Persönlichkeit in jeder praktischen alltäglichen Lage wirke. Sein Tun sei „vielmehr ein Nichttun, vielmehr Beobachten und Zusehen" als ein Machen und Geben. Durch eine gleichbleibend freundliche und ruhige Haltung und eine

„unbedingte Liebe und Achtung gegenüber den Kindern" (ebd.: 40) gewinnen die Erzieher bald das kindliche Vertrauen. Gleichzeitig sollen aber die eigenen Meinungen, Neigungen und Abneigungen nicht zurückgehalten, sondern deutlich ausgesprochen werden, damit sich die Kinder orientieren können. Durch das freundlich zugewandte Verhalten der Erzieher lernen die Kinder ihr Affektleben zu kontrollieren. Zunehmend übertrage sich die das Gegenüber achtende positive Grundhaltung der Erzieher auf die Kinder, die ihrerseits die Kameraden zu achten beginnen.

In unserer Zeit sind Ideen aufgegriffen und weiterentwickelt worden und neue Ideen über 'Lernen und Lehren' dazugekommen. Für Paulo Freire gibt es keine Lehrer und Belehrte mehr, sondern nur noch Menschen, die im Dialog miteinander stehen: „Der Lehrer ist nicht mehr länger bloß der, der lehrt, sondern einer, der selbst im Dialog mit den Schülern belehrt wird, die ihrerseits, während sie belehrt werden, auch lehren. So werden sie miteinander für einen Prozeß verantwortlich, in dem alle wachsen" (Freire 1972: 84). Bezugnehmend auf Gegenseitigkeit spricht Hans Thiersch von einem „pädagogisch hierarchischen Verhältnis im Tauschverkehr" (Thiersch mündlich). Die Lernbedürfnisse der Menschen und die jeweilige Situation bestimmen die Vorgehensweise: „Ausgangspunkt für die Organisierung des Programminhalts einer pädagogischen (...) Aktion muß die gegenwärtige existentielle und konkrete Situation sein" (Freire 1972: 104).

Innerhalb einer alltagsorientierten Sozialpädagogik regt Thiersch an, „ganzheitliches" Lernen anzugehen und „aneignendes, erfahrungsbezogenes Lernen zu realisieren" (Thiersch 1986a: 116). Er formuliert Maximen für pädagogisches Handeln. Zu beachten sei erfahrungsbezogenes Lernen: „Basis und Voraussetzung jeder Art von Lernen sind die realen Erfahrungen derer, die lernen, ihre Probleme, ihre Interpretationen, ihre Ängste und Hoffnungen (...)" (ebd.:118). „Indirektes Lernen" in Situationen bedeute, „daß pädagogisches Handeln vor allem auch gesehen werden muß als Umgang" (ebd. 119). Es müsse sich „vom Miteinander-Leben, vom Sich-Einlassen auf einen gemeinsamen Alltag, vom Sich-Brauchen in gemeinsamen Erfahrungen und Unternehmungen" (ebd.) her verstehen. Die Auseinandersetzung mit „Erwartungen, Zumutungen und Provokationen" müsse einhergehen mit flexibler Begleitung, Stützung und Stabilisierung von Lernprozessen.

Für die Strukturierung der Erfahrungen in der Komplexität des Alltags komme es darauf an, „zum einen den Zusammenhang der verschiedenen Komponenten in den gegebenen Aufgaben zu sehen, zum anderen aber auch (...) zu prüfen, wo, wie und inwieweit in diesem Zusammenhang einzelne Momente herausgelöst, in sich überschaubar strukturiert und als Einzelmomente angegangen, wo also Prioritäten, Ziele und überprüfbare Schritte bestimmt werden können" (ebd.). Ermutigung und Zutrauen zu sich selbst und den eigenen Möglichkeiten können durch solche einschränkenden Konkretisierungen vermittelt werden. Die Rolle und Funktion des Lehrers müsse erkennbar sein in dem, „(...) was sie sind, was sie äußern, was sie erwarten, was sie nicht beachten oder beachten, woran sie leiden, was sie erleichtert" (ebd.: 120). Das heißt, sie müssen in ihrer Art einschätzbar sein. Und weiter: „Lernen und Lehren können nur verstanden werden als kommunikativer Prozeß, (...) in dem die Rollen des Lerners und Lehrers nur auf Aufgaben bezogen sind und nicht als prinzipieller Unterschied zwischen einer überlegenen und einer unterlegenen Position gelten (...)" (ebd.).

Vor diesem Hintergrund pädagogischer Tradition und den daraus gewonnenen Einsichten entwickle ich die für eine positive Entwicklung der Adressaten günstigen Kriterien einer ihnen gegenüber einzunehmenden pädagogischen Haltung.

14. Einsichten und pädagogische Haltung

Wissen, Erfahrungen, Überzeugungen und Gefühlsinhalte werden so verknüpft, daß eine pädagogische Haltung entsteht, die das Lernen der Familienmitglieder möglichst günstig beeinflußt. Allgemein betrachtet, gewinnen die in der pädagogischen Interaktion Handelnden bestimmte Erkenntnisse und Einsichten über das Fühlen, Denken und Handeln der jeweils anderen. Im günstigen Fall entwickelt sich beim 'Lehrer' aus solchen Einsichten eine den 'Lerner' fördernde und stützende Einstellung beziehungsweise das Konstrukt 'Haltung', die als regulatives Prinzip das pädagogische Handeln mitbestimmt. Ebenso wie in jeder anderen Art pädagogischen Handelns gilt es, auch in der Zusammenarbeit mit Familien eine pädagogische Haltung zu entwickeln. Welche Haltung hat in der pädagogischen Interaktion zwischen Familie und FamilienhelferIn günstige Auswirkungen auf individuelles, alltagsorientiertes Lernen?

Ich versuche eine Antwort, indem ich die aus den drei Familiengeschichten ablesbaren Einsichten und Einstellungen zusammenführe und kommentiere. Pädagogisches Handeln im Alltag der Familie ist nicht zufällig oder beliebig. Es hat seine eigene Dynamik, die immer wieder neu verstanden werden muß. Das Geschehen muß soweit zurückverfolgt werden, bis die innere Dynamik wieder klar ist. Dabei ist ein gewisses Maß an Vorstellungsvermögen hilfreich. Der Umgang mit Menschen in ständig wechselnden Situationen erfordert Flexibilität und Geschicklichkeit oder wie Beate Minsel in einem anderen Zusammenhang meint, „viele Geschicklichkeiten" (Minsel 1986: 344), die beherrscht und geübt sein wollen.

Das Einfühlen in die Mehrdimensionalität von Schwierigkeiten setzt Sensibilität, ihre Diffusität setzt Phantasie voraus. Einfühlungsvermögen und Phantasie werden gebraucht, wenn einerseits die Gestaltungskräfte von Menschen in eine Richtung, die noch nicht deutlich zu erkennen ist, Unterstützung und Förderung brauchen, andererseits die negativen Einflüsse Gegenwirkung benötigen. Im richtigen Moment das Richtige zu tun, erfordert Kreativität und die Nähe von Familie und Familienbegleiterin setzt Behutsamkeit voraus. Die auf Wachstum gerichtete und eine Stagnation behebende Bildungs- und Entwicklungsarbeit ist ein gemeinsamer, schöpferischer Gestaltungsprozeß von Familie und Familienhelferin.

Pädagogische Förderung in der Familie bedeutet, sich auf einen Prozeß mit unbekanntem Ausgang einzulassen, weil der Prozeß wegen seiner Eigendynamik nur bedingt planbar ist. Es bleibt der Kreativität, dem Geschick und der Phantasie der pädagogisch Handelnden überlassen, im erzieherischen Alltag, im Umgang mit den Familien und ihren Netzwerken in der jeweiligen Situation einerseits das jeweils Passende zu tun, andererseits nicht auf geplantes, zielorientiertes Handeln zu verzichten. Welche Kompetenzen - also welches Fachwissen und Können - für die Arbeit gebraucht werden, zeigt sich meist erst im Prozeßverlauf.

Deutlich wird die Notwendigkeit, sich auf die Offenheit realer Situationen einzulassen. Neben dem Offenbleiben sind auch Zuhören und Verstehen nötig, weil sonst Wichtiges übersehen oder überhört wird. Das Vorgehen richtet sich nach den individuellen Gegebenheiten in der Familie, und diese gilt es, herauszufinden. Das methodische Vorgehen ist daher unterschiedlich, da es auf die jeweilige Familie zugeschnitten ist. Meist entscheidet es sich spontan, was zu tun ist, denn die Situation gibt das pädagogische Handeln vor. Aus den unterschiedlichen Ansätzen und Konzepten wird genutzt, was sich als brauchbar erweist. Nach Heinz Mandl besteht ein „Wechselspiel zwischen Wissen und aktuellen Gegebenheiten". Bei Expertenleistungen werden „implizite (kontext-/ situationsgebundene) Wissensbestände" (Mandl 1992: 126) flexibel angewandt. Mindestens ebenso wichtig sind Intuition und Alltagserfahrungen, die mitbestimmen, ob Interventionen fruchtbar und Methoden wirksam werden können.

Zur Entwicklung neuer Perspektiven und Handlungsmöglichkeiten sowie zur Erschließung von Kontakten im sozialen Umfeld erweist es sich im Entwicklungsprozeß als förderlich, Einflußnahme nicht als Konfrontation mit belastenden, unangenehmen Ereignissen aufzufassen, sondern sie als erfreuliche Chance zur Veränderung schwieriger Lebensverhältnisse zu betrachten, wenn unterschiedlich gelebtes Leben besondere Anforderungen stellt. Dabei hilft die alte Sozialarbeiterregel, bei den Stärken der Familienmitglieder anzusetzen und zu versuchen, diese Schritt für Schritt zu erweitern und zu festigen. Die Bereitschaft, Stärken zu beachten, aufzugreifen und ihr Wachstum zu fördern, heißt, vorhandene Schwächen zwar zu sehen, aber nicht aufzugreifen. Die Freude über Erfolge motivieren die Familie und die Familienhelferin zum Weitermachen, denn Emotionen haben eine starke „Motivationskomponente" (Minsel 1986: 348).

Veränderungen können Unsicherheit und Angst mit sich bringen. Immer wieder treten auch Ängste auf, „wenn die Kinder im Kindergarten und Schule Schwierigkeiten machen oder wenn 'richtige' Erziehungsmaßnahmen gesucht werden" (ebd.: 316). Neue Sichtweisen gewinnen, bedeutet, Vertrautes loslassen zu müssen. Wenn Hoffnungen und Wünsche aufgegeben werden müssen, kann

Behutsamkeit die Wiederherstellung des inneren Gleichgewichts schneller bewirken. Behutsamkeit schließt aber Provokation und Kritik nicht aus, denn sie liefert erst die Grundlage für faire Auseinandersetzungen.

Es geht nicht um die Bearbeitung von Defiziten sondern um die Förderung von Wachstum. Deshalb nehme ich Schwierigkeiten zwar ernst, aber betrachte sie weitgehend als normal. Den äußerst schwammigen und affektbeladenen Begriff 'Problem' benutze ich in der Familienarbeit nicht. Die Familienmitglieder erfahren möglicherweise zusätzliche Belastungen, wenn Schwierigkeiten fokussiert und dramatisiert werden, wodurch das Vertrauen auf die eigenen Kräfte geschwächt wird. David W. Johnson hebt die Wichtigkeit des Vertrauens zur eigenen Kraft und zu den eigenen Fähigkeiten hervor. Das Vertrauen darauf „fördert die Entwicklung der Selbständigkeit, erhöht die Bereitschaft, Risiken einzugehen, Initiativen zu ergreifen, um die gewünschten Ziele zu erreichen, und gewährt die fundamentale Befriedigung, die aus der Einflußnahme auf das eigene Leben entsteht" (Johnson 1977: 67).

Seelische Gesundheit und „Lebensfreude" (Hofer 1986: 257) sind für die Bewältigung kritischer Lebensereignisse förderlich. Mit dem langsamen Anwachsen der Stärken und der Ausdifferenzierung von Alltagstheorien wirken die unangenehmen und die belastenden Ereignisse weniger blockierend, und die Familienmitglieder können ihr Selbsthilfepotential zur Lösung von Konflikten aktivieren. Es geht nicht darum, Ängste zu verdrängen oder den Ernst von scheinbar verfahrenen Lebensverhältnissen abzuschwächen, sondern um die Einsicht, daß Menschen in einer Notlage die in ihnen liegenden Ressourcen umso schneller mobilisieren und Zutrauen zu ihren Fähigkeiten gewinnen, je entspannter und fröhlicher die pädagogisch alltägliche Beziehung ist.

Die Familienhelferin überschreitet die Grenze vom öffentlichen zum privaten Bereich und lernt die Familie auf intime Weise in ihrer Eigentümlichkeit kennen. Sie erlebt, welche Familienmitglieder unbeachtet im Hintergrund bleiben und die tatsächliche Umgangsweise von Eltern und Kindern, was tiefe Einblicke in die Familienbeziehungen zuläßt und für alle Beteiligten belastend und peinlich sein kann. Ohne Taktgefühl wäre dieser Einblick von innen her indiskret und eine Verletzung der Intimsphäre. Auf dieser Einsicht basiert meine Achtung vor der Würde, dem Eigensinn und der Eigentümlichkeit der Familienmitglieder. Leben in seinem Eigensinn zu verstehen, heißt „(...) diesen Eigensinn auch da freizulegen, wo er unzugänglich erscheint (...)" (Thiersch 1986b: 21) und nicht zu kolonialisieren, nämlich vorzuschreiben, wie eine Familie ihre Schwierigkeiten zu lösen und ihr Zusammenleben zu gestalten hat. Die Aufgabe der Pädagogik ist es dann, die Entscheidungsfähigkeit und die Konfliktlösungskompetenz der Familie zu stärken und zu fördern.

Professionalität allein bietet in der Wohnung der Familie keinen Schutz oder gar Überlegenheit. Im alltäglichen Geschehen hat die Familie einen Heimvorteil. Um in diesem Nahraum bestehen und Unterstützung geben zu können, muß die Familienhelferin einerseits als Autorität bei ihr anerkannt sein, andererseits einfach als Mensch akzeptiert sein. Die Aktionen und Reaktionen werden ständig beobachtet, provoziert und getestet. Es ist unmöglich, sich hinter einer Maske zu verstecken.

Der Respekt vor der Eigenverantwortlichkeit und Autonomie der Familie beinhaltet die persönliche Achtung vor dem Menschen. Die drei Variablen der Therapeutenhaltung nach Carl Rogers - Empathie, Wertschätzung und Kongruenz - werden mir im Alltag förmlich aufgedrängt, wenn ich ohne allzu große Reibungsverluste möglichst effektiv mit der Familie zusammenarbeiten will.

Ohne den Willen der Eltern zur Veränderung von meist jahrelang festgefahrenen Strukturen und somit einer Veränderung von Gefühlen, Einstellungen und Verhalten ist pädagogische Einflußnahme meist zum Scheitern verurteilt. Außerdem braucht jedes Familienmitglied die ihm gemäße Zeit zur Entwicklung. Fritz Perls erhebt im Rahmen der Gestalt-Therapie Einwände gegen Techniken und Tricks, die Wachstumsprozesse beschleunigen sollen: „Wir reden nicht von augenblicklicher Freude, von augenblicklicher Wachheit der Sinne, von sofortiger Heilung. Der Prozeß des Wachstums ist ein Prozeß, der Zeit braucht" (Perls 1991: 11).

Auch 'Nichttun' (Bernfeld) und Abwarten sind Formen von Einflußnahme. Wenn etwas zu früh angesprochen wird, erzeugt es Abwehr. Es braucht Zeit, bis sich ein Umdenken einstellt. Einstellungsveränderungen sind, so meine ich, nicht nur vom Willen abhängig und der Bereitschaft zur Mitarbeit, sondern auch von persönlichen Voraussetzungen und Kompetenzen, die nur langsam wachsen. Ebenso ist das Auffinden und Freimachen von Ressourcen, wozu die Familie motiviert wird, ein langwieriger Prozeß, ob sie im Binnenraum der Familie oder in den sozialen Netzwerken liegen.

Der kreative Umgang mit Gefühlen scheint mir in der alltagsorientierten Pädagogik besonders wichtig zu sein, nachdem Emotionen unsere Einstellungen und unser Verhalten beeinflussen. Zum einen geht es darum, Gefühle bei sich selbst wahrzunehmen und zuzulassen, zum anderen, ihre Entwicklung in emotionsarmen Familien zu fördern. Positive Gefühle schaffen in den Familien, besonders aber in einer scheinbar veränderungsresistenten Familie, den Nährboden für Veränderungen, wenn sie bewußt genutzt, gefördert und verstärkt werden. Die Unterbewertung emotionaler Ziele in unserem Erziehungssystem dürfte nach Meinung von Manfred Hofer „einer der Gründe dafür sein, daß sich auch die Pädagogische Psychologie bisher zu wenig um die Emotionen des Lerners gekümmert hat" (Hofer 1986: 257).

Die Einstellungsforschung beschäftigt sich dagegen intensiv mit Gefühlsinhalten, weil sie in der Verbindung mit Überzeugungen dazu führen, „bestimmten Personen, Gruppen, Ideen, Ereignissen oder Dingen positiv oder negativ zu begegnen" (Johnson 1977: 57). Einstellungen sind erworben und können verändert werden; sie können förderlich oder hinderlich sein. Wünschenwerte Einstellungen aus der Sicht der pädagogisch Handelnden sind solche, welche die

Fähigkeit des Lerners steigern, „(...) sich zur Umwelt so zu verhalten, daß ihre Selbsterhaltung, ihr Wachstum und Gedeihen daraus folgen. Erwünschte Einstellungen bringen Gefühle des Glücklichseins, der Zufriedenheit, bringen Vergnügen und Lebensfreude (...)" (ebd.: 58).

Die familienbegleitenden, alltags- und handlungsorientierten Interventionsformen des Mitlebens, Dabeiseins, Vorlebens, Steuerns und Miteinander-Tuns wirken über Sprachschwierigkeiten hinweg auch ohne Worte. Hier ist Kongruenz der eigenen Kommunikation besonders wichtig, weil Menschen, welche die Sprache nicht ausreichend beherrschen, besonders auf die Körpersprache der anderen achten. Emotionen haben einen unmittelbar kommunikativen Wert: „Da sie einerseits zwischenmenschlich 'lesbar', vom 'Sender' aber schwerer kontrollierbar sind als die Rede, sind sie sogar besonders valide Indikatoren für den momentanen Zustand des anderen (...)" (Minsel 1986: 347). Der Sozialpsychologe Erich E. Witte weist darauf hin, daß Widersprüche zwischen verbalen und nonverbalen Hinweisreizen auf Themen deuten können, welche „die Identität bedrohen und damit Leiden verursachen" (Witte 1989: 269).

In nichtdeutschen Familien finden sich öfter kulturell bedingte körperliche Ausdrucksformen, deren Kenntnis im Umgang miteinander wichtig ist, um Fehlinterpretationen zu vermeiden. Virginia Satir meint: „Die Beschäftigung mit der von Kultur zu Kultur verschiedenen Sprache, der Gestik und anderer körperlicher Ausdrucksformen ist eine Möglichkeit, die Sensibilität für die von Mensch zu Mensch verschiedenen non-verbalen Ausdrucksformen zu steigern" (Bandler/Grinder/Satir 1978: 54). Grundlegende Gefühle wie Freude, Ärger, Ekel, Interesse und Wut stimmen in ihren körperlichen Ausdrucksformen im interkulturellen Vergleich überein.

Es erscheint mir wichtig, auf nonverbale Mitteilungen zu achten. Die Bedeutung einer konfliktreichen Situation ist mit Gesten ebenso auszudrücken wie mit Worten. Gerade in Familien, wo Worte scheinbar nicht viel bewirken, kann die eigene nonverbale Mitteilungsmöglichkeit genutzt werden. Eine Geste im richtigen Moment kann ein Gespräch ersetzen. Für die Vermittlung von Akzeptanz und Anerkennung braucht es keine Worte.

15. Dimensionen pädagogischen Handelns

Die Rekonstruktion pädagogischen Handelns ist der Versuch, die Familiengeschichten transparent zu machen. Sie erfolgt vor dem Hintergrund der beschriebenen pädagogischen Tradition. Um pädagogisches Handeln besser darstellen zu können, fächere ich es in einzelne Dimensionen auf. Die pädagogische Haltung konkretisiert sich in den pädagogischen Dimensionen.

Ich unterscheide im Familienentwicklungsprozeß drei Phasen: Die Einstiegsphase, die Zusammenarbeitsphase und die Stabilisierungsphase. Die Phasen sind nicht scharf getrennt, sondern überlappen sich. In der Einstiegsphase wird das Arbeitsfeld Familie für die Zusammenarbeit vorbereitet. Zur Vorbereitung gehören die Dimensionen 'Beobachten' und 'Gewinnen von Vertrauen'. Durch das 'Beobachten' gewinne ich wertvolle Informationen über Einstellungen, Verhalten und Verhältnisse der Familienmitglieder. Über das 'Gewinnen von Vertrauen' stelle ich die für den Veränderungsprozeß unerläßlichen Bindungen her. Beide Dimensionen liefern die Voraussetzungen für das weitere Vorgehen.

Die Zusammenarbeitsphase strukturiert sich durch die für die jeweiligen Veränderungen notwendigen Lerninhalte. Das 'Wahren von Gegenseitigkeit' ist eine Forderung seitens der Familie, die Unterstützung erst dann annimmt, wenn Gegenseitigkeit gewahrt ist. Das 'Setzen von Grenzen' bedeutet Gegenwirken und regelt die Gratwanderung von Nähe und Distanz. Das 'Anknüpfen an Möglichkeiten' hat die Bildsamkeit der Menschen im Auge. Das 'Wecken von Interessen' hat neue Wachstumsmöglichkeiten im Sinn. Das 'Öffnen und Erweitern des Raumes' will neue Erfahrungen ermöglichen und das 'Angehen von Konflikten' bedeutet Unterstützung und dient der Kompetenzerweiterung der Familienmitglieder.

In der Stabilisierungsphase wird das Erlernte gefestigt. Das 'Stabilisieren von Stärken' geht mit dem langsamen Ablösen der FamilienhelferIn von der Familie einher. In dem Maß wie die Familie wächst, erfolgt eine Zurücknahme der Unterstützung.

15.1 Die Vorbereitung des Arbeitsfeldes

Die Rekonstruktion der Einstiegsphase ergibt, daß zunächst seitens der Familienhelferin nichts Spektakuläres geschieht. Durch die Vorbereitung des Arbeitsfeldes Familie werden die Voraussetzungen für pädagogisches Handeln geschaffen. Durch das Beobachten des tatsächlichen familialen Geschehens gewinne ich einen Überblick über die Verhältnisse und baue als weitere Grundlage für die Zusammenarbeit mit den Familien Vertrauen auf.

Beobachten

Das Beobachten des familialen Geschehens in der Einstiegsphase und seine Interpretation ist im Text unter 'Erfassung des Alltagsgeschehens' ausführlich beschrieben. Aus der Normalität des Alltags erwächst ein besonderer Zugang zur Familie, weil die Familienhelferin zwar immer Autorität, aber nach einigen Tagen ein im Alltag vertrauter und gewohnter Anblick ist. Die Beobachtung des Ablaufs des Alltagsgeschehens, erfolgt ohne Einmischung. Vorrangig ist das Kennenlernen der Sichtweisen und Besonderheiten sowie des Eigensinns der einzelnen Familienmitglieder, die Annäherung an ihr alltägliches Zusammenleben und das Ausfindigmachen von Anknüpfungsmöglichkeiten für pädagogisches Handeln. Abwarten ohne zu werten und eine neutrale Position einzunehmen, erweist sich als günstig, um zu erfahren, was in der Familie wirklich geschieht, und was ihr selbst wichtig ist.

Durch die Gliederung des Textes in relevante Schwerpunktbereiche wie 'Zu Hause', 'Das Fernsehen' oder 'Das Essen' ist es möglich, im Vergleich Gemeinsamkeiten und Unterschiede zwischen den drei Familien zu erkennen. Diese gibt es unter anderen in den familialen Umgangsweisen, der Familienatmosphäre und den Bewältigungsstrategien. Stellvertretend für die anderen Bereiche greife ich die Schilderung des Bereichs 'Das Essen' heraus, in dem sich die Familienverhältnisse beispielhaft spiegeln: Aus der Art, wie die drei Familien bei Tisch sitzen und agieren, werden ihre Schwierigkeiten deutlich. Im konkreten Interaktionsprozeß zeigen sich Verhaltensmuster der Eltern und die Reaktionen der Kinder auf elterliches Strafverhalten.

Bei Familie Sacca herrscht bei Tisch große Unruhe; kein Kind kann länger stillsitzen. Bei Familie Burger herrscht Schweigen; kein Kind rührt sich. Familie Said sitzt ruhig und auf das Essen konzentriert zusammen. Auf strafendes Elternverhalten reagieren bei Familie Sacca die Kinder laut und protestierend, bei Familie Burger still und weinerlich und bei Familie Said entschuldigend und lächelnd. Die Atmosphäre beim Essen zeigt sich aus der Sicht der Beobachterin bei Familie Sacca als überspannt-erregt, bei Familie Burger als ängstlich-gedrückt und bei Familie Said als fröhlich-entspannt.

Als Stimmungsmacher treten Frau Sacca, Herr Burger und Frau Said in den Vordergrund. Als dahinter liegende Strategie vermute ich bei Frau Sacca, daß sie die Familie von ihrem Kochen abhängig halten will. Sie benutzt zur Bestrafung routinisiert den Essensentzug, ist aber der nachfolgenden Aggression der Kinder hilflos ausgeliefert. Herr Burger festigt mit der von ihm festgelegten und die Kinder einengenden Tischordnung ein Ritual, das ihm Sicherheit gibt. Das Befinden der Kinder ist ihm gleichgültig. Frau Said möchte einfach die normale Tischordnung wieder herstellen, was von den Kinder akzeptiert wird. Es bestätigt sich die Hilflosigkeit Frau Saccas, das rigide Erziehungsverhalten Herrn Burgers und die Autorität Frau Saids.

Durch die Beobachtung der alltäglichen Vorkommnisse sind wertvolle Informationen zu gewinnen. Jede neue Beobachtung in alltäglichen Situationen bestätigt oder modifiziert die Interpretation der früheren Beobachtungen. Im Verlauf des Entwicklungsprozesses der Familien stelle ich mir immer wieder die Frage, wielange ich das Geschehen nur beobachten und laufen lassen kann, und wann der richtige Zeitpunkt für ein pädagogisches Einwirken da ist. In passenden Situationen ergeben sich später Anknüpfungsmöglichkeiten, die das weitere Vorgehen mitbestimmen. Der Aufbau eines Vertrauensverhältnisses ist für die zukünftige Zusammenarbeit mit den Familien grundlegend.

Gewinnen von Vertrauen
Vertrauen ist eine wichtige Grundbedingung für alltagsorientiertes pädagogisches Handeln, und seine Herstellung ist ein fortwährender Prozeß. Mit dem Aufbau von Vertrauen öffnet sich das zuvor geschlossene Feld und ebnet sich der Zugang zur Familie. Bevor ich mit der Neustrukturierung von Beziehungen

und Alltagserfordernissen beginne, versetze ich mich in die Welt der Familien und passe mich an. Zu Beginn meiner Tätigkeit befindet sich die Familie in einer Streßsituation. Zum einen haben sich Schwierigkeiten zugespitzt und sind öffentlich geworden, zum anderen nehme ich als fremde Person am Familienleben teil, wodurch sich der Druck zusätzlich erhöht. Dieser Druck erhöht auch die Bereitschaft der Familie, in Konfliktsituationen gemeinsam mit mir nach Lösungsstrategien zu suchen.

Ich nutze den anfänglichen Druck, um mir im Erstgespräch von den Familien den Willen zur aktiven Veränderung ihrer Lage bestätigen zu lassen und mit ihnen die Weichen für die zukünftige Zusammenarbeit zu stellen. Eine Entlastung zu diesem Zeitpunkt erfolgt nicht, da die Familien in ihren alten Trott zurückfallen würden, und keine Umorientierung zustande käme. Gleichzeitig dient mein zurückhaltendes Verhalten auch dazu, ein Vertrauensverhältnis herzustellen, gerade weil ich mich in ihre Angelegenheiten noch nicht einmische.

Die Schlüsselfiguren zur Bildung des familialen Vertrauensverhältnisses sind Frau Sacca, Herr Burger und Frau Said. Nach ihnen richten sich die EhepartnerInnen und Kinder. Sie sind auch die HauptansprechpartnerInnen, wenn es um andere familiale Angelegenheiten geht. Mein Verweis auf den Datenschutz ist gekoppelt mit dem Hinweis, mir trotzdem nicht mehr zu erzählen, als sie für richtig halten.

Im Gegensatz zur Familie, die mir ihr Vertrauen verweigern kann, bin ich gefordert, das Vertrauen der Familienmitglieder zu erwerben. Ich muß mich so verhalten, daß sie die Einstellung gewinnen, daß ich ihnen nützlich bin und sie mir trauen können. Jemandem blind zu vertrauen ist eine heikle Sache, Vertrauen kann nämlich auch gebrochen und mißbraucht werden. Es ist seitens der Familie also notwendig, Vertrauen immer wieder neu auf die Probe zu stellen und zu testen. Für Herrn Burger ist es offenbar ein Wagnis, mir zu trauen. Sein Verhalten mir gegenüber erscheint manchmal einem Härtetest gleich. Von ihm lerne ich, daß Vertrauen in vielerlei Abstufungen bestehen kann. Keinesfalls liefern sich die Familien völlig aus; gerade nur soweit, wie sie mich für nützlich, ungefährlich und zuverlässig halten.

Vom ersten Tag an achte ich den Selbstgestaltungswillen der Familienmitglieder und lasse sie tun, was sie für richtig halten. Ich sitze in der Wohnung von Familie Sacca und räume nicht auf, obwohl mich die Unordnung stört und trinke den Espresso aus einer schmutzigen Tasse. Ich dulde das breite Verständnis Herrn Burgers über Intimitätsregeln und protestiere nicht, als er nackt bis auf die Unterhose vor mir auf- und abspaziert. Ich mahne die Kinder von Familie Said nicht zur Ruhe, als mir vom Schreien der Mutter und der Kinder die Ohren klingen. Die Familien erleben, daß ich mich in die Gestaltung ihres Familienlebens nicht als 'Expertin' einschalte. Ich lasse die Leute sein, wie sie sind, passe mich an und akzeptiere sie in ihrem Sosein. Meine Teilnahme am Geschehen und meine Bereitschaft, auf sie einzugehen, signalisiert ihnen, daß sie mir wichtig sind. Diese stillschweigende Anerkennung sichert mir nach einigen

Wochen ein Basisvertrauensverhältnis. Erst wenn es hergestellt ist, bin ich eine von der Familie anerkannte Autorität, die sich in ihre Angelegenheiten einmischen darf. Volles Vertrauen genieße ich deshalb noch lange nicht.

Meine Orientierung an den Stärken der Familienmitglieder kommt mir bei der Vertrauensbildung zugute. Ich übersehe ihre Beharrung und anerkenne ihr Bemühen. Auf der Suche nach anerkennenswerten Stärken finde ich bei Frau Sacca die Fertigkeit, leckere Mahlzeiten zuzubereiten, bei Frau Burger das Talent zu sticken und die Zimmerpflanzen mit Hingabe zu pflegen und bei Frau Said die hervorragende Fähigkeit, den Zehn-Personen-Haushalt zu organisieren. Mein Lob darüber freut die Frauen. Sie spüren, daß ich ihnen etwas zutraue und gewinnen Vertrauen zu den eigenen Fähigkeiten. Ab diesem Zeitpunkt darf ich mich auch kritisch äußern. Ich habe mir durch die Anerkennung der Stärken sozusagen das Recht zur Kritik erworben.

Mein Vertrauen ist den Familien wichtig. Sie wollen meine Anerkennung und Achtung nicht verlieren. Frau Sacca fürchtet den Verlust meiner Achtung und erzählt mir erst nach Monaten von ihrem langen Aufenthalt in einer Klinik. Vollends hat sie sich mir nicht anvertraut. Erst nach Beendigung der Familienhilfe erfahre ich von anderer Seite, daß sie kurz bevor ich kam, einen Schwangerschaftsabbruch hinter sich hatte, was mir im Nachhinein ihren Zustand noch erklärlicher macht. Herr Burger zeigt mir in dem Einzelgespräch seine Hilflosigkeit und ist dankbar, als ich seine Angst verstehend, ihm meine Achtung nicht entziehe. Ich gelange bis an seine Schmerzgrenze, übertrete sie aber nicht. Erst ab diesem Zeitpunkt vertraut er mir etwas mehr, nimmt Ratschläge von mir an und hört auf, mir etwas vorzuspielen.

Auffallend ist das Verhalten der Kinder. Marco reizt und provoziert mich mehr als Antonio, der sich ganz nach der Mutter richtet. Marco ist mir stärker zugewandt. Als er mir seinen Kaugummi ins Gesicht spuckt, und ich ruhig bleibe, steige ich in seiner Achtung. Ihm ist es wichtig, die Belastbarkeit unserer Beziehung zu prüfen. Er allein von allen Mitgliedern der drei Familien fordert gegenseitiges Vertrauen und stellt mich auf die Probe, wieweit ich ihm traue. Marco bemerkt, daß mir das Vertrauen der Familienmitglieder wichtig ist, aber daß es mir offenbar nicht ratsam erscheint, den Familienmitgliedern zu trauen. Marco verdeutlicht mir, daß sich mein Vertrauen zu den Familien in Grenzen hält, was von ihm als unfair empfunden wird.

Wichtiger noch als das Vertrauen der Familie um jeden Preis sind mir Transparenz und Offenheit. Ich muß für die Familienmitglieder einschätzbar bleiben und ihnen durch eindeutiges Verhalten Orientierung geben. Roberts Wunsch, hinter dem Rücken der Eltern mit den Großeltern zu sprechen, lehne ich ab. Sein Vertrauen zu mir hält sich deshalb in Grenzen, da ich keine Koalition mit ihm gegen die Eltern einzugehen bereit bin. Es wäre meinerseits ein Vertrauensbruch gegenüber den Eltern gewesen. Nur höchste Transparenz und Offenheit helfen mir, das Vertrauen aller Familienmitglieder in Balance zu halten.

Erst wenn das Arbeitsfeld in dieser Weise vorbereitet ist, kommt pädagogische Einflußnahme zum Tragen.

15.2 Pädagogisches Handeln im Arbeitsfeld

Das Ziel pädagogischen Handelns in der Familie ist die Herstellung ihrer Funktionsfähigkeit und die Befähigung zur weitgehenden Selbständigkeit in ihren Angelegenheiten. Das hierzu notwendige pädagogische Bemühen wird im Folgenden genauer dargestellt. Alltagsorientierte Pädagogik findet im Lebensfeld an jedem Ort und zu jeder Zeit statt, sobald die Familie und die Familienhelferin beisammen sind. 'Lehren und Lernen' sind in ihrem Ablauf verflochten und bilden im Zusammenspiel ein sich wechselseitig beeinflussendes Gefüge. Die Rekonstruktion erlaubt die Entflechtung unterschiedlicher Bereiche aus dem Gesamtzusammenhang und den fokussierenden Blick auf einzelne pädagogische Dimensionen. Die isolierende Betrachtungsweise bringt den Vorteil, genauere Erkenntnisse über die einzelnen Dimensionen alltagsorientierter Pädagogik in der Lebenswelt der drei Familien zu gewinnen.

Wahren von Gegenseitigkeit
Als pädagogisch in der Familie Handelnde muß ich auf das Bedürfnis der Familien, Gegenseitigkeit herzustellen, achten, und es in die Zusammenarbeit einbeziehen. Das Verhalten des Gebens und Empfangens beziehungsweise des Tauschens von Dingen und Leistungen ist bei den drei Familien unterschiedlich ausgeprägt. Die Dimension Wahren von Gegenseitigkeit korreliert mit den elterlichen Beziehungen. Bei den Eheleuten Sacca kommt es zu Unstimmigkeiten, weil in den Augen der Frau die von ihr erbrachten Leistungen vom Ehemann nicht mit Geld vergolten werden. Die Austauschbeziehung der Eheleute ist auch in anderen Bereichen denkbar schlecht. Frau Burger erhält vom Ehemann ebenfalls kein Geld für ihre Hausfrauenleistung, aber sie beansprucht im Gegensatz zu Frau Sacca auch keines. Frau Said verwaltet das Haushaltsgeld der Familie selbst. Beide Ehepartner stellen keine Forderungen. Bei den Ehepaaren Burger und Said ist Gegenseitigkeit gewahrt und sie haben auch eine gute Beziehung zueinander. Dem Reziprozitätsprinzip folgend ist die Gegenleistung auf einen späteren Zeitpunkt verschoben.

Die Aufzucht und Erziehung der Kinder ist eine Leistung, die von den Eltern erbracht wird, ohne von den Kindern sofort eine Gegenleistung zu erwarten. Mir gegenüber besteht das Bedürfnis seitens der Familie, Gegenseitigkeit unmittelbar herzustellen. Die Nichtbeachtung dieses Bedürfnisses würde der Familie Streß verursachen. Sobald die Familie meine Unterstützung annimmt, achte ich ihren Wunsch des 'Wiedergebendürfens'. Damit nehme ich ihnen das unangenehme Gefühl, mir verpflichtet, unterlegen oder gar ausgeliefert zu sein.

Im gegenseitigen Geben und Empfangen entwickelt sich sozusagen ein 'pädagogisch hierarchisches Verhältnis im Tauschverkehr' (Thiersch mündlich). Ich gebe Pädagogik und empfange dafür von den Frauen Sacca und Said Essen.

Meine anfängliche Abwehr löst bei den Frauen Spannungen aus. Um der Reziprozität willen muß ich das Essen annehmen, ob ich will oder nicht. Die rituali-
sierte Geste des Annehmens erhöht bei den Frauen die Bereitschaft, mich ihrerseits als unterstützende Kraft zu akzeptieren. Familie Burger nimmt meine Unterstützung nur zögerlich an. Entsprechend spät erfolgt die Geste, mir bei Tisch
Kaffee anzubieten.

Das Wahren von Gegenseitigkeit tritt in vielfältigen Formen auf. Frau Sacca
und ich lernen voneinander: Als ich ihr Rechenunterricht erteile, lehrt sie mich
im Gegenzug, italienisch zu kochen. Sobald Herr Sacca in der Familie Ordnungsstrukturen erkennt, will er mir ein von ihm gefertigtes Produkt geben: Er
fertigt speziell für mich einen Korb an. Frau Burger gibt mir zum Abschied ein
selbstgesticktes Bild. Herr Burger gleicht unsere Konten erst nach der Zusammenarbeit aus: Er revanchiert sich mit einem Bild aus einem Kalender, von
dem er weiß, daß es mir gut gefallen wird.

Auch mir ist Gegenseitigkeit wichtig, da ich nicht als Schnorrerin gelten
möchte. Antonio und ich betreiben einen regen Tauschhandel mit Steinen. Mit
Frau Burger tausche ich Pflanzenableger aus. Aus meiner Sicht ist der Tauschhandel Mittel zum Zweck. Der Handel festigt unsere Beziehungen auch auf anderen Ebenen.

Setzen von Grenzen
Nähe und Distanz müssen in einem ausgewogenen Verhältnis stehen, wenn
pädagogisches Handeln gelingen soll. Förderlich hierzu ist das Achten und Beachten von Grenzen. Die Familienhelferin ist der Alltäglichkeit ausgeliefert und
befindet sich in einer ständigen Balance zwischen Grenzziehung und Gemein-
samkeit. Die Nähe zwischen den Familien und der Familienhelferin erfordert
das Achten und Beachten der Grenzen von beiden Seiten aus. So sehr ich anfangs im Rahmen der Vertrauensbildung bereit bin, Dinge unwidersprochen
hinzunehmen, nehme ich doch nicht alles hin, sondern stecke meine Grenzen
ab.

Das Ansinnen aller drei Familien, eine gute Tante oder Freundin zu sein, weise
ich zurück und erkläre ihnen, in welcher Eigenschaft ich bei ihnen bin und welche Funktion ich habe. Die Familien müssen wissen, daß ich nicht vereinnahm-
bar bin. Für die Arbeit verschaffe ich mir auf diese Weise etwas Abstand und
einen Freiraum. Ich entgehe der Gefahr, mich im Familiensystem zu verstrik-
ken, wodurch ich handlungsunfähig wäre. Diese Zurückhaltung bedeutet allerdings nicht, daß ich den Familien weniger gut gesonnen bin. Indem die Familienmitglieder meine Grenzen deutlich merken und in der Folge zu respektieren
lernen, werden sie grundsätzlich auf Grenzen und Unterscheidungen zwischen
Menschen aufmerksam.

Im Abschnitt des Geschichtentextes über 'Grenzverletzungen' läßt sich die Einflußnahme rekonstruieren. Durch grenzüberschreitendes Verhalten der Eltern
bei Familie Sacca und Familie Burger gerät dieser Bereich in mein Blickfeld.

Die mangelnde Beachtung von Grenzen zwischen Erwachsenen und Kindern führt bei beiden Familien zu Komplikationen, wodurch das Wohlbefinden der Kinder beeinträchtigt ist. Mein Ziel ist, durch das Setzen von Grenzen das Wohlbefinden der Kinder zu erhöhen, indem ich ihnen einen Freiraum und etwas mehr Abstand von den Eltern ermögliche. Ich möchte zu einer gelingenden gegenüber einer bisher verfehlten Nähe beitragen.

Durch Gespräche mit den Familien im unmittelbaren Moment der Grenzverletzung lenke ich die Aufmerksamkeit der Eltern auf das Thema Grenzen. Ich möchte verhüten, daß sie ihre Grenzen überschreiten und ermögliche ihnen zu lernen, in ihre Schranken zurückzukehren durch die bewußte Wahrnehmung dessen, was sie teils aus Routine ihren Kindern schon lange antun. Ich reflektiere mit ihnen, was in solchen Momenten bei ihnen und ihren Kindern emotional abläuft. Die Eltern werden sich der Konsequenzen ihres Verhaltens bewußt. Das gleichzeitige Arbeiten mit Eltern und Kindern in den 'passenden' Situationen erweist sich als vorteilhaft. Ich richte mich nach den Bedürfnissen der Kinder und achte darauf, was sie selbst wollen. Ich dränge ihnen nichts auf, das ihnen fremd wäre. Mit meiner Unterstützung kommen Klärungen zwischen Eltern und Kindern zustande.

Bei Familie Sacca sind es Antonio und Marco und bei Familie Burger ist es Robert, die ich beim Aufbau eigener Bereiche in der Wohnung in Abgrenzung zum elterlichen Bereich unterstütze. Die Bildung von Eigenraum und Eigentum setzt den Eltern Grenzen und dient dazu, daß die Kinder lernen, sich selbst als eigenständige Menschen zu begreifen.

Antonio, Marco und Maria ermögliche ich durch das Mittel des Puppenspiels, in andere Rollen zu schlüpfen und sich mit einzelnen Puppen sowohl zu identifizieren als sich auch von anderen abzugrenzen. Dieser Vorgang trägt zur Identitätsfindung bei. Beim Zuschauen erhalten die Eltern die Gelegenheit, ihre Kinder mit anderen als den gewohnten Augen wahrzunehmen und bei ihnen Fertigkeiten und Fähigkeiten zu entdecken, die sie voneinander unterscheiden. Antonio und Marco respektieren meine Grenzen, als ich wegen des ständig laufenden Fernsehers protestiere und mich gegen das Bekleckern meiner Kleidung wehre. Indem ich ihnen ruhig meine Gründe darlege, gebe ich ihnen die Gelegenheit, auf meine Grenzen Rücksicht zu nehmen.

Um Robert die Bedeutung einer Intimsphäre zu vermitteln, klopfe ich vor meinem Eintritt an die Zimmertür und warte auf seine Erlaubnis, in seine Arbeitsecke eintreten zu dürfen. Im weiteren Vorgehen ermögliche ich ihm durch meinen Anspruch, einen Schlüssel für die Toilette zu bekommen, auch nachzuziehen und in Bad und Toilette ebenfalls allein zu sein. Meine bloße Anwesenheit bringt die Eltern dazu, seinem Wunsch nachzugeben und die neu gesetzte Grenze zu respektieren. Er verweist die Eltern in ihre Schranken.

Eine zentrale Stelle nimmt bei beiden Familien die ungebremste Züchtigung der Kinder ein. Mein Ziel ist, daß die Kinder die elterliche Züchtigung als

Grenzverletzung erleben und eine Gegenhaltung aufbauen. Mein Dabeisein sorgt dafür, daß die Kinder Strategien gegen das elterliche Züchtigen entwickeln. Antonio tritt der Mutter mutig entgegen, sodaß sie Angst vor ihm bekommt. Die eher zurückhaltende Art von Marco und Robert ermöglicht es mir, sie in einer Strategie des 'Nichtaneckens' zu bestärken. Die Eltern werden durch einen Wachstumsprozeß der Kinder in ihre Schranken zurückgedrängt.

Dem ungebremsten Ausagieren Antonios und Marcos wirke ich durch die Einführung von Regeln beim Spielen und Fahrradfahren entgegen. Ich ermögliche ihnen, ihre Grenzen auszureizen, um sie in ihre Grenzen zurückzuführen. Den durch die strengen Regeln des Vaters unterdrückten Mut Roberts und Sebastians hole ich hervor, indem ich ihnen ermögliche, im Spiel aus sich herauszugehen. Um Sebastians Spontanität zu entfalten, nutze ich den Weg vom Kindergarten nach Hause. Mittels der 'Gehsteigspiele' ermögliche ich ihm, übermütig und frei zu werden. Um Roberts eng gesetzte Grenzen zu erweitern, ermögliche ich ihm im Spiel, sich gegen mich zur Wehr zu setzen, und fordere ihn zu Auseinandersetzungen und Wettkämpfen heraus.

Die Grenzsetzungsarbeit intensiver Art findet in den Familien ein vorläufiges Ende, wenn ich Zeichen bei den Eltern und den Kindern sehe, daß sie verstanden haben, was es mit Grenzen auf sich hat. Bei Frau und Herrn Sacca sowie bei Frau Burger merke ich es an ihrem veränderten Verhalten den Kindern gegenüber. Herr Burger zeigt erst gegen Ende meiner Tätigkeit im Einzelgespräch ein wenig Bereitschaft, Grenzen zu respektieren. Die Zeichen für das von Robert beanspruchte Recht, er selbst zu sein, sind das Abhängen der Bilder, die sein Vater über sein Bett gehängt hat, und das Aufhängen eigener Bilder sowie das von ihm neu eingeführte 'Sie' mir gegenüber. Die Beachtung der Grenzen anderer merke ich bei Antonios Parteinahme für mich, als mir sein Cousin einen Tritt versetzt. Marcos Lernprozeß äußert sich, als er meine Grenzen herausfinden will und mir seinen Kaugummi ins Gesicht spuckt, weil er wissen will, wie ich auf Grenzverletzungen reagiere.

Bei Familie Said sind die Grenzen zwischen Eltern und Kindern vorhanden und werden beachtet. Es herrschen an arabische Traditionen gebundene Regeln, die im Bereich des Züchtigens anders als bei uns sind. Die Kinder achten die Eltern und diese züchtigen die Kinder, ohne daß das Wohlgefühl der jüngeren Kinder längerfristig Schaden erleidet. Die größeren Kinder ertragen es weniger gut, aber auch sie akzeptieren die Züchtigung als Recht der Eltern, sie bei Regelverstößen zu bestrafen. Die unterschiedlichen Auffassungen über das Züchtigen zwischen den Kulturen hindern mich an einer pädagogische Einflußnahme.

Die Grenzen des anderen erkennen und achten, aber auch der Anspruch auf eigene Grenzen und deren Beachtung durch andere sind die Grundlagen für ein freundliches Zusammenleben. Zum Entwickeln und Üben solcher und anderer Fähigkeiten und Fertigkeiten knüpfe ich an den vorhandenen Möglichkeiten an.

Anknüpfen an Möglichkeiten

Die Anknüpfungsmöglichkeiten für pädagogisches Handeln liegen zum einen im Entwicklungspotential der Familienmitglieder, zum anderen in den gegenwärtigen alltäglichen Situationen, die unvermittelt zu 'pädagogischen' werden. Die Lebenswelt mit ihren vielfältigen Ressourcen ist das Substrat, in dem sie entstehen. Pädagogische Situationen sind also solche, die Möglichkeiten des Anknüpfens in der Lebenswelt geben, an der Bildsamkeit der Menschen ansetzen und Auslöser für Lernprozesse sind.

Ich bin ähnlich einer 'Wünschelrutengängerin' (Thiersch mündlich) ständig auf der Suche nach Gelegenheiten, das Wachsen und Werden der Familienmitglieder zu unterstützen und der mäeutischen Verfahrensweise entsprechend darauf bedacht, ihnen das Vergnügen des Findens von Lösungsmöglichkeiten nicht zu nehmen. Wenn ihnen etwas gelingt, zeige ich deutlich meine Freude. An ihrer Bildsamkeit ansetzen und sie in ihren eigenen Möglichkeiten unterstützen, setzt voraus, mit ihrer Vorstellungswelt vertraut zu sein, ihre Erfahrungen der Wirklichkeit zu verstehen, eine gemeinsame Sprache zu finden und das ihnen mögliche Verhalten herauszufinden.

Ich greife ihre Erinnerungen, Vorstellungen, Erfahrungen, Meinungen, Wünsche und Träume auf und dränge meine zurück. Denn nicht alles ist schlecht im borniert-routinisierten Alltag. Bei Familie Sacca finden sich die meisten Anknüpfungsmöglichkeiten, bei Familie Burger nur wenige und für Familie Said ist dieser Bereich kaum relevant. Als Anknüpfungsmöglichkeiten finden sich bei Frau Sacca die starke Gefühlsbindung zu den Kindern, bei Herrn Sacca das handwerkliche Geschick, bei Frau Burger der Wunsch, die Kinder zu behalten und bei Herrn Burger die Fähigkeit, seine Erlebnisse anschaulich zu erzählen. Bei den lebhaften und neugierigen Kindern der Familien Sacca und Said sind Anknüpfungspunkte zahlreich vorhanden. Bei den stillen Kindern der Familie Burger sind diese eher beschränkt.

An die starke Gefühlsbindung von Frau Sacca knüpfe ich an, um sie im Interesse ihrer Kinder aus dem Bett zu holen. Die Beschäftigung mit den Kindern macht mich zu ihrer Konkurrentin und ich warte darauf, wie lange sie das aushält. An die für Antonio gefährliche Situation an der Bahnlinie knüpfe ich an, um den Druck und ihre Angst zu verstärken und entlaste sie bewußt nicht, indem ich ihr sowohl die Verantwortung für Antonio als auch die Entscheidung für das Aufstehen überlasse. Durch meine Zurückhaltung wird sie aus Angst um Antonio aktiv. Das handwerkliche Geschick von Herrn Sacca kommt mir zu Hilfe, als ich ihm rate, sich mehr mit Antonio zu beschäftigen. Wie ich aus seinen Erzählungen erfahren habe, war seine Kindheit mit Erlebnissen gefüllt, während es Antonio eher langweilig ist. Lange überlegen wir, was sie zusammen machen könnten, bis er selbst auf die für ihn richtige Idee des Korbflechtens kommt.

Um den Fernsehkonsum der Familie Sacca zu reduzieren, knüpfe ich an einer Äußerung der Lehrerin an, die Antonios Fehlverhalten in der Schule mit dem

Vielfernsehen in Verbindung bringt. In einem Gespräch mit Frau Sacca schließe ich diesen Zusammenhang nicht aus und informiere sie über den Stand der Vielseherforschung. Durch die Information verändert sich ihre Einstellung und ein Neuentscheiden wird möglich. Sie findet selbst zur Einsicht, beginnt nachzudenken und deckt das Gerät schließlich mit einer Tischdecke zu. Als Antonio Nachhilfe braucht, knüpfe ich am Hauptschulabschluß der Mutter an, erkläre ihr die Aufgaben, und sie gibt Antonio Nachhilfe. Völlig ungeplant entsteht eine pädagogische Situation, als ich mit Antonio neue Buntstifte ausprobiere. Der Grünstift animiert mich, das grüne Monster zu malen, vor dem sich Antonio ängstigt. Eingebettet in den gegenwärtigen Lebenszusammenhang malen wir gemeinsam das ihn ängstigende Monster weg.

Im Ablauf des familialen Geschehens entstehen immer wieder pädagogische Situationen die mich geradezu herausfordern, zur Neustrukturierung Handlungsalternativen zu provozieren. Frau Sacca und Frau Burger fällt es schwer, die Kinder altersgemäß zu behandeln. Antonio, Marco und Sebastian werden von ihren Müttern immer noch wie Kleinkinder behandelt. Als ich sehe, daß Frau Sacca den zwölfjährigen Antonio noch füttert und Frau Burger den sechsjährigen Sebastian noch völlig ankleidet, ergibt sich die Gelegenheit zu einer spontanen Provokation, die den Kindern die Unangemessenheit des mütterlichen Verhaltens vor Augen führt. Die Kinder lehnen die mütterliche Behandlung ab. Mein Gegenwirken ermöglicht den Kindern nicht nur ein altersgemäßes Verhalten, sondern ist auch der Beginn, in ein selbständiges Leben hineinzuwachsen.

Veränderungen im emotionalen Bereich helfen Frau Burger, Leidensdruck abzubauen. An ihren Wunsch, die Kinder zu behalten, knüpfe ich an, um ihre Blockaden langsam aufzulösen. Vom längeren gemeinsamen Schweigen, über die spontane Freisetzung von Emotionen beim Würfelspiel und dem Nachmittag 'Im Reich der Sinne' bis zu unserem gemeinsamen Interesse für die Zimmerpflanzen ist es ein zeitraubender aber wichtiger Weg, um Klärungen in ihrem Gefühlsleben herbeizuführen und sie letztendlich zu Äußerungen zu bewegen. Schließlich erfahre ich von ihr, daß sie sich in ihrer Rolle als 'böse' Mutter unwohl fühlt. Daran kann ich bei der weiteren Zusammenarbeit anknüpfen, um mit ihr gemeinsam über ihre Rollen als Ehefrau und Mutter zu reflektieren und sie in einer eigenen Meinung gegenüber dem Ehemann zu stärken. Ich unterstütze sie darin, eine 'gute' Mutter zu werden.

Die Fähigkeit von Herrn Burger mittels der Fotoalben, Erlebnisse aus seiner Kindheit und von zahlreichen Reisen ausdauernd zu erzählen, gibt mir Gelegenheit, Stellung zu seinen Berichten zu beziehen, sodaß er meine Haltung und Sichtweisen gegenüber manchen Dingen kennenlernt. Unmerklich beeinflusse ich ihn in seiner eigenen Haltung, sodaß er nachdenklicher und für Interventionen zugänglicher wird. Ich baue auf seiner Einstellung und seinem Selbstkonzept auf. Bei meinem Versuch, beides zu erweitern, werfe ich die von ihm gewollte Erfahrung mit eigenen Kindern in die Waagschale. Zum Schluß hält er mich für eine wichtige Gesprächspartnerin, weil ich mich mit seinen Denkweisen fair auseinandersetze. Um über Scham und Beschämung zu sprechen, knüpfe ich an seiner freizügigen Zurschaustellung seines Körpers an. Um ihn in seinem Selbstverständnis zu verunsichern, die Kinder mit Gottes Einverständnis schlagen zu dürfen, konfrontiere ich ihn mit einer anderen biblischen Denkweise und knüpfe an dem von ihm zitierten Bibelspruch an, indem ich einen anderen Bibelspruch dagegensetze. Ich antworte ihm genau in der Sprache, die er versteht.

Um Robert und Sebastian zu einem ordentlichen Mittagessen zu verhelfen, knüpfe ich am mittägigen Schokoladenei an. Ich klinke mich in den täglichen Ablauf ein und setze ein reichhaltiges, für mich mitgebrachtes Mittagessen dagegen, das ich mit den Kindern teile. Sie gewöhnen sich an die Nahrung und fordern sie von der Mutter, als ich die mitgebrachte Menge reduziere. Die 'Apfeltherapie' bringt Erfolg.

Um mit Frau Said sprechen zu können, mache ich mit, was sie gerade macht: Kochen, Wäscheaufhängen und Aufräumen. Sie kann sich keine Zeit für ein separates Gespräch nehmen. Ich nutze die im konkreten Mitmachen entstehenden Situationen, um ihr vorzumachen, wie ich mit den Kindern umgehe. Ich höre ihnen zu und gehe auf sie ein. Sahra und Emine wünschen sich jemanden, der sich für ihre schulischen Belange interessiert. Gerne lasse ich mir die Schulhefte zeigen und lobe sie für gute Arbeiten. Das gibt mir die Möglichkeit anzuknüpfen und sie ihrerseits zu bitten, sich mit den kleineren Geschwistern zu beschäftigen. Als ich Ayse über das Zeichnen von Gegenständen das Sprechen beibringe und Emine zuschaut, übergebe ich ihr spontan den Stift zum Weitermachen. Sie übernimmt das Zeichnen, bis Ayse altersgemäß spricht. Wenn die vorhandenen Anknüpfungsmöglichkeiten ausgeschöpft sind, schaffe ich durch das Wecken von Interessen neue Möglichkeiten.

Wecken von Interessen

Zur weiteren Entwicklung und Vervollkommnung der Kompetenzen der Familienmitglieder wecke ich Interessen, indem ich zunächst ihre noch verborgenen Möglichkeiten aufspüre. Neue Entwicklungsmöglichkeiten entstehen, wenn ich ihre Freude und ihren Eifer wecke, selbst in einer Sache tätig zu werden. Ich bereite vor, was später geschehen soll.

Das Interesse Frau Saccas an ihren Kindern wecke ich, indem ich zu ihrer Konkurrentin werde, nachdem ich mir ihrer Liebe zu den Kindern gewiß war. Ich nutze diese Liebe, da ich weiß, daß Frau Sacca eine drohende Entfremdung nicht aushalten wird. Als sie ihre Verantwortung für die Kinder entdeckt, lasse ich ihr sofort den Vortritt und ziehe mich langsam wieder heraus. Meinen Respekt erweise ich ihr, indem weder die Kinder noch ich in Zukunft etwas ohne ihr Einverständnis unternehmen. Indem ich die Mutter respektiere und jede Respektlosigkeit in meiner Anwesenheit ablehne, lernen auch die Kinder ein respektvolles Verhalten der Mutter gegenüber.

Um das 'Entfernterliegende' zu erreichen, darf das 'Näherliegende' nicht übersprungen werden. Frau Sacca hat Hemmungen, Kontakte zu anderen Frauen aufzunehmen. Ich möchte sie unterstützen, die Hemmungen abzubauen. Ich gewinne die Lehrerin von Marco, Eltern verstärkt in schulische Belange einzubeziehen. Langsam gewöhnt sich Frau Sacca an den Umgang mit anderen Menschen. Ihr Interesse an einer Frauengruppe wecke ich über einen Umweg. Ich motiviere Frau Sacca um ihrer Kinder willen besser Deutsch zu lernen. Sie schlägt vor, daß ich es ihr beibringe. Ich sehe die Chance, sie in eine Frauengruppe bei einem Verein einzubinden, der Deutschkurse anbietet. Über den Umweg unseres gegenseitigen Sprachunterrichts über einige Wochen, gelingt es mir, ihr Interesse für den Deutschkurs zu wecken. Mit der Erweckung ihrer Lebenskräfte hat sie später als aktiv Lernende und beste Schülerin des Kurses dann auch den Mut, sich der Frauengruppe anzuschließen.

Antonio und Marco sind Vielfernseher. Obwohl sie beide dabei glücklich sind, versuche ich, sie vom Fernsehen loszueisen. In der fernsehlosen Zeit meiner Anwesenheit muß ich etwas dagegensetzen und wecke ihr Interesse am Selbsttun. Zuerst sind es die gemeinsamen Spiele innerhalb der Wohnung, die sie fesseln, und später die Abenteuer außerhalb, die ihren Fernsehkonsum reduzieren. Meine Erfahrungen als Naturschützerin nutze ich, um ihnen neue Erfahrungen zu ermöglichen. Was ich will, wollen sie auch. Ich wecke ihren Eifer, indem ich sie mit meinem Eifer anstecke und liefere Nachschub für ihre Interessen, die sie später selbst weiter ausbauen und entwickeln. Beim Selbsttun sind sie ausgeglichen, vergnügt und voller Lebensfreude.

Um das Interesse Frau Burgers an den Kindern zu wecken, schenke ich den Kindern beim gemeinsamen Spielen, Essen und Spazierengehen eine besondere Aufmerksamkeit. Die Kinder, die bei ihr im Alltag nebenher gelaufen sind und nur wenig Anteilnahme erfahren haben, stehen bei mir im Mittelpunkt. Ich wende mich den Kindern zu und gehe auf ihre Bedürfnisse ein. Durch 'Dabeisein' lernt sie die Mutterrolle. So wie ich Verantwortung zeige, zieht sie nach und übernimmt mein Verhalten. Die gemeinsame Freude und meine Anerkennung ihrer Erfolge beflügeln die Mutter zu selbstgewählten Aktivitäten. Es bestätigt sich, daß Emotionen eine starke Motivationskomponente haben.

Robert braucht Abstand von den Eltern und einen Freiraum. Ich sehe eine Chance, ihm über das Fahrradfahren mehr Selbständigkeit zu ermöglichen. Als begeisterte Fahrradfahrerin ist es leicht, sein Interesse zu wecken. Ich motiviere ihn, ein altes Fahrrad zu reparieren und damit in die Schule zu fahren. Beim Vater unterstütze ich seine Vorhaben.

Das Interesse an der Erziehung der Kinder in meinem Sinn kann ich bei dem Ehepaar Said nicht wecken. Sie richten sich nach ihren eigenen Vorstellungs- und Verhaltenstraditionen. Die Kinder haben vielseitige Interessen und sind von sich aus neugierig und erfinderisch veranlagt. Ihre Unternehmungslust muß ich eher dämpfen als wecken.

Öffnen und Erweitern des Raumes

Das Öffnen und Erweitern des Raumes erfolgt, wenn die vorhandenen Anknüpfungsmöglichkeiten ausgeschöpft sind, und ich weitere Lernprozesse anstoßen möchte. Der Aufbau von Erinnernswertem genießt hohe Priorität. Neue Räume bieten noch unbekannte Möglichkeiten des Ausprobierens und Neuentscheidens. Bei den Familien Sacca und Burger ist die Ausweitung ihres Beziehungs- und Erfahrungsraums ein wichtiger Schritt zur Kompetenzerweiterung. Bei Familie Said ist eine Ausweitung kaum relevant. Ihr Aktionsradius ist weit genug.

Familie Sacca lebt zurückgezogen und nahezu ohne Außenkontakte in einer engen kleinen Wohnung. Ihre Einstellungen sind an die Werthaltungen des Dorfes ihrer italienischen Heimat gebunden. Familie Burger lebt ebenfalls in einer von der Umwelt abgeschotteten kleinen Welt, die ohne Anregungen zu geben, zu einer Art 'Sackgasse' geworden ist. Damit gekoppelt sind ihre in der deutschen dörflichen Tradition eng verhafteten Einstellungen, die neue Handlungsmöglichkeiten in der Großstadt einschränken. Es gelingt mir, die Bereitschaft der Eltern zu wecken, sich um der besseren Integration der Kinder willen stärker der Umwelt zu öffnen. Mit der Erweiterung des Raumes ändern sich die Einstellungen beider Familien und neues Handeln wird möglich. Familie Saids Lebensraum ist nicht begrenzt. Sie ist in eine weitschichtige Sippe eingebunden und pflegt vielfältige Außenkontakte zu Landsleuten. Die Familie hat sich ihr Dorf sozusagen mitgebracht. Sie grenzt sich bewußt von der deutschen Bevölkerung ab. Ihre Einstellung ist in der arabischen, dörflichen Tradition verhaftet, was ich respektiere und nicht zu beeinflussen versuche.

Ich nutze den Außenraum als Distanz zum chaotischen Innenraum. Die Enge der Wohnungen, das anregungsarme Milieu und das die Kinder einengende Verhalten der Eltern bei den Familien Sacca und Burger läßt den Kindern für die Entwicklung von Selbständigkeit und Selbstwertgefühl sowie die Ausbildung einer eigenen Identität keinen Raum. Für den Selbstfindungsprozeß gehen wir raus aus der engen Wohnung ins Freie. Durch die Verlagerung der Aktivitäten in das nahe Umfeld und in entferntere Gebiete, entstehen Optionen des Erforschens und Aneignens von Räumen. Ich nutze die Möglichkeiten der Jugendfarm und des Aktivspielplatzes, denn sie sind hervorragend für offenes Spielen geeignet. Ich richte die Aufmerksamkeit der Kinder auf verschiedene Dinge, und sie bilden sich durch eigene Anschauung an den Dingen selbst, ohne die Krücke 'Spielzeug' zu brauchen. Meine Erfahrungen als Naturschützerin kommen mir hier zugute. Frau Sacca wird neugierig und organisiert Unternehmungen bald ohne mich. Frau Burger ist schwer zu motivieren, die Wohnung zu verlassen. Sie überläßt es weitgehend den Kindern, sich neue Räume zu erobern. Sebastian ist an den institutionalisierten Spielräumen nicht interessiert; er zieht das offene Gelände vorm Haus vor, das Möglichkeiten zu Spontanspielen mit Nachbarskindern bietet. Neue Beziehungs- und Erfahrungsräume eröffne ich Robert durch die gemeinsame Radtour zur Schwester. Den Besuch von festen Einrichtungen für Jugendliche lehnt er wie sein Bruder ab.

Frau Sacca nutzt den neuen Raum, der noch unbekannte Möglichkeiten birgt. Sie erzählt mir von ihrem Klinikaufenthalt nicht in der einengenden Wohnung, sondern spontan in einer entspannten Situation auf einem ruhigen Waldspielplatz. Ich habe ihr die Zeit und den Ort überlassen, sich mir zu eröffnen. Hätte ich sie zu früh auf ihre 'Krankheit' angesprochen, wäre vermutlich Abwehr die Folge gewesen. Es erweist sich als sinnvoll, mich in manchen Bereichen auf Nichttun und Abwarten einzulassen.

Meine Bemühungen, Frau Sacca und Frau Burger durch Vorschläge, Hinweise und gemeinsame Besuche verschiedener Einrichtungen in soziale Gemeinschaften einzubinden, werden von Frau Sacca mit der Erlaubnis des Ehemannes aufgegriffen. Stadtteilnahe, frauenspezifische Angebote erleichtern die 'Abnetzung'. Es gelingt mir nicht, Frau Burger stärker einzubinden, da in ihrem Wohngebiet solche Angebote fehlen. Außerdem ist Herr Burger erst am Ende unserer Zusammenarbeit bereit, seiner Frau mehr Freiraum zuzugestehen.

Die Kinder der Familie Said sind selbständig und streifen von sich aus durch das Wohngelände. Sie sind mit den Außenräumen verwachsen und brauchen mich nicht. In den bestehenden Einrichtungen für Kinder und Jugendliche sind sie ohne meine Unterstützung integriert. Durch die draußen gemachten Erfahrungen und die Nutzung dortiger Ressourcen werden die Familienmitglieder auch zu Hause freier und stärker. Das Feld ist bereitet, auf das Konfliktverhalten der Familienmitglieder verstärkt einzugehen.

Angehen von Konflikten
Mein Einstieg als Familienhelferin erfolgt aufgrund einer Konfliktsituation der drei Familien. Sie sind mit den Forderungen externer Sozialsysteme nicht einverstanden und wollen die geforderten Anpassungsleistungen nicht erbringen. Ich werde als Vermittlerin tätig. Durch gemeinsames Reflektieren des Geschehens lernen sie, ihre Situation zu durchschauen. Indem ich mir die Situation erklären lasse, lernen sie, ihre Interessen zu formulieren und zu vertreten.

Interessenskonflikte innerhalb der Familie entstehen, wenn die Mitglieder ihre Wünsche nicht aushandeln und das Interesse des Gegenübers mißachten. Bei den Familien Sacca und Burger sind es die Väter, die ihre Ansichten mit Macht auf Kosten der Mütter und der Kinder durchsetzen. Der bestehende Familienzusammenhalt ist von den Vätern in ihrem Sinn erzwungen und nicht auf Gleichheit aufgebaut. Der Familienzusammenhalt bei Familie Said wird durch nicht hinterfragbare Regelstrukturen arabischer Tradition bewirkt, deren Einhaltung für alle verbindlich ist. Die Autonomie der Mütter und Kinder ist in allen drei Familien durch Abhängigkeiten eingeschränkt.

Meine Zurückhaltung, bei Konfliktsituationen unmittelbar Einfluß zu nehmen, wird in den Texten deutlich. In den Familien gibt es die alltäglichen Konfliktsituationen zwischen den Eltern und den Kindern und den Kindern untereinander. Sie sind Teil der Normalität des Familienalltags. Nach teilweise lautstarken Auseinandersetzungen bei den Familien Sacca und Said einigt man sich oder einer muß nachgeben. Danach kehrt wieder Ruhe ein. Bei Familie Burger kommt es zu keinen Auseinandersetzungen, die Kinder verlassen still und weinend den Raum. Die Eltern billigen ihnen kein Mitspracherecht zu. Ich mische mich nur ein, wenn es handgreiflich wird.

Das Maß der Konfliktbereitschaft in den drei Familien bestimmt die Art und Weise meines Vorgehens. In der äußerst dynamischen Familie Sacca ist die Streitlust stark ausgeprägt, bei Familie Burger schwach und bei Familie Said auf die Mutter und die Kinder und die Kinder untereinander beschränkt. Frau Sacca stellt ihrem Ehemann Forderungen, auf die er nicht eingeht. Seiner Meinung nach müssen sich Frauen still verhalten. Frau Burger stellt keine Forderungen an den Ehemann. Sie verhält sich still und er bestimmt, was zu geschehen hat. Bei Familie Said bestimmt die Frau das Familienleben im Innenverhältnis, ihr Ehemann ist eher eine nützliche Randfigur.

Die hohe Konfliktbereitschaft des Ehepaares Sacca gibt mir die Möglichkeit, in ihre Auseinandersetzungen, die oft in hilfloser Wut eskalieren, Struktur hineinzubringen und fruchtbarer zu gestalten. Um den Leidensdruck der Kinder zu mindern möchte ich erreichen, daß die Kinder Eltern erleben, die sich mögen und auch in Konfliktsituationen das Maß des Erträglichen nicht überschreiten. In gemeinsamen Gesprächen über Vergangenes, Gegenwärtiges und Zukünftiges unterstütze ich die Eltern, einander besser wahrzunehmen und aufeinander einzugehen. Über die Einführung von Gesprächsregeln und mein Bestehen auf gegenseitiges Zuhören sowie Aussprechenlassen gelingt es mir, einen Austausch über ihre Gefühle, Bedenken, Erwartungen, Meinungen und Erinnerungen herbeizuführen und ihnen ihre wechselseitige Abhängigkeit zu verdeutlichen. Die Genogrammarbeit erweist sich als hilfreich. Je länger ich da bin, umso mehr wachsen die zur Konfliktlösung nötigen Kompetenzen.

Die mangelnde Konfliktbereitschaft des Ehepaars Burger veranlaßt mich, ihre Konfliktbereitschaft zu erhöhen, indem ich Auseinandersetzungen provoziere. Frau Burger befindet sich seit meinem Dabeisein in dem Dilemma, einerseits dem Mann gehorchen und andererseits die Interessen der Kinder nicht mißachten zu wollen. Ich provoziere die Ehefrau, vom Mann nicht alles schweigend hinzunehmen. Ihm gegenüber kritisiere ich seine Selbstverpflichtung zur 'Allzuständigkeit', die einen Streßfaktor für die ganze Familie darstellt. Frau Burger motiviere ich, Aufgaben zu übernehmen, und Herrn Burger motiviere ich, Aufgaben abzugeben. Durch meine Fragen nach ihrer Meinung zu bestimmten Aufgaben, zwinge ich Frau Burger, Stellung zu beziehen und ihre Einstellungs- und Verhaltensweisen zu artikulieren und zu überprüfen. Indem wir uns über Handlungsalternativen austauschen, befähige ich sie, mittels eigener Vorschläge, den Ehemann für gemeinschaftliche Entscheidungen zu gewinnen.

Unbewältigte innere Konflikte aus der Kindheit, die das Erziehungsverhalten negativ beeinflussen, reflektieren wir in Einzelgesprächen. Herr Sacca wird sich seiner Vaterrolle bewußter, wodurch sein Strafverhalten positiv beeinflußt wird. Herrn Burger ermögliche ich im Rollenspiel, sich in die Situation seiner eigenen Kinder hineinzuversetzen, um sie besser verstehen zu können. Ich gebe Anregungen und fordere ihn bei gleichzeitiger Zuwendung heraus. Er lernt, beide Seiten wahrzunehmen und die Bedürfnisse der Kinder anzuerkennen. Damit lege ich bei ihm die Grundlage zum Aushandeln von Wünschen und sich in Konflikten einigen zu können, ohne Strafmaßnahmen zu ergreifen. Mein den Vätern freundlich zugewandtes Verhalten hat zum Erkennen der wechselseitigen Abhängigkeiten und den Einstellungsveränderungen viel beigetragen. Neugewonnene Lebensfreude und Lebensmut ermöglichen den Familien einen kompetenteren und gelasseneren Umgang mit Konflikten.

Der Konflikt bei Familie Said zwischen den Eltern und der ältesten Tochter, verursacht durch eine Interessenskollision, ist wegen der starren Regeln nicht aushandelbar. Der Familienzusammenhalt funktioniert nur, wenn die Regeln beachtet werden. In Gesprächen klären wir dieses Dilemma mit allen Beteiligten. Das Mädchen entscheidet sich für die Anpassung und gegen die Trennung von der Familie.

Frau Sacca und Frau Burger gebe ich Gelegenheit, ihre Kinder in Aktion außerhalb der Wohnung zusammen mit mir aufmerksam zu beobachten. Indem wir unsere Beobachtungen über die Kinder austauschen, werden ihnen die Kinder ebenso wichtig wie mir. Die veränderte Sichtweise ermöglicht ihnen Einstellungsveränderungen, und sie beginnen, die Kinder in ihren Bedürfnissen ernstzunehmen und sich mit ihnen und ihren Wünschen auseinanderzusetzen. Mit dem Erreichen dieser elementaren Grundqualifikation für die Eltern, nämlich dem Beobachten der Kinder und dem Erkennen, Verstehen und Beachten ihrer Bedürfnisse, naht das Ende unserer Zusammenarbeit. In den letzten Monaten unserer gemeinsamen Arbeit werden die erworbenen Kompetenzen gefestigt.

Stabilisieren von Stärken

Die langsame Ablösung dient der emotionalen Entwöhnung der Familienmitglieder, die ich mir für die Zeit der Zusammenarbeit vertraut machte. Mit den letzten Besuchen lockern sich allmählich die Bindungen. Das zuvor vertraute Verhältnis kann wieder distanzierter werden. Das Erlernte soll soweit stabilisiert werden, daß es in die Zukunft als motivierende Kraft hineinwirken kann. Das entspannte Lächeln der Familienmitglieder ist ein Indikator dafür.

Mit dem langsamen Ablösen von der Familie einher geht das Stabilisieren der erreichten Stärken. In dem Maß, wie die Familie wächst, nehme ich mich zurück. Die Unterstützung und Förderung treten zugunsten der Begleitung in den Hintergrund. In die Angelegenheiten der Familien mische ich mich immer weniger ein, dafür lasse ich mir umso mehr erzählen. Durch mein reduziertes Kommen haben die Familienmitglieder ausreichend Gelegenheit, ohne mein Dabeisein das Erlernte anzuwenden und zu üben. Die Anwendung des Erlernten erfolgt bei den Eltern nicht nur freiwillig, deshalb kann das neu erworbene erzieherische Repertoire nicht so ohne weiteres aufgegeben werden. Die Kinder fordern ein bestimmtes Verhalten von den Eltern, das sie von mir gewöhnt sind. Eine Verhaltenskontrolle durch den kindlichen Anspruch habe ich also eingebaut. Es wird den Eltern schwergemacht, in die alten Gewohnheiten zurückzufallen. Die neu erlernten Umgangs- und Verhaltensweisen sind teilweise in Unternehmungen eingebaut, die Freude machen, und sind dadurch bestandssicher.

Das neu erwachte Selbstwertgefühl Frau Saccas und Frau Burgers ist irreversibel, seit sie sich nicht mehr ausschließlich vom Ehemann abhängig fühlen. Beide Frauen brauchen mich noch als Gesprächspartnerin, um sich in ihrem Tun rückzuversichern. Seit Frau Sacca, von mir motiviert, eigenes Geld verdient, steigt sie in der Achtung des Ehemannes. Auch in meiner Abwesenheit gelingt es Frau Burger, die eigene Meinung gegenüber dem Ehemann mutig zu vertreten. Die Provokationen haben sie sicher werden lassen. Ich bestärke sie in Unternehmungen, wenn der Ehemann mit Freunden für einige Tage weg ist. Die 'Restfamilie' beginnt die 'vaterlose' Zeit zu genießen. Ich ermuntere Frau Burger zu vermehrten Kontakten mit den Großeltern, die sie als Verstärkung brauchen wird, wenn ich nicht mehr da bin.

Bei Herrn Sacca und Herrn Burger kommen durch die Emanzipation der Ehefrauen Ängste und Befürchtungen hoch. Beide stütze ich in Gesprächen, damit sie die Veränderungen akzeptieren und nicht gegen die Aktivitäten der Frauen vorgehen. Beiden führe ich die für die Familien positiven Veränderungen vor Augen. Ebenso zeige ich den Vätern meine Freude über ihr verändertes Verhalten den Ehefrauen und den Kindern gegenüber.

Mit dem Aufbau von Erinnernswertem, von Lebensfreude und Lebensmut ist die Selbsthilfekompetenz der Familienmitglieder gewachsen. Diese für die weitere Entwicklung der Familien fördernden Faktoren werden ihnen zukünftig helfen, ihre Angelegenheiten weitgehend selbständig wahrzunehmen.

15.3 Zusammenfassung

Die Erkenntnisse und Aussagen der vorgetragenen Überlegungen sind an die Einzelfalldarstellungen gebunden. Von hier aus ergeben sich aber Hinweise für sozialpädagogisches Handeln. Der Entwurf eines solchen allgemeinen Schemas alltagsorientierter Sozialpädagogik, also die Gestaltung pädagogischen Handelns unter Einbeziehung der AdressatInnen und ihrer räumlich und zeitlich überschaubaren Alltags- und Lebenswelt im Hinblick auf ein gelingenderes Leben, wird in dem nachfolgenden Schaubild verdichtet dargestellt.

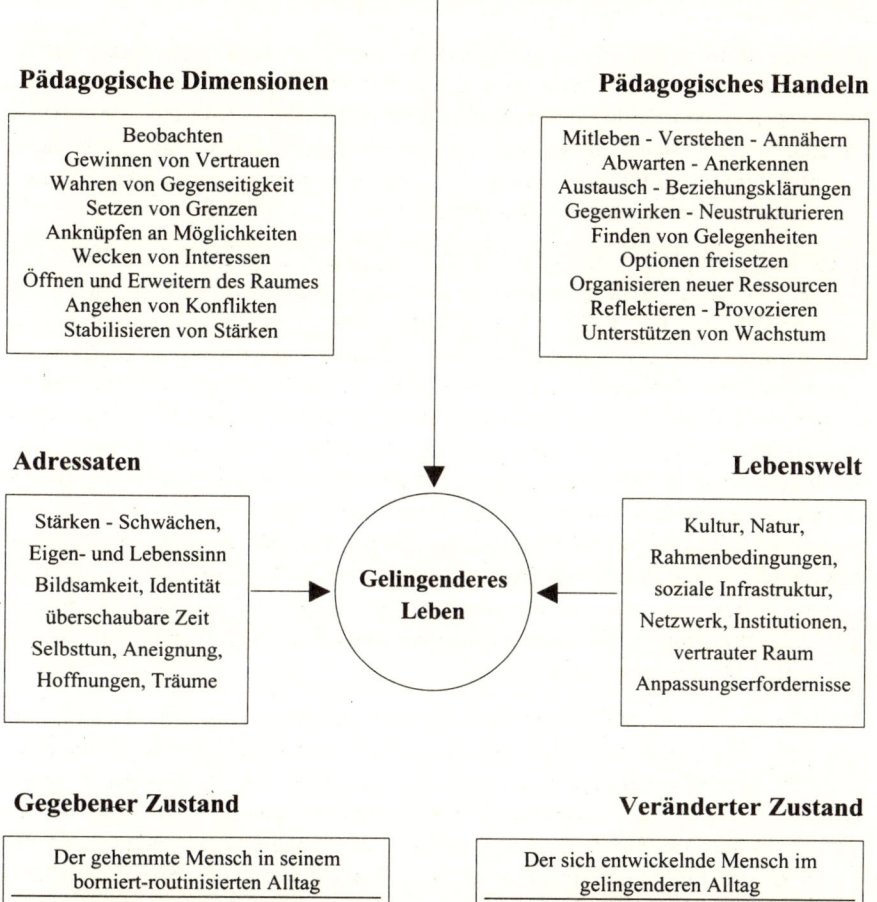

Alltagsorientierte Sozialpädagogik

Theorie, Destruktion, Bewegung, Mäeutik, Gespräch, Beispiel, Ressourcenorganisation

Pädagogische Dimensionen

Beobachten
Gewinnen von Vertrauen
Wahren von Gegenseitigkeit
Setzen von Grenzen
Anknüpfen an Möglichkeiten
Wecken von Interessen
Öffnen und Erweitern des Raumes
Angehen von Konflikten
Stabilisieren von Stärken

Pädagogisches Handeln

Mitleben - Verstehen - Annähern
Abwarten - Anerkennen
Austausch - Beziehungsklärungen
Gegenwirken - Neustrukturieren
Finden von Gelegenheiten
Optionen freisetzen
Organisieren neuer Ressourcen
Reflektieren - Provozieren
Unterstützen von Wachstum

Adressaten

Stärken - Schwächen,
Eigen- und Lebenssinn
Bildsamkeit, Identität
überschaubare Zeit
Selbsttun, Aneignung,
Hoffnungen, Träume

Gelingenderes Leben

Lebenswelt

Kultur, Natur,
Rahmenbedingungen,
soziale Infrastruktur,
Netzwerk, Institutionen,
vertrauter Raum
Anpassungserfordernisse

Gegebener Zustand

Der gehemmte Mensch in seinem
borniert-routinisierten Alltag

Stagnation, eingeengte Verhältnisse
anregungsarmes Milieu, wenig
Außenkontakte, Zurückgezogenheit

Entwicklungspotential,
verborgene Möglichkeiten,
Depression, Langeweile, Angst

Krisenerfahrung, Streß, chaotische Verhältnisse, verfehlte Nähe, starre Regeln,
eingeschränktes Verhaltensrepertoire

Veränderter Zustand

Der sich entwickelnde Mensch im
gelingenderen Alltag

Wachstum, offene Verhältnisse,
erweitertes Umfeld, Attraktivität,
Außenkontakte, Eingebundensein

Kompetenzen, Fertigkeiten,
Selbstvertrauen, Aktivität,
Lebensfreude, Mut, Wohlgefühl

Konfliktlösungsstrategien, strukturierte
Verhältnisse, gelingende Nähe, Anpassungsleistungen, Einstellungs- und Verhaltensänderungen

Ein gelingenderes Leben durch alltagsorientierte Sozialpädagogik
(Woog 1996)

16. Schlußbemerkung

Voraussetzung der Überlegungen war, daß ungeeignete gesellschaftliche Rahmenbedingungen für Familien mittels Sozialer Arbeit nicht zu ersetzen sind. Die Untersuchung verdeutlicht aber, daß es durchaus möglich und sinnvoll ist, Familien, die sich verletzlicher als andere zeigen, mit einer am Alltag von Familien orientierten Sozialpädagogik im Einzelfall und individuell für einen ungewissen Zeitraum zu einem gelingenderen Leben zu befähigen. Bestätigt haben sich aber auch die Erkenntnisse der frühen Familienforschung, nach denen nicht die individuelle Lebensgeschichte allein, sondern - und das vor allem - unzulängliche Lebensbedingungen zu inneren Spannungen und psychischen Beeinträchtigungen führen können, die - wie in unseren Beispielen - von den Familien allein nur schwer bewältigbar sind.

Individualisierende Soziale Arbeit ist der heutigen Situation von Familien nicht angemessen. In einer destrukturierten Gesellschaft bietet es sich an, mit Hilfe Sozialer Arbeit neue Strukturen zu schaffen und die sozialen Zuständigkeiten neu zu klären. Neben der Einzelfallarbeit und der Gruppenarbeit sollte die sozialraumbezogene Gemeinwesenarbeit deutlich verstärkt werden, um die Erfahrungen der AdressatInnen aufzunehmen und für und mit allen BewohnerInnen eines Stadtteils die Umwelt natur- und sozialverträglich zu gestalten. Dies kann durch direkt zugängliche Einrichtungen der Sozialpädagogischen Familienhilfe in Zusammenarbeit mit den BewohnerInnen geschehen, aber auch durch die Unterstützung bürgerschaftlichen Engagements mittels geeigneter politischer Rahmenbedingungen oder durch die Förderung von Bürgerinitiativen zur Gestaltung öffentlicher Räume wie zum Beispiel das Einrichten eines generationen- und ethnienübergreifenden Stadtteilbauernhofs als Erfahrungs- und Beziehungsraum für alle Bewohner.

Aufgabe der Sozialpolitik kann es nicht sein, unzulängliche gesellschaftliche Rahmenbedingungen durch Soziale Arbeit zu ersetzen. Die Schaffung zweckmäßiger sozioökonomischer Rahmenbedingungen ist eine sozialstaatliche Aufgabe und muß an die Sozialpolitik zurückgegeben und von ihr verantwortet werden. In der vom Bundeskongreß Soziale Arbeit angeregten Diskussion zwischen Praxis, Lehre und Forschung zur „Neugestaltung des Sozialen in der Konkurrenzgesellschaft" werden die traditionellen Gestaltungsmuster des Sozialen in Frage gestellt. Der Sozialstaat ist zur Neugestaltung und Neuregelung herausgefordert. Die Voraussetzung zur Erneuerung der sozialen Verhältnisse ist die gesellschaftliche Übereinkunft der Sozialbindung von Arbeit und Kapital. Der notwendige Umbau muß unter Einbeziehung Sozialer Arbeit angegangen und ausgehandelt werden.

Literatur

Abelmann-Vollmer, K. 1987: Gewalt in Familien: Eine Studie zur Inzestproblematik. Theoretische und praktische Überlegungen aus dem Kinderschutzzentrum Bremen. In: Deutscher Kinderschutzbund, Bundesverband e.V. (Hg.): Sexuelle Gewalt gegen Kinder. Ursachen, Vorurteile, Sichtweisen, Hilfsangebote. Nienburg, S. 40 ff.

Aichhorn, A. 1964: Erziehung Unsozialer. In: Federn, P. / Meng, H.: Psychoanalyse und Alltag. Bern, S.136 ff.

Aichhorn, A. 1971: Verwahrloste Jugend. Die Psychoanalyse in der Fürsorgeerziehung. Bern/ Stuttgart/Wien

Allert, T. / Bieback-Diel, L. / Oberle, H. / Seyfarth, E. 1994: Familie, Milieu und sozialpädagogische Intervention. Münster

Amt für Jugend und Familie der Stadt Wien 1992 und 1995: Familienintensivbetreuung. Tätigkeitsbericht. Wien

Antons, K. 1973: Praxis der Gruppendynamik. Übungen und Techniken. Göttingen

Arnold, R. 1991: Deutungsmuster. In: Zeitschrift für Pädagogik, 29, S 293 ff.

Auernheimer, G. 1990: Einführung in die interkulturelle Erziehung. Darmstadt

Baacke, D. / Schulze, T. (Hg.) 1993: Aus Geschichten lernen. Neuauflage. München

Bandler, R. / Grinder, J. / Satir, V. 1978: Mit Familien reden. Gesprächsmuster und therapeutische Veränderung. München

Bandura, A. 1979: Sozial-kognitive Lerntheorie. Stuttgart

Bellah, R.N. et al. 1992: Gegen die Tyrannei des Marktes. In: Zahlmann (1992, S. 57 ff.)

Bernfeld, S. 1921: Kinderheim Baumgarten. Berlin

Berse, E. 1992: Zielgruppen der Sozialpädagogischen Familienhilfe - Erfahrungen in einer Großstadt. In: Jugendwohl, 73, Heft 6, S. 291 ff.

Bertram, H. 1995: Regionale Vielfalt und Lebensformen. In: Nauck/Onnen-Isemann (1995, S.123ff.)

Böhnisch, L. / Münchmeier, R. 1987: Jugendarbeit mit ausländischen Jugendlichen. In: Dies. (Hg.): Wozu Jugendarbeit? Orientierungen für Ausbildung, Fortbildung und Praxis. Weinheim/München S. 156 ff.

Böhnisch, L. / Münchmeier, R. 1993: Pädagogik des Jugendraums. Zur Begründung und Praxis einer sozialräumlichen Jugendpädagogik. Weinheim/München

Bommert, H./ Plessen, U. 1978: Psychologische Erziehungsberatung. Berlin/Köln/Mainz, S. 7 ff.

Brem-Gräser, L. 1993: Handbuch der Beratung für helfende Berufe. Band 1: Allgemeine Grundlagen psycho-sozialer-pädagogischer Beratung. München, S. 7 ff.

Brumlik, M. 1987: Die bürgerliche Familie. In: Karsten/Otto (1987, S. 3 ff.)

Brumlik, M. / Brunkhorst, H. (Hg.) 1993: Gemeinschaft und Gerechtigkeit. Frankfurt a.M.

Buchholz,W. et al. 1984: Lebenswelt und Familienwirklichkeit. Frankfurt a.M./New York

Bude, H. 1985: Der Sozialforscher als Narrationsanimateur. In: Kölner Zeitschrift für Soziologie und Sozialpsychologie, 37, S. 327 ff.

Bundesministerium für Jugend, Frauen, Familie und Gesundheit (BMJFFG) 1990: Achter Jugendbericht. Bonn

Brückner, M. 1987: Gemeinwesenarbeit. In: Eyferth et al. (1987, S. 415 ff.)

Christmann, C. / Müller, C.W. 1986: Sozialpädagogische Familienhilfe-Bestandsaufnahme, Entwicklung, Perspektiven, Modelle. spi Berlin

Cohen, P. 1992: Monströse Bilder - Perverse Vernunft. Probleme antirassistischer Pädagogik. In: Argument-Sonderband, S. 431 ff.

Comenius, J.A. 1991: Pampaedia, Allerziehung. Sankt Augustin

Conen, M.-L. 1993: Systemische Familienrekonstruktion. In: Zeitschrift für systemische Therapie,11, Heft 2, S. 84 ff.

Conen, M.-L. 1993: Sozialpädagogische Familienhilfe am Wendepunkt. In: Soziale Arbeit, 42, Heft 9/10, S. 291 ff.

Diepold, B. 1992: Probleme der Diagnostik bei Borderline-Störungen im Kindesalter. In: Praxis der Kinderpsychologie und Kinderpsychiatrie, 41, Heft 6, S. 207 ff.

Dilthey, W. 1979: Gesammelte Schriften, Band 7. Hg. von Groethuysen, B. 1926, siebte unveränderte Auflage. Stuttgart/Göttingen, S. 205 ff.

Dohmen, G. 1990: Zur Frage einer neuen Elementarbildung für Erwachsene. In: Unterrichtswissenschaft, 18, Heft 2, S. 125 ff.

Dörner, K. / Plog, U. 1992: Irren ist menschlich. Bonn

Duss-von Werdt, J. 1987: Zehn Jahre sind (k)ein Grund zum Feiern. In Stierlin, H. et al. (Hg.): Familiäre Wirklichkeiten (Heidelberger Kongreß). Stuttgart, S. 22 ff.

Ebbe, K. / Friese, P. 1989: Milieuarbeit. Grundlagen präventiver Sozialarbeit im lokalen Gemeinwesen. Stuttgart

Ebert, S. (Hg.) 1991: Zukunft für Kinder. Grundlagen einer übergreifenden Politik. München/Wien

Eccles, J.C. 1984: Die Psyche des Menschen. München

Elger, W. 1990: Sozialpädagogische Familienhilfe. Neuwied

Ester, S. 1991: Interkulturelle Jugendarbeit. Eine Bestandsaufnahme in Rheinland-Pfalz. In: Illustrierte Zeitschrift für Arbeitssicherheit, 34, Heft 4, S. 55 ff.

Euler, H. A. / Mandl, H. (Hg.) 1983: Emotionspsychologie. Ein Handbuch in Schlüsselbegriffen. München, S. 5-34

Eyferth, H. / Otto, H.-U. / Thiersch, H. (Hg.) 1987: Handbuch der Sozialarbeit/Sozialpädagogik. Neuwied/Darmstadt

Fisseni, H.-J. 1990: Lehrbuch der psychologischen Diagnostik. Göttingen/Toronto/ Zürich, S. 143-218

Flitner, A. 1977: Spielen - Lernen. Praxis und Bedeutung des Kinderspiels. München

Fooken, E. 1973: Grundprobleme der Sozialpädagogik. Heidelberg

Freire, P. 1972: Pädagogik der Unterdrückten. Stuttgart

Friese, P. / Jensen, K. 1989: Die gesellschaftliche Funktion von Milieuarbeit. In: Ebbe/Friese (1989, S. 162 ff.).

Friske, H.-W. 1992: Gewalt in Familien. In: Jugendwohl, 73, Heft 6, S. 277 ff.

Fröbel, F. 1952: Die Gärten der Kinder im Kindergarten. In: Mundorf, G. (Hg.): Gedenkschrift zum 100 Todestag von Friedrich Fröbel. Berlin, S. 121ff.

Geertz, C. 1983: Dichte Beschreibung. Beiträge zum Verstehen kultureller Systeme. Frankfurt a.M.

Gehrman, G. / Müller, K.D. 1994: Sozialarbeit, nicht Therapie! Eine Krisenintervention zur Vermeidung der Fremdplazierung 'gefährdeter' Kinder. In: Sozialmagazin, 19, Heft 5, S. 38 ff.

Germain, C. 1974: Soziale Einzelhilfe und Wissenschaft. In: Roberts, R.W. / Nee, R.H. (Hg.): Konzepte der sozialen Einzelhilfe. Stand der Entwicklung. Neue Anwendungsformen. Freiburg i. Br., S. 17 ff.

Gildemeister, R. 1989: Institutionalisierung psychosozialer Versorgung. Eine Feldforschung im Grenzbereich von Gesundheit und Krankheit. Wiesbaden

Gläss, H. 1989: Zur Entfamilisierung der Sozialpädagogischen Familienhilfe. Unveröffentlichte erziehungswissenschaftliche Diplomarbeit. Universität Tübingen

Glöckler, U. 1988: Aneignung und Widerstand. Eine Feldstudie zur ökologischen Pädagogik. Stuttgart

Goldbrunner, H. 1990: Arbeit mit Problemfamilien. Systemische Perspektiven für Familientherapie und Sozialarbeit. Mainz

Goldbrunner, H. 1991: Paarberatung zwischen Psychoanalyse und Familientherapie. In: Soziale Arbeit, 40, Heft 4, S. 125 ff.

Golz, A. 1993: Indikation für sozialpädagogische Familienhilfe. Welches Angebot will Familienhilfe darstellen? In: Soziale Arbeit, 42, Heft 9/10, S. 299 ff.

Gräbe, S. 1991: Reziprozität und Streß in 'Support'-Netzwerken. Neue Perspektiven in der familiensoziologischen Netzwerkforschung. In: Kölner Zeitschrift für Soziologie und Sozialpsychologie, 43, S. 344 ff.

Griese, H. 1979: Einige Aspekte zu einer Theorie der Erwachsenensozialisation. In: Griese, H. (Hg.): Sozialisation im Erwachsenenalter. Weinheim/Basel, S. 94 ff.

Habermas, J. 1981: Theorie des kommunikativen Handelns/2 Bände. Frankfurt a.M.

Habermas, J. 1985: Die neue Unübersichtlichkeit. Kleine politische Schriften, Band 5. Frankfurt a.M.

Haeffner, G. 1993: Phänomenologie. In: Coreth, E. et al. (Hg.): Philosophie des 20. Jahrhunderts. Stuttgart/Berlin/Köln, S. 13 ff.

Haller, I. 1991: Interkulturelles Lernen in einer multikulturellen Gesellschaft. In: Kiesel, D. / Wolf-Almanasreh, R. (Hg.): Die multikulturelle Versuchung: Ethnische Minderheiten in der deutschen Gesellschaft. Frankfurt a.M., S 83 ff.

Haller, D. 1992: Wahrnehmen, beschreiben und urteilen. Grundlagen zur Beurteilung und Planung praxisrelevanter Evaluation in sozialen Berufen. In: Sozialarbeit, 24, Heft 9, S. 6 ff.

Hamburger, F. 1992: Migration und Jugendarbeit - Chancen für interkulturelles Lernen? In: deutsche jugend, 40, Heft 2, S. 61 ff.

Harris, M. 1989: Kulturanthropologie. Ein Lehrbuch. Frankfurt a.M.

Haupert, B. 1992: Qualitative und quantitative Methoden der Sozialarbeitsforschung - ihre Bedeutung für die Professionsentwicklung in der Sozialen Arbeit. In: Sozialarbeit, 24, Heft 3, S. 2 ff.

Hegel, G. W. F. 1968: Phänomenologie des Geistes. In: Löwith, K. / Riedel, M. (Hg.): Philosophische Propädeutik. Studienausgabe Band 3. Frankfurt a. M., S 102 ff.

Heiner, M. (Hg.) 1988a: Praxisforschung in der sozialen Arbeit. Freiburg i. Br.

Heiner, M. 1988b: Von der forschungsorientierten zur praxisorientierten Selbstevaluation. Entwurf eines Konzeptes. In: Heiner, M. (Hg.) 1988: Selbstevaluation in der sozialen Arbeit. Fallbeispiele zur Dokumentation und Reflexion beruflichen Handelns. Freiburg i. Br., S. 7 ff.

Heitmeyer, W. 1992: Zeit-Interview. In: Die Zeit , Nr. 43 vom 16.10.1992

Hentig, H. v. 1993: Die Schule neu denken. München/Wien

Herbart, J.F. 1957: Umriß pädagogischer Vorlesungen. Rede bei der Eröffnung der Vorlesungen über Pädagogik. Paderborn

Herlth, A. 1990: Was macht Familien verletzlich? Bedingungen der Problemverarbeitung in familialen Systemen. In: Lüscher et al. (1990, S. 312 ff.)

Herlth, A. / Tyrell, H. 1994: Partnerschaft versus Elternschaft. In: Herlth, A. / Brunner, E.J. / Tyrell, H. / Kriz, J. (Hg.): Abschied von der Normalfamilie? Partnerschaft versus Elternschaft. Berlin/Heidelberg, S. 1 ff.

Herlth, A. / Böcker, S. / Ossyssek, F. 1995: Ehebeziehungen und Kompetenzentwicklung von Kindern. In: Nauck/Onnen-Isemann (1995, S. 221 ff.)

Hinte, W. 1986: Wider die Illusionen aus wilder Zeit. In: sozial extra, Band 10, S. 33 ff.

Hinte, W. 1991: Professionelle Kompetenz: Ein vernachlässigtes Kapitel in der Gemeinwesenarbeit. In: Soziale Arbeit, 40, Heft 8, S. 254 ff.

Hofer, M. et al. 1986: Die Psychologie des Lerners. In: Weidenmann et al. (1986, S. 219 ff.)

Hoffmann-Riem, C. 1980: Die Sozialforschung einer interpretativen Soziologie. Der Datengewinn. In: Kölner Zeitschrift für Soziologie und Sozialpsychologie, 32, S. 339 ff.

Hollis, F. 1974: Die psychosoziale Arbeitsweise als Grundlage Sozialer Einzelhilfe-Praxis. In: Roberts, R.W. / Nee, R.H. (Hg.): Konzepte der Sozialen Einzelhilfe. Stand der Entwicklung. Neue Anwendungsformen. Freiburg i. Br., S. 47 ff.

Honneth, A. 1992: Individualisierung und Gemeinschaft. In: Zahlmann, C. (Hg.): Kommunitarismus in der Diskussion. Berlin, S. 16 ff.

Hörster, R. 1984: Kritik alltagsorientierter Pädagogik. Weinheim/ Basel

Huber, G.L. (Hg.) 1992: Qualitative Analyse. München

Hübner-Funk, S. / Müller, H.U. / Gaiser, W. 1983: Sozialisation und Umwelt. Berufliche Orientierungen und Gesellungsformen von Hauptschülern im sozialökologischen Kontext. München

Hurrelmann, K./Ulich, D. (Hg.) 1991: Neues Handbuch der Sozialisationsforschung. Weinheim/Basel

Husserl, E. 1992: Ideen zu einer reinen Phänomenologie. Hamburg

Illich, I. 1973: Die Entschulung der Gesellschaft. Entwurf eines demokratischen Bildungssystems. Hamburg

Innerhofer, P. 1978: Das Münchner Trainingsmodell. Berlin

Jahoda, M. / Lazarsfeld, P.F. / Zeisel, H. 1978: Die Arbeitslosen von Marienthal. Ein soziographischer Versuch. Frankfurt a.M.

Johnson, D.W. 1977: Methoden der Einstellungsänderung. In: Kanfer/Goldstein (1977, S. 56 ff.)

Kagerer, H. 1991: Das Fremde hört nicht auf. Schule, ein Ort der gesellschaftlichen Weichenstellung. In: Neue Sammlung, 16, Heft 4, S. 576 ff.

Kanfer, F.H. / Goldstein, A.P. 1977: Möglichkeiten der Verhaltensänderung. München

Karsten, M.-E. 1987: Die arme Krisenfamilie in der Sozialarbeit. In: Karsten/Otto (1987, S.123 ff.)

Karsten, M.-E. / Otto, H.-U. (Hg.) 1987: Die sozialpädagogische Ordnung in der Familie. Weinheim/München

Kastner, P. / Gottwald, P. 1993: Psychosoziales Handeln im Wandel. Versuch einer handlungstheoretischen Antwort auf „dove DGVT", kluge VerhaltenstherapeutInnen und andere Mitglieder der Gesellschaft. In: Verhaltentherapie und psychosoziale Praxis, 26, Heft 4, S. 463 ff.

Kaufmann, F.-X. et al. 1989: Netzwerkbeziehungen von Familien. Wiesbaden

Kaufmann, F.-X. 1990: Familie und Modernität. In: Lüscher et al. (1990, S. 391 ff.)

Keupp, H. 1991: Sozialisation durch psychosoziale Praxis. In: Hurrelmann et al. (1991, S. 467 ff.)

Keupp, H. / Röhrle, B. (Hg.) 1987: Soziale Netzwerke. Frankfurt a.M./New York

Kircher, V. 1992: Nähe und Distanz im helfenden Prozeß. In: Jugendwohl, 73, Heft 6, S. 263 ff.

Klatetzki, T. (Hg.) 1994: Flexible Erziehungshilfen. Ein Organisationskonzept in der Diskussion. Münster

Kohli, M. 1985: Die Institutionalisierung des Lebenslaufs. Historische Befunde und theoretische Argumente. In: Kölner Zeitschrift für Soziologie und Sozialpsychologie, 37, S. 1 ff.

Kohli, M. 1991: Lebenslauftheoretische Ansätze in der Sozialisationsforschung. In: Hurrelmann et al. (1991, S. 303 ff.)

König, R. 1984: Soziologie und Ethnologie. In: Kölner Zeitschrift für Soziologie und Sozialpsychologie, 36, Sonderheft 26, S. 17 ff.

Kreppner, K. 1991: Sozialisation in der Familie. In: Hurrelmann et al. (1991, S. 321 ff.)

Kroll-Nüßlein, P. 1993: Familienhilfe als Ersatz oder Instrument der Veränderung? In: Soziale Arbeit, 42, Heft 9/10, S. 308 ff.

Kronfeld, A. 1931: Psychotherapie und Fürsorge. In: Deutsche Zeitschrift für Wohlfahrtspflege, 3, S 137 ff. (zitiert nach Müller, C. W. 1988, S 24)

Laewen, H.-J. 1989: Zur außerfamilialen Tagesbetreuung von Kindern unter drei Jahren. Stand der Forschung und notwendige Konsequenzen. In: Zeitschrift für Pädagogik, 35, Heft 6, S. 869 ff.

Liegle, L. 1987: Familie/Familienerziehung. In: Eyferth et al. (1987, S. 320 ff.)

Liegle, L. 1990: Freie Assoziationen von Familien. Geschichte und Zukunft einer 'postmodernen' familialen Lebensform. In: Lüscher et al. (1990, S. 98 ff.)

Liegle, L. 1991: Kulturvergleichende Ansätze in der Sozialisationsforschung. In: Hurrelmann et al. (1991, S. 215 ff.)

Lindsay, P.H. / Norman, D.A. 1981: Einführung in die Psychologie. Informationsaufnahme und -verarbeitung beim Menschen. Berlin

Loch, W. 1979: Lebenslauf und Erziehung. Essen

Lückert, H.-R. 1979: Wie löst das Kind Probleme? In: Spahn, C. (Hg.): Der Elternführerschein. München, S. 117 ff.

Ludemann, P. 1992: Sozialpädagogische Familienhilfe im System der Erziehungshilfen. In: Jugendwohl, 73, Heft 6, S. 256 ff.

Lüschen, G. 1988: Familial-verwandtschaftliche Netzwerke. In: Nave-Herz (1988, S. 145 ff.)

Lüscher, K. et al. (Hg.) 1990: Die 'postmoderne' Familie. Konstanz

Mair, H. 1989: Familienarbeit und soziale Netzwerkentwicklung. In: Hohmeier, J. / Mair, H. (Hg.): Eltern und Familienarbeit. Freiburg, S. 44 ff.

Mandl, H. / Prenzel, M. / Gräsel, C. 1992: Das Problem des Lerntransfers in der betrieblichen Weiterbildung. In: Unterrichtswissenschaft, 20, Heft 2, S. 126 ff.

Marbach, J. H./Mayr-Kleffel, V. 1988: Soweit die Netze tragen. Familien und ihr soziales Umfeld. In: Deutsches Jugendinstitut (Hg.): Wie geht's der Familie? München, S. 285 ff.

Marcuse, H. 1969: Ideen zu einer kritischen Theorie der Gesellschaft. Frankfurt a.M.

Matthes, J. 1984: Über die Arbeit mit lebensgeschichtlichen Erzählungen in einer nicht-westlichen Kultur. In: Kohli, M./Robert, G. (Hg.): Biographie und soziale Wirklichkeit. Stuttgart, S. 285 ff.

Matthes, J. 1985: Zur transkulturellen Relativität erzählanalytischer Verfahren in der empirischen Sozialforschung. In: Kölner Zeitschrift für Soziologie und Sozialpsychologie, 37, S. 310 ff.

Meehan, E.J. 1992: Praxis des wissenschaftlichen Denkens. Hamburg

Minsel, B./Rheinberg, F. 1986: Psychologie des Erziehers. In: Weidenmann et al. (1986, S. 277 ff.)

Minuchin, S. 1990: Familie und Familientherapie, Theorie und Praxis struktureller Familientherapie. Freiburg i. Br.

Mollenhauer, K. et al. (Hg.) 1975: Soziale Bedingungen familialer Kommunikation. Materialien zum zweiten Familienbericht. Deutsches Jugendinstitut München

Mollenhauer, K. 1983: Familie-Familienerziehung. In: Lenzen, D. (Hg.): Enzyklopädie Erziehungswissenschaft. Stuttgart, S. 412 ff.

Montessori, M. 1988: Grundlagen meiner Pädagogik. Heidelberg/Wiesbaden

Muchow, M. 1935: Der Lebensraum des Großstadtkindes. Hamburg

Müller, C.W. 1971: Die Rezeption der Gemeinwesenarbeit in der Bundesrepublik Deutschland. In: Müller, C.W. / Nimmermann, P. (Hg.): Stadtplanung und Gemeinwesenarbeit. Texte und Dokumente. München, S. 228 ff.

Müller, C.W. 1988: Achtbare Versuche. In: Heiner (1988a, S. 17 ff.)

Müller, R. F. 1992: Supervision in der Sozialpädagogischen Familienhilfe. In: Jugendwohl, 73, Heft 6, S. 296 ff.

Müller-Wichmann, C. 1984: Auf den Spuren der verleugneten Zeit. In: Neue Praxis, 14, S. 281 ff.

Münder, J. et al. 1991: Frankfurter Lehr- und Praxiskommentar zum KJHG. Münster, S. 165 ff.

Nauck, B./Onnen-Isemann, C. (Hg.) 1995: Familie im Brennpunkt von Wissenschaft und Forschung. Neuwied/Kriftel/Berlin

Nave-Herz, R. (Hg.) 1988: Wandel und Kontinuität der Familie in der Bundesrepublik Deutschland. Stuttgart

Nave-Herz, R. 1990: Die institutionelle Kleinkind-Betreuung in den neuen und den alten Bundesländern - ein altes, doch weiterhin hochaktuelles Problem für Eltern. In: Frauenforschung, 8, Heft 4, S.45 ff.

Nestmann, F. 1988: Die alltäglichen Helfer. Berlin/New York

Nestmann F. 1989: Förderung sozialer Netzwerke - eine Perspektive pädagogischer Handlungskompetenz? In: Neue Praxis, 19, S. 107 ff.

Nickel, H, / Fenner, H.-J. 1979: Die Angst des Kindes. In: Spahn, C. (Hg.): Der Elternführerschein. Ein Kurs zur Erziehung des Kleinkindes. München, S. 135 ff.

Nicolay, J. 1992a: Hilfe zur Selbshilfe und ihre Grenzen. In: Jugendwohl, 73, Heft 6, S. 271 ff.

Nicolay, J. 1992b: Das Konzept der Nachsozialisierung in der sozialpädagogischen Familienhilfe. In: Jugendwohl, 73, Heft 6, S. 283 ff.

Nielsen, H. / Nielsen, K. / Müller, C.W. 1986: Sozialpädagogische Familienhilfe. Probleme, Prozesse, Langzeitwirkungen. Weinheim

Nielsen, H. / Nielsen, K. 1986a: Langzeitwirkungen in der Sozialpädagogischen Familienhilfe. In: Neue Praxis, 16, S. 121 ff.

Niesel, R. 1995: Erleben und Bewältigung elterlicher Konflikte durch Kinder. In: Familiendynamik, 20, Heft 2, S. 155 ff.

Oelschlägel, D. 1991: Gemeinwesenarbeit als ökosoziale Perspektive in der Sozialarbeit - Gesellschaftliche Entwicklungen. In: Theorie und Praxis der sozialen Arbeit, Band 42, Heft 4, S. 142 ff.

Ossyssek, F. / Böcker, S. / Giebel, D. 1995: Alltagsbelastungen, Ehebeziehungen und elterliches Erziehungsverhalten. In: Gerhardt, U. / Hradil, S. / Lukke, D. / Nauck, B. (Hg.): Familie der Zukunft. Lebensbedingungen und Lebensformen. Opladen, S. 245 ff.

Oswald, G. 1988: Systemansatz und soziale Familienarbeit. Methodische Grundlagen und Arbeitsformen. Freiburg i. Br.

Pankoke, E. 1986: Schwächen und Stärken familialer Vernetzung. Rat und Hilfe zur Entwicklung von Lebenszusammenhängen. In: ArchSozArb., 17, S. 202 ff.

Perlmann, H.H. 1974: Das Modell des problemlösenden Vorgehens in der Sozialen Einzelhilfe. In: Roberts, R.W. / Nee, R.H. (Hg.): Konzepte der Sozialen Einzelhilfe. Stand der Entwicklung. Neue Anwendungsformen. Freiburg i. Br., S. 145 ff.

Perls, F. S. 1991: Gestalt-Therapie in Aktion. Stuttgart

Perrez, M. et al. 1985: Erziehungspsychologische Beratung und Intervention. Bern

Pestalozzi, J. H. 1977: Auswahl aus seinen Schriften. Hg. von Brühlmeier, A., 3 Bände. Bern/Stuttgart

Pestalozzi, J. H. 1979: Das häusliche Leben. In: Brühlmeier, A. (Hg.): Pädagogische Themen. Bern/Stuttgart, S. 103 ff.

Petzold, M. 1992: Familienentwicklungspsychologie. Einführung und Überblick. München

Raapke, H.-D. 1968: Orientierung als Bestimmungsmerkmal von Bildung. In: Tietgens, H. (Hg.): Bilanz und Perspektive. Braunschweig, S. 217 ff.

Reich, G. 1984: Der Einfluß der Herkunftsfamilie auf die Tätigkeit von Therapeuten und Beratern. In: Praxis der Kinderpsychologie, 33, S. 61 ff.

Reiner, R. C. 1933: Bisherige Ergebnisse einer Gemeinschaftsarbeit zwischen Psychotherapeuten und Sozialarbeitern. In: Deutsche Zeitschrift für Wohlfahrtspflege, 10, S. 10 ff. (zitiert nach Müller, C.W. 1988, S. 24)

Reischmann, J. 1988: Offenes Lernen von Erwachsenen. Bad Heilbrunn

Rerrich, M. 1988: Balanceakt Familie. Zwischen alten Leitbildern und neuen Lebensformen. Freiburg i.Br.

Reyer, J. 1979: Kinderkrippe und Familie - Analyse eines geteilten Sozialisationsfeldes. In: Neue Praxis, 9, Heft 1, S. 36 ff.

Richter, H.-E. 1972: Patient Familie. Entstehung, Struktur und Therapie von Konflikten. Reinbek bei Hamburg

Richter, H.-E. 1974: Lernziel Solidarität. Reinbek bei Hamburg

Ritscher, W. 1991: Ein theoretischer Rahmen für die Arbeit mit Familien in Sozialarbeit und Familienberatung. In: Zeitschrift für systemische Therapie, 9, Heft 4, S. 287 ff.

Roedel, B. 1990: Praxis der Genogrammarbeit oder Die Kunst des banalen Fragens. Dortmund

Rosenmayr, L. 1992: Die Schnüre vom Himmel. Wien

Rost, D.H. / Grunow, P. / Oechsle, D. 1975: Pädagogische Verhaltensmodifikation. Weinheim

Salomon, A. 1927: Soziale Diagnose. Berlin

Scherz, F.H. 1974: Theorie und Praxis der Familientherapie. In: Roberts, R. W. / Nee, R.H. (Hg.): Konzepte der Sozialen Einzelhilfe. Neue Anwendungsformen. Freiburg i. Br., S. 237 ff.

Scheuerl, H. 1985: Geschichte der Erziehung. Ein Grundriß. Stuttgart/Berlin/Köln/Mainz

Schleiermacher, F. 1966: Die Vorlesungen aus dem Jahre 1826. Hg. von Weniger, E. / Schulze, T.: Pädagogische Schriften, Band 1, Die Vorlesungen aus dem Jahre 1826. Düsseldorf/München

Schmauder-Rotzler, G. 1993: Konzeption Sozialpädagogische Familienhilfe. Unveröffentlichtes Manuskript, Jugendamt Stuttgart

Schmitz, E. 1984: Erwachsenenbildung als lebensweltbezogener Erkenntnisprozeß. In: Schmitz, E. / Tietgens, H. (Hg.): Erwachsenenbildung. In: Lenzen, D. (Hg.): Enzyklopädie Erziehungswissenschaft, Band 11. Stuttgart, S. 95 ff.

Schorb, B. / Mohn, E. / Theunert, H. 1991: Sozialisation durch (Massen-) Medien. In: Hurrelmann et al. (1991, S. 493 ff.)

Schulze, T. 1983: Ökologie. In: Lenzen, D. /Mollenhauer, K. (Hg): Theorien und Grundbegriffe der Erziehung und Bildung. Enzyklopädie Erziehungswissenschaft, Band 1. Stuttgart, S 262 ff.

Schweitzer, J. / Weber, G. 1982: Die Familienskulptur. In: Familiendynamik, 7, Heft 2, S. 113 ff.

Seibert, U. 1978: Soziale Arbeit als Beratung. Ansätze und Methoden für eine nicht-stigmatisierende Praxis. Weinheim/Basel

Spranger, E. 1951: Die Fruchtbarkeit des Elementaren. In: Ders. (Hg.): Pädagogische Perspektiven. Heidelberg, S. 87 ff.

Statistisches Bundesamt, Mikrozensus 1992 und 1994. Wiesbaden

Steiner-Khamsi, G. 1992: Multikulturelle Bildungspolitik in der Postmoderne. Opladen

Stickelmann B. / Stüwe, G. 1991: Jugendarbeit im multikulturellen Frankfurt. In: Illustrierte Zeitschrift für Arbeitssicherheit, 34, Heft 4, S. 42 ff.

Stierlin, J. 1987: Ko-Evolution und Ko-Individuation. In: Stierlin, H. et al. (Hg.): Familiäre Wirklichkeiten (Heidelberger Kongress). Stuttgart, S. 126 ff.

Stroebe, W. et al. 1992: Sozialpsychologie. Berlin

Strohmeier, K. P. 1995: Familienpolitik und familiale Lebensformen - Ein handlungstheoretischer Bezugsrahmen. In: Nauck/Onnen-Isemann (1995, S. 17 ff.)

Teegen, F. 1993: Sexuelle Kindesmißhandlung durch Frauen. Mißbrauchserfahrung, Folgeschäden und Bewältigungsversuche aus der Sicht erwachsener Opfer. In: Verhaltenstherapie und psychosoziale Praxis, 26, Heft 3, S. 329 ff.

Theunert, H. et al. 1992: Zwischen Vergnügen und Angst - Fernsehen im Alltag von Kindern. Berlin

Thiersch, H. / Ruprecht, H. / Herrmann, U. 1978a: Die Entwicklung der Erziehungswissenschaft. In: Mollenhauer, K. (Hg.): Grundfragen der Erziehungswissenschaft, Band 2. München

Thiersch, H. 1978b: Zum Verhältnis von Sozialarbeit und Therapie. In: Neue Praxis, 8, S. 11 ff.

Thiersch, H. 1986a: Die Erfahrung der Wirklichkeit. Perspektiven einer alltagsorientierten Sozialpädagogik. Weinheim

Thiersch, H. 1986b: Verstehen oder Kolonialisieren? Verstehen als Widerstand. In: Müller, S. / Otto, H.-U. (Hg.): Verstehen oder Kolonialisieren? Grundprobleme sozialpädagogischen Handelns und Forschens. Bielefeld, S. 19 ff.

Thiersch, H. 1987: Sozialpädagogik/Sozialarbeit: Theorie und Entwicklung. In: Eyferth, H. et al. (Hg.): Handbuch zur Sozialarbeit/Sozialpädagogik. Neuwied, S. 984 ff.

Thiersch, H. 1988a: Laienhilfe, Alltagsorientierung und professionelle Arbeit. Zum Verhältnis von beruflicher und ehrenamtlicher Arbeit. In: Müller, S. / Rauschenbach, T. (Hg.): Das soziale Ehrenamt: Nützliche Arbeit zum Nulltarif. Weinheim/ München, S. 9 ff.

Thiersch, H. 1988b: Theorie der Sozialarbeit/Sozialpädagogik. In: Kreft, D. / Mielenz, I. (Hg.): Wörterbuch Soziale Arbeit. Weinheim/Basel, S. 573 ff.

Thiersch, H. 1989: Homo consultabilis: Zur Moral institutionalisierter Beratung. In: Böllert, K. / Otto, H.-U. (Hg.): Soziale Arbeit auf der Suche nach Zukunft. Bielefeld, S. 175 ff.

Thomas, E.J. 1974: Verhaltensveränderung und Soziale Einzelhilfe. In: Roberts, R.W. / Nee, R.H. (Hg.): Konzepte der Sozialen Einzelhilfe. Stand der Entwicklung. Neue Anwendungsformen. Freiburg i. Br., S 199 ff.

Tietze, W. / Roßbach, G. 1991: Die Betreuung von Kindern im vorschulischen Alter. In: Zeitschrift für Pädagogik, 37, S. 555 ff.

Tippelt, R. 1986: Bildungsarbeit und Rollenübernahme in der Demokratie aus der Sicht des Symbolischen Interaktionismus. In: Arnold, R. / Kaltschmid, J. (Hg.): Erwachsenensozialisation und Erwachsenenbildung. Frankfurt a.M., S. 48 ff.

Treptow, R. 1992: Zukunftsvorstellungen Jugendlicher. In: Neue Praxis, 22, Heft 4, S. 361 ff.

Treptow, R. 1978: Arbeiterbildung und Theorien der Alltagserfahrung. Unveröffentlichte erziehungswissenschaftliche Diplomarbeit. Universität Tübingen

Tyrell, H. 1990: Ehe und Familie - Institutionalisierung und Deinstitutionalisierung. In: Lüscher et al. (1990, S. 145 ff.)

Wagenschein, M. 1968: Verstehen lehren. Weinheim

Walter, U.-M. 1994: Das Homebuilders-Modell in New York City. „Family Ties"-Programm des Departments of Juvenile Justice, City of New York. In: Soziale Arbeit, 43, Heft 8, S. 276 ff.

Watzlawick, P. 1969: Menschliche Kommunikation. Formen, Störungen, Paradoxien. Bern/Stuttgart/Wien

Weidenmann, B. et al. (Hg.) 1986: Pädagogische Psychologie. München

Wendt, W.R. 1988: Case Management - Netzwerken im Einzelfall. Unterstützungsmanagement als Aufgabe sozialer Arbeit. In: Blätter der Wohlfahrtspflege, 135, Heft 11, S. 267 ff.

Wendt, W.R. (Hg.) 1994: Sozial und wissenschaftlich arbeiten. Status und Positionen der Sozialarbeitswissenschaft. Freiburg i. Br.

Witte, E.H. 1989: Sozialpsychologie. München

Wnuck, A. 1987: Familie und soziale Netzwerke. Konstitution und Leistung informeller Netzwerke von Kindern, Jugendlichen und Eltern. In: Bubert, R./Franzkowiak, P./Stößel, U. et al. (Hg.): Soziale Netzwerke und Gesundheitsförderung. Risiken und Bewältigungsformen von Eltern und Jugendlichen. Materialien zum siebten Jugendbericht. Deutsches Jugendinstitut. München, S. 7 ff.

Woog, A. 1994: Sozialpädagogische Familienhilfe. Eine Studie lebensweltorientierter Sozialer Arbeit. Unveröffentlichte erziehungswissenschaftliche Diplomarbeit. Universität Tübingen

Wronsky, S. 1929: Methoden der Fürsorge. In: Zeitschrift der Wohlfahrtspflege, 5, S. 273 ff. (zitiert nach Müller, C.W. 1988, S. 24)

Zahlmann, C. (Hg.) 1992: Kommunitarismus in der Diskussion. Berlin